EL SECRETO EGIPCIO DE NAPOLEÓN

JAVIER SIERRA

EL SECRETO EGIPCIO DE NAPOLEÓN

la esfera

Primera edición: marzo de 2002
Segunda edición: marzo de 2002
Tercera edición: abril de 2002
Cuarta edición: abril de 2002
Quinta edición: abril de 2002

Avenida de Alfonso XIII, 1, bajos
28002 Madrid
Teléf.: 91 296 02 00 • Fax: 91 296 02 06
Pág. web: www.esferalibros.com

Diseño de cubierta: Compañía
Ilustración de cubierta: Stone
ISBN: 84-9734-043-4
Depósito legal: M. 18.731-2002
Fotocomposición: Versal AG, S.L.
Impresión: Cofás
Encuadernación: Méndez
Impreso en España-*Printed in Spain*

Índice

Quizá, lector, tengas la tentación de creer que las afirmaciones que contiene este libro son fruto exclusivo de mi imaginación. Y nada más lejos de la verdad. Lo que en él se cuenta es una meditada mezcla de verdades como puños y escenarios probables, que sólo los más atentos apreciarán en lo que valen.

A uno de ellos, a mi *abuelo espiritual* Antonio Ribera, están dedicadas las líneas que siguen. Sé que, desde la otra orilla del Nilo celestial, él apreciará mejor que nadie lo que quiero decir.

No es entonces descabellado que los egipcios sostengan en su mitología que el alma de Osiris es eterna e incorruptible, mientras su cuerpo es repetidamente desmembrado y ocultado por Tifón, e Isis lo busca por todas partes y logra recomponerlo nuevamente. El ser está por encima de toda corrupción, así como de todo cambio.

PLUTARCO, *Iside et Osiride,* LIV.

Introducción

Un apunte necesario

Al atardecer del primero de julio de 1798, treinta y seis mil soldados, algo más de dos mil oficiales y unas trescientas mujeres entre esposas de militares y prostitutas embarcadas ilegalmente en una de las flotas de guerra más grandes jamás armadas, pusieron pie en las playas egipcias de Alejandría, Rosetta y Damietta. Salvo una reducidísima elite militar, ninguno sabía a ciencia cierta qué esperaba Francia de ellos al otro extremo del Mediterráneo.

Superados los primeros inconvenientes, en sólo veinte días parte de esos efectivos se habían hecho ya con el control del Delta del Nilo y descendían rumbo a El Cairo. Allí vieron por primera vez las impresionantes pirámides de Giza, y bajo sus sombras picudas derrotaron a las poco organizadas hordas de combatientes mamelucos. De esta forma, se ponía fin a tres siglos de dominio otomano en Egipto.

Quien dirigió tan colosal como desconocida operación fue el prometedor y ambicioso general Napoleón Bonaparte. Con la complicidad del ministro de Asuntos Exteriores y del cónsul francés en la capital egipcia, éste planeaba cortar la próspera ruta comercial de los ingleses con Asia, para debilitar así al peor enemigo que tenía Francia por aquel entonces. Napoleón, no obstante, pronto cayó preso de su propia ambición. El almirante británico Horace Nelson localizó y hundió su flamante flota frente a las costas de Abukir el 1 de agosto de aquel mismo año, causando más de mil setecientas bajas y dejándole aislado, sin suministros y a merced de sus enemigos en un territorio hostil y extraño.

Pero los franceses resistieron con tenacidad.

Durante los siguientes catorce meses que pasó en tierras egipcias, Bonaparte aprovechó bien el tiempo: fundó un instituto para estudiar el misterioso pasado de aquel pueblo, y puso a trabajar a más de ciento sesenta sabios expresamente reclutados en Francia para exprimir de sus estériles arenas el jugo de una ciencia olvidada y poderosa. Sólo esa acción demostraba que su propósito final en tierras faraónicas no era exclusivamente bélico.

Tal fue la obsesión del general por controlar aquella región del planeta que incluso se adentró en Tierra Santa con la intención de sojuzgarla. Era como si Bonaparte pretendiera emular las hazañas de los primeros cruzados. De hecho, al modo de un templario del siglo XIII, atravesó Palestina de sur a norte, hasta que el 14 de abril de 1799, contra la voluntad de todos los generales que le acompañaban, quiso pernoctar en un pequeño villorrio cercano al lago Tiberíades llamado Nazaret.

Jamás —nunca, ni siquiera en su postrer exilio en Santa Elena— explicó el porqué de aquella decisión.

Su campaña militar en los Santos Lugares y Siria fue otro fracaso. Sabía que su carrera amenazaba con desplomarse si persistían las derrotas y los errores estratégicos. Quizá por ello Napoleón asedió Jaffa, la conquistó a sangre y fuego y acabó con las vidas de soldados, mujeres, ancianos y niños sin ningún miramiento. Pero San Juan de Acre —el último reducto de los turcos rebeldes— se le resistió, truncando sus planes de llegar hasta las puertas mismas de Constantinopla, y echando por la borda su secreto deseo de emular las conquistas de Alejandro Magno.

Desmoralizado, el general regresó a El Cairo para descubrir que, el 15 de julio de 1799, más de quince mil turcos apoyados por los ingleses habían desembarcado en Abukir dispuestos a expulsarle definitivamente de Egipto. El lugar elegido por sus enemigos trajo funestos recuerdos a Napoleón. Pero el 25 de julio sus tropas derrotaron a los mamelucos, vengando en parte el agravio de Nelson.

Bonaparte, embriagado por el éxito, puso de nuevo rumbo a El Cairo, adonde llegó el 11 de agosto, en medio de los calores más fuertes del año. Fue entonces cuando sucedió algo inesperado: mientras ultimaba discretamente su regreso triunfal a Francia, decidió pasar otra noche en un lugar poco recomendable. Esta vez, en el interior de la Gran Pirámide de Giza.

Tampoco explicó nunca el porqué de esta otra decisión. Ni dio demasiados detalles de lo que allá adentro le ocurrió. Sus biógrafos no resolvieron jamás el misterio. Pero después de permanecer la madrugada del 12 al 13 de agosto de 1799 en el vientre del mayor monumento levantado por el hombre en la antigüedad, Napoleón no volvería a ser ya el mismo...

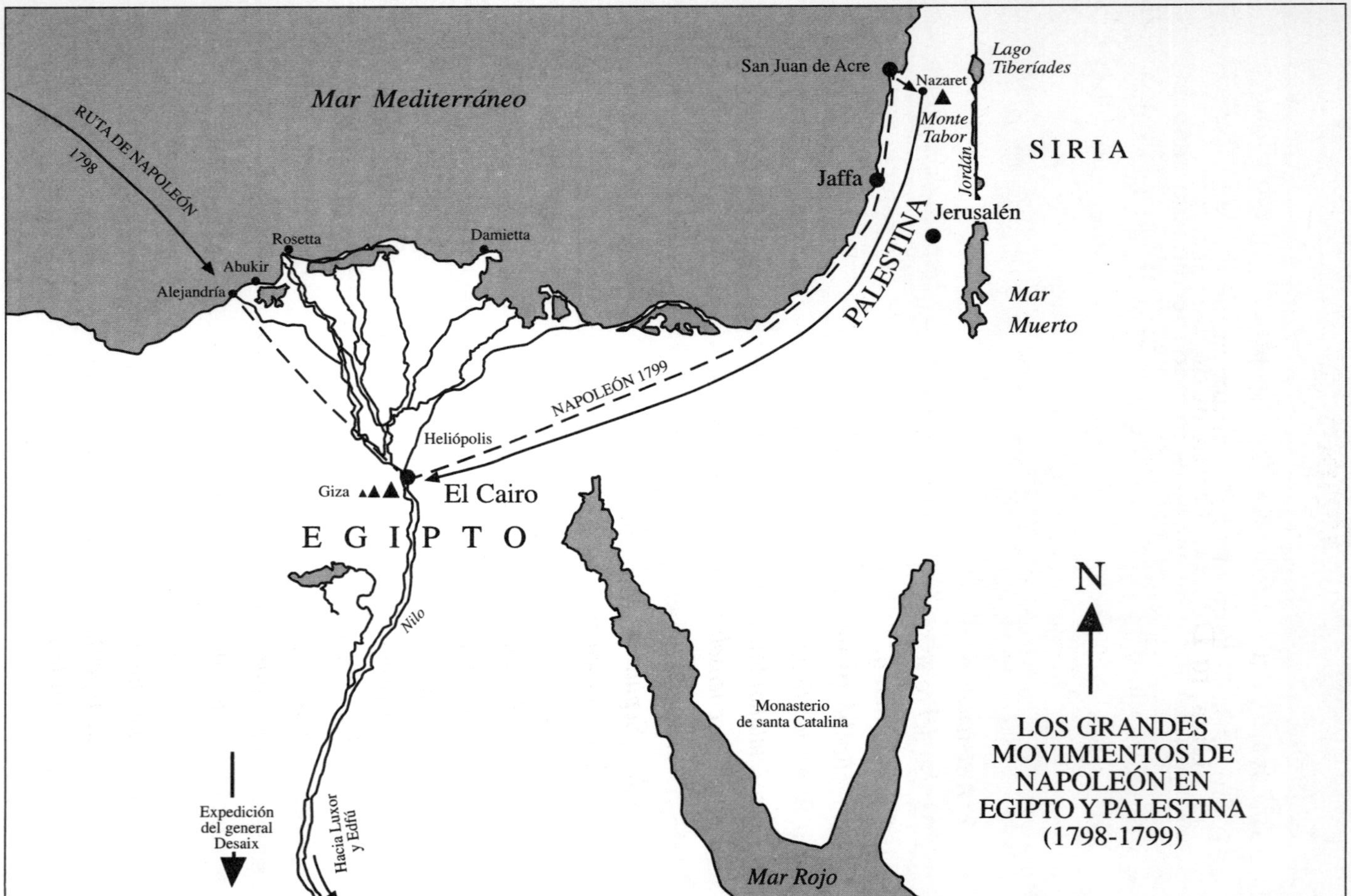
Mar Mediterráneo
RUTA DE NAPOLEÓN
1798
Alejandría
Abukir
Rosetta
Damietta
Heliópolis
Giza
El Cairo
E G I P T O
Nilo
Expedición
del general
Desaix
Hacia Luxor
y Edfú
NAPOLEÓN 1799
San Juan de Acre
Jaffa
Nazaret
Monte
Tabor
Lago
Tiberíades
Jordán
Jerusalén
PALESTINA
S I R I A
Mar
Muerto
Monasterio
de santa Catalina
Mar Rojo
N
LOS GRANDES
MOVIMIENTOS DE
NAPOLEÓN EN
EGIPTO Y PALESTINA
(1798-1799)

Egipto

Giza, III Década, Quintidi de Termidor [1]

—¡ATRAPADO!

El pulso del corso se aceleró bruscamente, golpeando sus sienes con la fuerza de una maza.

Todo sucedió en un suspiro: primero, su cuerpo se desplomó como si algo muy pesado tirara de él hacia el centro de la Tierra. A continuación, sus pupilas se dilataron tratando desesperadamente de buscar una brizna de luz, al tiempo que se tensaban cada uno de sus músculos.

—¡... Atrapado! —murmuró otra vez, de bruces contra el suelo—. ¡Encerrado! ¡Sepultado en vida!

El soldado, consciente de que iba a morir, tragó saliva.

Estaba solo, aislado bajo toneladas de piedra y sin un maldito mapa que indicara el camino de salida. Y la amarga certeza de saberse sin yesca de repuesto ni agua amenazaba con paralizarle de terror.

¿Cómo había podido ser tan torpe? ¿Cómo él, bregado en tantos combates, recientísimo héroe que en Abukir acababa de humillar a sus enemigos, se había olvidado de tomar un par de precauciones como aquéllas? Su cantimplora y sus lámparas, cuidadosamente empaquetadas en las alforjas de su montura, estaban definitivamente fuera de alcance. Ya era tarde para lamentarse del descuido. De hecho, era tarde para todo.

El corso tardó un segundo más en reaccionar: dentro de aquella celda de piedra, sumergido en un silencio que tenía algo de sacro, que era doloroso, recordó de repente lo único que podría salvarle la vida: confiar. Debía tener fe. Fe en la victoria, como cuando atravesó los Alpes en dos se-

[1] 12 de agosto de 1799 según el calendario republicano. Año VII de la Revolución.

manas y conquistó Italia a golpe de batalla. O como cuando derrotó a los austriacos en Puente de Arcole y Rivoli.

Debía, pues, recuperar de inmediato aquella esperanza en su propio destino que tantas veces le había sacado de apuros.

¿Acaso no era aquella su asignatura pendiente? ¿No era él quien tan a menudo se enorgullecía de haberse entregado a un porvenir que creía escrito en alguna parte? ¿Por qué no podría poner ahora su fe a prueba?

El militar, con el uniforme teñido de polvo, fue reaccionando poco a poco. Su mente dio algunas órdenes rápidas y sencillas al cuerpo, como mover los dedos de los pies dentro de sus botas de cuero, apretar los dientes con fuerza o aclarar la garganta con toses cortas y secas. Acto seguido, arrugó la nariz tratando de exprimir algo de aire puro de aquella atmósfera secular.

Estaba vivo, pero tenía miedo.

¿Miedo? ¿Era miedo la corriente que notaba ascender en espiral por su columna? Y de no serlo, entonces... ¿qué? ¿Iba a dejarse dominar precisamente ahora por las supersticiones que había oído de labios beduinos acerca de los habitantes invisibles de las pirámides? ¿Podía, como le habían advertido, llegar a perder el juicio si permanecía dentro de una de ellas mucho tiempo?

... ¿Y cuánto le quedaba allí dentro? ¿La eternidad?

El frío, un gélido temblor gestado en lo más profundo de su ser, se apoderó de él clavándolo contra el empedrado. Algo —intuía— estaba a punto de suceder.

Jamás había sentido algo así. Fue como si una miríada de finos alfileres de hielo atravesaran su uniforme y se le clavaran despiadadamente en los huesos. La sangre había dejado de correr por sus venas, y en sus ojos comenzaba a dibujarse un gesto pétreo, agónico, que no miraba a ninguna parte.

Durante unos segundos ni siquiera parpadeó. Temía que su corazón se parara.

Tampoco respiró.

Cuando la angustia se había hecho ya con el control de sus actos, en medio del frío y del desconcierto, sus pupilas creyeron distinguir un tibio movimiento. En la penumbra, el corso forzó la mirada. Primero se lo negó a sí mismo. No era posible que una nube de polvo del desierto se hubiera colado tan adentro. Pero después se aferró a aquella quimera con fiereza. El soldado tuvo la clara sensación de que en el fondo de la sala se habían dibujado las siluetas de al menos dos personas, como si una brizna de sol hubiera calado las piedras hasta hacerlas translúcidas, revelando así una presencia oculta durante milenios.

Al corso le costó identificarlas. Eran irreales, falsas, sin duda el producto de una poderosa alucinación, pero tan vívidas que, durante un instante, calibró la posibilidad de echar a correr hacia ellas.

—¿Quiénes... sois? —tartamudeó.

Nadie respondió.

Aquella visión se mantuvo estática, y luego, pausadamente, desdibujó sus contornos hasta desvanecerse en medio de la negrura más absoluta.

¿Se estaba volviendo loco?

¿Comenzaba a surtir efecto sobre él la maldición de la pirámide?

¿Había o no alguien más en el interior de aquel colosal sepulcro?

El soldado tomó aire, haciendo un vano esfuerzo por poner la mente en blanco y borrar aquel ensueño de su cabeza. Tal como le habían enseñado en Nazaret, cerró los ojos y espiró aire profundamente. Fue en vano. Ni por un segundo Napoleón Bonaparte, el gran general que había liberado a Egipto del dominio mameluco, pudo sacudirse la idea de que acababa de ser enterrado vivo.

Y por primera vez en su vida, desesperado, el temido Bonaparte se derrumbó.

¿Soñaba? ¿Estaba muerto ya?

Napoleón nunca supo el tiempo que permaneció inconsciente, tumbado sobre las frías losas de la llamada Cámara del Rey. Cuando despertó —ajeno aún a todo lo que se le avecinaba—, tuvo la extraña y absurda certeza de que no estaba solo.

Nunca supo explicarlo con palabras. No pudo. Pero durante el tiem-

po en que permaneció inmóvil, el granito había desarrollado una fantasmal fosforescencia a su alrededor.

—¡Aquí me tenéis!... —gritó recordando a sus fantasmas—. ¡No os temo! ¡Manifestaos si os atrevéis!

El vientre del monumento le ignoró. Su eco era lo único vivo que había allá dentro.

Napoleón comprendió que no debía rendirse. A tientas, atrapó con el puño izquierdo sus desordenados cabellos, los ató en una cola de caballo con el derecho y dio un salto poniéndose en guardia. Aún estaba vivo. No podía dejarse morir. No así.

Una serie de sucesivos movimientos musculares bien ensayados le devolvieron parte del calor perdido. Al momento volvió a sentir que el hedor a murciélago que impregnaba toda la pirámide se deslizaba otra vez por su garganta.

La visión de aquel brillo verdusco, breve, le había devuelto algunas fuerzas.

Aunque no recordaba habérselas visto antes con una oscuridad semejante, jamás la ausencia de luz le había intimidado tanto.

¿Qué hacía allí? ¿Por qué, de repente, le asustaba tanto aquel lugar? ¿No era acaso esa la misma pirámide a la que había dedicado tantos elogios en presencia de sus generales? ¿No era ese el monumento con cuyos bloques él podría construir un muro de un metro de alto que rodeara toda Francia?

Mientras tanteaba a su alrededor buscando una pared en la que apoyarse, el corso repasó su situación. Bien pensado, su temor tenía una única razón de ser: todo allá adentro, incluso el preciso instante en que la última llama de su tea chisporroteó hasta consumirse, parecía haber sido preparado a conciencia. El crujido agónico del fuego, el aroma del humo ascendiendo hasta el techo plano de granito que gravitaba sobre su cabeza, incluso el impenetrable silencio que había llenado la estancia un segundo después de hacerse la oscuridad, obedecía a una meticulosa maniobra de los ancianos guardianes de Giza. O lo parecía.

¿Acaso había caído el Sultán Kebir[2] *en una trampa?*

---

[2] Los beduinos llamaron así a Napoleón al final de su estancia en Egipto. Significa El Señor del Fuego, lo que, dadas las circunstancias, terminó resultando muy adecuado.

El corso gruñó.

No. No era eso. Los políticos del Directorio en París le habían enseñado a estar preparado para una eventualidad tan humana como la deslealtad. La voracidad por el poder de aquel puñado de hombres y su probada falta de escrúpulos le habían entrenado para distinguir los corazones falsos de los nobles.

Tampoco se engañaba al desconfiar de los amables gestos de aquiescencia de los imanes de El Cairo, cuando días atrás aceptaron con abierta sonrisa sus poco creíbles pretensiones religiosas. Él mismo, al regreso de su campaña contra Tierra Santa, se había presentado a los líderes religiosos de la ciudad como la encarnación del ser superior profetizado por el Corán. Aquel que había de llegar de Occidente para continuar con la obra del Profeta...

¿Y si le habían llevado allí para castigar su blasfemia?

Napoleón quiso hacer memoria: Elías Buqtur, el hábil intérprete copto que le había servido de guía desde su desembarco en Egipto, le había conducido a las lindes del desierto con la promesa de revelarle algo extraordinario. El Nilo acababa de desbordarse, esparciendo su generoso limo por los campos del Delta. El pueblo celebraba la bendición de su río, y el peso de los dátiles en sus palmeras llenaba de vida todo el valle. Pero a Elías, un varón con cara de palo, aquello parecía darle igual. Insistió en llevarle ese ocaso a las afueras de la ciudad, al interior de la más grande de las pirámides de Giza, e iniciarle en sus arcanos secretos.

«Quien domine la pirámide, dominará el Universo», le anunció de camino. En cierto modo, Napoleón estaba seguro de que aquello era una gran verdad. Quizá, la *verdad.*

Tan extraña invitación, formulada en el despacho que Bonaparte había instalado cerca del lago Azbakiya, llevaba horas obsesionándole. Elías, sobrino predilecto de su fiel general Jacob Tadrus, cabecilla con honores de la Legión Copta del ejército francés, no tendría por qué engañarle en algo tan aparentemente inofensivo.

¿O sí?

Napoleón lo recordaba perfectamente: con su mirada astuta, su piel blanquísima, brillante, y su barbita afilada cubriéndole un mentón angu-

loso y fuerte, Elías le advirtió que su asistencia al rito de la pirámide era fundamental. «Nadie debe saber que venís», dijo muy serio. «Sólo por vuestra insistencia, el general Kléber tiene la bendición necesaria de los dioses para serviros de escolta, siempre que se mantenga a una distancia prudencial de vos. Pero si decidís desoírme, puedo aseguraros que lo que ha de revelarse no se manifestará.»

Napoleón, insólito en él, se fió. Ni siquiera prestó atención a la alusión de su intérprete a los dioses. Elías —eso pensaba— era un copto estricto. Pero ¿qué era lo que había de manifestársele en la Gran Pirámide? ¿Se refería a la muda visión que acababa de presenciar? Y en ese caso, ¿cómo podía saber Buqtur...?

Escoltado por un pequeño grupo de hombres, cuatro pollinos cargados de mantas, agua y bananas, Napoleón atravesó en una gran barcaza la aldea de Nazlet el-Sammam a la puesta del sol. Después de remontar la depresión en la que descansa la Esfinge, se dirigió a caballo hacia la mayor de las pirámides del lugar. Eran auténticas montañas artificiales, diseñadas por arquitectos de un mundo perdido que pretendían desafiar al tiempo. Aquel atardecer de verano, solemne como ninguno en Giza, el astro rey teñía de oro viejo las ruinas milenarias.

—Mi general —dijo Buqtur en un francés exquisito, en cuanto lo condujo a la cámara más elevada del monumento a través de una serie de angostos pasajes—: antes de revelaros lo que vos tanto anheláis, debéis vaciar vuestra alma y dejársela pesar al eterno celador de este lugar. Y eso, señor, lo haréis solo.

—¿Solo?

Elías asintió muy serio.

—Siempre ha sido así. Desde la época de los faraones hasta la llegada de los musulmanes. Es la ley. Así lo hicieron César o Alejandro el macedonio, y ambos llegaron a convertirse en señores de Egipto. Así lo debéis hacer vos.

Y el general, sin entender muy bien lo que quería decirle su intérprete, aceptó una vez más.

¿Cómo había podido ser tan temerario?, se reprendía ahora.

Bonaparte podía aún adivinar en las negras pupilas de Buqtur cierto temor supersticioso. Quizá el mismo que había llevado a los mamelucos derrotados en El Cairo a llamarle Bunabart el Diabólico, imaginándoselo como una especie de djinn, *de espíritu maléfico, provisto de uñas largas y afiladas, capaz de petrificar a sus enemigos con sólo mirarlos. El circunspecto Elías, pese a haber tratado de cerca durante meses a Napoleón, seguía sin estar del todo seguro de si aquella impresión de los viejos señores de La Madre del Mundo* [3] *fuera nada más que una fantasía.*

Su familia llevaba generaciones guiando a los iniciados hasta las entrañas del Templo de Saurid[4]*, pero nunca su padre o su abuelo le habían hablado de un candidato de rasgos tan poderosos como aquél.*

—¿Dónde me esperarás, Elías? —le increpó el corso al intuir que iba a dejarle solo allá dentro.

—Afuera, señor.

—¿Vos también, Auguste? —dijo después mirando al general Kléber bajo la inestable luz de su antorcha.

—También, mi general.

Dicho y hecho. Cuando la raída galabeya negra del guía y la casaca azul de su general se perdieron por el pasadizo que les había conducido hasta allí, Napoleón apenas tuvo un par de minutos para situarse. Pasado ese tiempo, como si lo hubieran calculado todo con precisión de relojero, su antorcha murió.

Bonaparte se estremeció. Fue como si las puertas de la pirámide se hubieran cerrado de golpe y para siempre.

La oscuridad cubrió el recinto sin miramiento: la entrada al lugar, las dos pequeñas aberturas cuadradas practicadas en las paredes norte y sur de la sala que se perdían muro adentro con destino incierto, así como el gran

---

[3] Así se conoce a El Cairo desde que el cuento del médico judío de *Las mil y una noches* se refiriera de ese modo a la ciudad de las pirámides.

[4] Los árabes llamaban de este modo a la Gran Pirámide, atribuyéndola a cierto rey Saurid del que afirmaban no conocer nada. Los antiguos egipcios, en cambio, la llamaban El Horizonte Luminoso de Jufu, esto es, del mismo monarca que los griegos rebautizarían más tarde como Keops. Los coptos siempre guardaron silencio al respecto...

cofre de granito que presidía la estancia, se sumergieron en una noche repentina y densa. Todo había quedado cubierto por aquel espeso velo negro. De hecho, el arcón era lo único que había llamado su atención. Se trataba de un tanque suficientemente holgado como para recibir a un hombre en su interior. ¿Era allí donde debía vaciar su alma? ¿A oscuras? ¿Sería en ese lugar donde se determinaría su «peso»? Y en ese caso, ¿cómo?

—La pirámide os guiará —le había advertido Elías Buqtur horas antes, sin anunciarle que le abandonaría a su suerte—. Dejaos llevar por el sagrado poder que legaron a la posteridad los antiguos señores de Egipto. No os resistáis. No tratéis de comprender. Aceptad sólo lo que os llegue.

Napoleón a duras penas podía imaginar que un cofre tan simple hubiera albergado alguna vez el cadáver de un rey. Y que una habitación tan austera hubiera sido en tiempos el sepulcro de un faraón. Fue un error. Perfectamente rectangular y construida con grandes bloques de piedra milimétricamente encajados entre sí, la grandeza del lugar necesitaba cierto tiempo y capacidad de observación para ser apreciada en su justa medida. La perfección de sus formas, su acabado armonioso y sencillo, la ausencia de inscripciones o adornos superfluos, parecían propios del santuario de una poderosa divinidad dormida, abandonado mucho antes de que el gran Alejandro llegara al Nilo, y probablemente saqueado una y mil veces antes de la visita del corso.

La idea le inquietó.

Con meditada suavidad, casi por instinto, palpó el extremo izquierdo de su fajín en busca de la empuñadura del sable. El mango frío le tranquilizó. Si le salía al paso algún imprevisto, sabría defenderse. Pero ¿defenderse de quién? ¿O de qué? ¿Acaso no le había advertido Elías que su peor enemigo allá dentro, acaso el más terrible de sus adversarios, sería él mismo? ¿No era aquella una más de las pruebas que le tenía reservada la misteriosa hermandad en la que militaban su intérprete y —ya no lo ponía en duda— su propio general Kléber? ¿O quizá se había confiado demasiado al acompañarlos solo, sin escolta, hasta la peligrosa meseta de Giza, donde ningún extranjero se atrevía a adentrarse sin una fuerte protección militar?

Y decidido, el joven general buscó a tientas el tacto liso y gélido del granito.

Tras localizar los perfiles del tanque exactamente donde lo recordaba, se encaramó a uno de sus extremos, tumbándose a todo lo largo que era en su interior. No podía perder nada. Estaba dispuesto a aguardar a que los acontecimientos se sucedieran sin su intervención y resolver aquella embarazosa situación por la más pasiva de las vías.

—¿Qué quiso decir Elías con que vaciara aquí mi alma para dejármela pesar? —se preguntó mientras apoyaba su espalda contra el fondo del tanque.

Fue entonces cuando Napoleón Bonaparte, el líder de las tropas de ocupación de Egipto, hizo un descubrimiento terrible: aquel ataúd tenía exactamente sus medidas…

I

Viejo Cairo, diez días antes. 28 Abib[5]

CIRILO SE ARRASTRÓ con dificultad hasta la embocadura del pasadizo que debía conducirle a la iglesia de San Sergio. Húmedo y maloliente, el corredor arrancaba a la vuelta de un escueto tramo de escaleras que el monje descendió con toda precaución.

A su lado estaba Takla, otro hermano copto bautizado así para honrar al patrón de Etiopía. Desde hacía semanas nunca viajaba sin él, ni siquiera cuando decidía darse un garbeo por el bazar musulmán en busca de regalos con los que obsequiar a sus feligreses más necesitados.

Takla, que aún no había cumplido los veinticinco, llevaba aquel día atado a la espalda un enorme fardo que afeaba su silueta. Así, en la penumbra, cualquiera de los supersticiosos habitantes de Masr el-Qadima le hubiera confundido con un secuaz del Maligno.

—Debemos apurarnos, hermano Cirilo —bisbiseó el fraile con el aliento entrecortado por el esfuerzo—. El Patriarca desea veros antes del atardecer. Y si me permitís decirlo, su secretario parecía especialmente ansioso ante esta cita.

—¿Ansioso? —bufó el anciano—. ¿Ansioso por qué?

—Por veros llegar puntual y rendir cuentas lo antes posible al Santo Padre...

El tono de Takla destilaba una mal disimulada impaciencia.

—¡Ya, ya! —protestó mientras vigilaba dónde colocaba sus pies—. ¡Qué sabrá el buen pastor de los problemas de su rebaño!

---

[5] 2 de agosto de 1799 según el calendario copto. Año 1515 del Synaxarion.

Si los franceses no tuvieran la ciudad sembrada de controles, ya haría un buen rato que estaríamos en Abu Sarga con él.

El joven copto ocultó su sonrisa bajando el rostro. Todo el mundo en los conventos cercanos al antiguo corazón de El Cairo sabía que a Cirilo nadie podía meterle prisa. Era lento para todo, pero también extraordinariamente minucioso. Maestro indiscutible en el arte de pintar iconos, de restaurar frescos, e incluso de clasificar las innumerables antigüedades que ahogaban el país, al buen Cirilo, de cuna italiana, impetuoso, le hervía la sangre cada vez que alguien trataba de inmiscuirse en su peculiar ritmo de vida.

—Hay que comprenderlos, padre —Takla trató de excusar a los franceses sin demasiado convencimiento—. Parece que temen una nueva ofensiva de los ingleses, o de los turcos, que para el caso son lo mismo. Su derrota en Abukir no les debió sentar nada bien, y a estas alturas deben estar rearmándose...

Cirilo no replicó.

—... Ayer, mientras perseguían a dos espías en la Ciudadela, destrozaron el mercado de telas; están muy nerviosos. En El Cairo no se habla de otra cosa.

—Espías, ¡bah!

Los dos apretaron el paso. La monótona llamada a la oración de los muecines desde lo alto de los mil minaretes de la urbe les animó a forzar la marcha. Takla, agarrotado bajo el peso de su carga, le brindó un brazo para que el venerable no resbalara. Sus órdenes eran precisas: debía escoltar y proteger con su vida si fuera preciso a aquel anciano. A fin de cuentas, Cirilo de Bolonia era el único hombre en toda la diócesis capaz de resolver el acertijo que desasosegaba desde hacía meses a los gerifaltes del accidentado mandato del santo padre Marcos VIII, y había que blindarle.

El novicio conocía bien esa peculiar historia. Él mismo había sido testigo del rescate de las dos vasijas de barro selladas con betún que aparecieron semienterradas exactamente enfrente de la mezquita de Nebi Daniel.

Todo ocurrió en Alejandría. Fue una mañana del verano anterior cuando Abdul Harish, el cariacontecido guardián del templo, le había llamado horrorizado para que retirara «aquellas cosas cristianas» de delante de su puerta. Se lo exigió con asco, como si el terremoto de la noche precedente hubiera removido un estiércol profundo y apestoso, propio de los coptos.

Es más: su certeza de que «las cosas» no podían ser sino recipientes con las cenizas de algún antiguo cristiano —un pez dibujado al carbón lo delataba—, hizo que el escrupuloso Harish se desentendiera rápidamente del descubrimiento. «Yo no toco las cenizas de un copto ni muerto», juró.

Al obispo de Alejandría, sin embargo, le brillaron los ojos nada más enterarse. ¿Y si, por ventura, aquellos cántaros guardaban las reliquias de un mártir? El obispo se relamió imaginando que pudieran ser las del propio san Marcos, que se sabe predicó y edificó la primera iglesia de Egipto, no muy lejos de Nebi Daniel. ¿Y por qué no? Su desbocada fe, y con ella la de los secretarios y padres más cercanos, se disparó: ¿completarían por fin el cuerpo del gran evangelista, del que conservaban sólo el cráneo?

Tanto entusiasmo duró poco. Aunque los coptos prohíben expresamente la veneración de los santos, de haberse hallado un fragmento del cuerpo de Marcos semejante norma hubiera pasado a un segundo plano. El evangelista no fue un santo común, ¡san Marcos había traído la fe verdadera a Egipto!

Takla recordaba con claridad la decepción que se vivió poco después: al quitarles sus precintos, las cerámicas no entregaron hueso alguno; sólo algunos manojos de papiros sucios y desordenados.

En un principio nadie les prestó atención. Parecían escritos en copto *bohairico,* pero ninguno de los sacerdotes que los examinaron fue capaz de entender una sola línea. El galimatías era demasiado complejo para unos monjes ansiosos de huesos y milagros. No en vano la lengua de los primeros coptos derivaba directamente de la que empleaban los antiguos egipcios. Los más sabios sostenían que hacia el siglo VII a.C. los jeroglíficos mutaron en una clase de escritura más sencilla llamada hierática, y de ésta a otra todavía más simplificada que bautizaron como demótica. Del demótico al copto el salto fue fácil: bastó con escribir en caracteres griegos la lengua de los antiguos dioses del Nilo. Sin embargo, el texto rescatado en Alejandría tampoco parecía copto, sino griego.

La única frase comprensible de todo el legajo estaba escrita en ese idioma. Encabezaba el más voluminoso de los escritos, y su lectura reavivó las esperanzas del obispo en un prodigio en toda regla.

Decía así:

Περὶ τῶν ἐσχάτων ἡμερῶν τοῦ Κυρίου ἐπὶ τῆς γῆς
De los últimos días del Señor en la Tierra.

En un principio, hasta él dudó. Pensó en una broma urdida por Abdul Harish y su exaltado grupo de adeptos, pero descartó la hipótesis de inmediato. Esperar la llegada de un temblor de tierra para poner en circulación aquellos recipientes era demasiado refinado para los bárbaros de Nebi Daniel. Además, estaba seguro de que ninguno de los responsables de la mezquita sabría redactar una frase en griego sin cometer un par de errores gramaticales importantes.

¿Y entonces?

Hasta el obispo, que nunca había tenido fama de listo, sabía que sólo quedaba una alternativa razonable: que aquellas vasijas pertenecieran, en efecto, a alguna antigua comunidad cristiana alejandrina que hubiese escondido en ellas sus textos sagrados. La historia de la ciudad había atravesado períodos suficientemente aciagos como para justificar una maniobra así.

La pobre imaginación del Patriarca se disparó. Casi podía ver las caras de los primitivos cristianos sellando herméticamente sus papiros más valiosos. Rondarían diez, a lo sumo doce familias. Todas ellas con dos o tres hijos y seguramente a sueldo de algún patricio romano poco escrupuloso con la fe de sus sirvientes. Incluso era capaz de imaginar el revuelo que la inminente visita de una patrulla romana dispuesta a sofocarles debió causar en la comunidad. Con toda probabilidad alguno de sus vecinos les había traicionado a cambio de unas pocas monedas de plata, como Judas al Señor. Por suerte, uno de los ancianos del clan, inspirado por el Altísimo, dio la orden de enterrar los papiros que les delatarían, protegiendo así sus vidas y un tesoro que, ahora en sus manos, podría reavivar la fe de muchos indecisos.

Además, por el lugar y el modo en el que habían sido arrojados de las profundidades, el descubrimiento obedecía a un milagro. A un signo de Dios. Tal vez incluso fuera una señal más, a sumar a la de la reciente ocupación francesa de Egipto, de que el cristianismo estaba a punto de imponerse de nuevo sobre la insoportable hegemonía islámica.

No. A Takla no le extrañó en absoluto la celeridad con la que el obispo de Alejandría hizo llegar el manuscrito a Su Santidad Marcos VIII primero y, a través de éste, al padre Cirilo después. Se tomaron todas las precauciones posibles, haciendo viajar los textos por separado, envueltos en telas, disimulados en dobles fondos de barcazas y hasta aplicados al cuerpo de los últimos mensajeros que los transportaron hasta El Cairo. Toda precaución era poca para proteger el nuevo *Signo de Dios*.

Las prisas y el empeño puestos en saber qué contenían aquellos escritos estaban también más que justificados. Y Cirilo de Bolonia, de setenta y un años pero lúcido como si tuviera veinte, lo sabía. De hecho, con las respuestas a tanto enigma ya en sus manos, el anciano de ojos saltones y labios agrietados se sentía el más anhelado de los coptos.

Al llegar a su destino, ajeno a las cavilaciones del joven guardaespaldas, el anciano copto suspiró. La fachada, oscura, mostraba un relieve de san Jorge dando muerte al dragón copiado de alguno de los iconos orientales del interior.

—Dadme fuerzas, Señor, para seguir firme a vuestro servicio —murmuró casi imperceptiblemente.

—Amén —Takla asintió.

—¿Crees, muchacho, que este es el fin de nuestras preocupaciones? ¿Que todo terminará cuando entreguemos la traducción al Santo Padre?

Las preguntas sorprendieron al novicio.

—Estoy seguro —dijo—. Habéis cumplido bien con vuestro trabajo. Nuestro venerado Patriarca os colmará de bendiciones, y pronto regresaremos a nuestro convento.

—Que así sea.

—Entremos, pues.

Como cada ocaso, el templo de San Sergio presentaba a esa hora su aspecto más solemne. Las celebraciones de todo el día habían dejado el lugar impregnado de olores y luces que evocaban santidad. No en vano habían sido citados en la primera iglesia cristiana del Viejo Cairo. Su planta se alzó en el siglo IV sobre la caverna en la que la Sagrada Familia buscó refugio hacía más de dieciocho siglos, y la cueva, pulcramente cincelada, aún se utilizaba como cripta para las ceremonias más importantes.

El venerable *frater,* tras inhalar los vapores de incienso acumulados durante siglos, sonrió por primera vez en toda la jornada. Sus viejas rodillas temblaron de emoción. Por el modo en que lo miraba todo, se diría que casi podía escuchar las historias que susurraban los muros.

—¿No sientes nada, querido Takla? ¿No notas el suave aleteo del Espíritu Santo en tu estómago? Aquí las piedras hablan como en ninguna otra iglesia de Egipto. Cuentan cosas que no escucharás en otro lugar de este mundo...

El novicio ni siquiera hizo ademán de responder.

—¡Presta atención! ¿Las oyes? ¿Escuchas cómo murmuran las piedras? —el fraile, encendido, alzó sus brazos al techo abovedado del recinto—. Hablan de la huida de Nuestro Señor a este país. Nos dicen que en su fuga de los desmanes de Herodes el Grande, José el Carpintero estableció su hogar aquí. ¿No oyes su confesión? ¡La casa de la Sagrada Familia estuvo bajo las losas que ahora pisan tus pies! ¡Descalcémonos!

—Yo no...

Cirilo no le dejó replicar.

—En este suelo —continuó— María amamantó al Hijo de Dios. Quienes la acompañaron en su éxodo construyeron aquí una gran alberca de aguas sagradas con las que bautizar a los conversos.

El venerable anciano, tratando de disimular la honda impresión que le causaba tanta historia sagrada reunida en un espacio tan reducido, prosiguió cada vez más entusiasmado con sus explicaciones:

—¿Ves esas doce columnas que se agrupan bajo la nave?

Fray Cirilo señaló al frente.

—Todas son de mármol blanco, excepto una.

—¿Y por qué, padre? —preguntó Takla atónito.

—Representan a los doce apóstoles. Incluso, si te fijas bien y dejas que tus ojos se acostumbren a esta luz, verás sobre ellas lo que queda de los rostros que un día las decoraron. Uno por cada seguidor de Cristo.

—¿Y la última columna?

—La más oscura —Cirilo dudó— fue erigida para recordar la impiedad de Judas, el traidor. Por eso es de granito. Por eso no tiene rostro...

Los dos frailes avanzaron por el nártex del templo, rodeando la nave en dirección a la sacristía y la cripta. Los paneles de ébano y marfil, rematados por iconos que representaban a los apóstoles y a la Virgen, flotaban a casi dos metros por encima de sus cabezas. La iglesia, cada vez más oscura, no revelaba signo alguno de actividad. Es más: Abraham, Isaac y Jacob, con los ojos bien abiertos, blancos, como si la protegieran de visitas incómodas, parecían vigilar sus pasos desde la capilla sur del templo. Takla, que jamás había visto en Alejandría pinturas tan bien acabadas como aquéllas, las miraba de reojo, no fueran a cobrar vida de repente.

Su temor fue casi una premonición:

—Y bien, Cirilo —bramó una voz desde las afiligranadas faldas del Patriarca Abraham—, ¿has terminado ya tu trabajo?

Un calambre recorrió de arriba abajo a Takla. La frase, pronunciada de manera contundente y autoritaria, retumbó por todo el *synthronon*. El lugar en el que el obispo y los ancianos se reúnen en las grandes ocasiones, ahora negro y frío, tembló como si fuera a desplomarse frente a ellos.

—... ¿Tanto se tarda en estudiar y copiar unos viejos manuscritos? —remató la voz.

El pobre Takla estuvo a punto de caerse sobre el bulto que transportaba. Cirilo, en cambio, no pareció inmutarse lo más mínimo. Pese a emerger de la penumbra, aquel tono le resultó vagamente familiar al anciano copto: el vozarrón no podía ser sino de Marcos VIII en persona, el centésimo octavo Patriarca copto y cabeza visible de la verdadera y más antigua iglesia de Cristo en la Tierra. La cita, en efecto, era allí con él, pero ¿qué hacía el Patriarca más poderoso de Oriente sin protocolo, despojado de la molesta nube de ayudantes que jamás se despegan de sus faldas?

—Santidad... —susurró el fraile complacido—. Al fin nos encontramos.

El Pontífice debió sonreír. Dos hileras de dientes blancos brillaron como perlas de buen tamaño bajo la luz de una enorme lámpara de aceite, revelando su posición exacta bajo los frescos.

Sólo entonces los monjes supieron a dónde mirar. Aunque hacía años que no se encontraban a solas, a Cirilo le costó no ver en él al travieso estudiante de latín que pegaba en la espalda de su sotana las declinaciones para que toda la clase las copiara. ¡Había cambiado tanto! Marcos ya no era el imberbe revoltoso de hacía veinte años, y, aunque su gesto conservara algo del pícaro de entonces, verle consagrado como Santo Padre le recordaba que su propia vida languidecía ya en los últimos compases. Que le quedaba poco, bien poco.

—Supongo que habrás terminado tu trabajo, padre Cirilo —dijo severo, interrumpiendo sus cavilaciones—. Y supongo también que estarás preparado para rendirme los resultados de inmediato.

—En efecto. Todo está listo según vuestros deseos.

La oronda silueta de Marcos VIII se hinchó como la de un pavo real orgulloso de mostrar su plumaje a quien fuera su maestro más estricto.

—¿Y bien?

Cubierto por un hábito negro de algodón, tocado con una capucha ribeteada con cintas y cruces de oro, el pontífice echó un vistazo descarado al bulto que Takla sostenía contra su espalda. Ni las pobladas barbas del Patriarca pudieron disfrazar su curiosidad.

—El libro que me confiasteis ha resultado ser más complejo de traducir de lo que pensé al verlo por primera vez.

Marcos se encogió de hombros. Ni siquiera sabía que los papiros que le había confiado formaran un libro.

—¿Más complejo? ¿Qué quieres decir?

—Como bien sabéis —atajó el anciano—, los documentos hallados en Alejandría no presentaban firma alguna. Tampoco fueron encuadernados, por lo que he tenido que organizarlos siguiendo un orden probable. Y por si no acumulaban ya bastantes problemas, fueron escritos por distintas manos en un griego muy adulterado. Sus líneas están llenas de expresiones extrañas que dificultan la lectura. Sin duda se trata de una *koiné*[6] muy contaminada.

—¿Varias manos?

—Sí. Según parece, fueron tres o cuatro copistas los que tra-

[6] Una forma de griego muy extendida en todos los pueblos mediterráneos, de uso popular. No culto.

bajaron en la reproducción de un mismo libro, y algún sacerdote piadoso los reunió y ordenó con infinita paciencia.

—¿Puedo ver ya tu obra?

Cirilo asintió. Ordenó a Takla que deshiciera los nudos que sujetaban el bulto que llevaba a cuestas, y éste, con una precisión exquisita, lo desplegó ante los venerables padres.

El hatillo contenía cien o ciento veinticinco pliegos de hoja de palma de El Fayum cubiertos por la apretada escritura del padre Cirilo. Junto a ellos estaban también los papiros originales hallados en Nebi Daniel. Se trataba de trozos de desigual factura, algunos deshechos por el tiempo y de aspecto quebradizo. Estaban mucho más limpios que la última vez que Marcos los viera, y aunque viejos, ahora daban la impresión de poder aguantar otro par de siglos sin problemas.

—El documento... —Cirilo titubeó— es en realidad un evangelio.

—¿Un evangelio?

Marcos VIII clavó su mirada en el anciano aguardando una explicación.

—... O eso parece.

—Explícate mejor, maestro Cirilo.

—Soy consciente de lo que esta conclusión significa, por eso prefiero que la prudencia presida mis palabras, Santidad.

—No te andes con rodeos.

Cirilo tosió antes de continuar. Sus manos, pequeñas y meticulosas, hicieron crujir el manojo de páginas que sostenía.

—Santidad: lo que se recuperó en Nebi Daniel se corresponde, casi con toda seguridad, con el evangelio perdido de nuestro amado san Marcos —respiró hondo—. Por lo que sabemos por nuestra tradición, este no puede ser sino el texto que escribió a la vez que el evangelio que conocemos. El mismo libro que el apóstol Marcos decidió mantener en secreto porque estaba seguro de que el tiempo para que fuera leído y comprendido no había llegado aún.

—¿El evangelio perdido de san Marcos?

El Patriarca no dio tiempo a que los frailes respondieran a su innecesaria pregunta:

—¿Cómo puedes estar tan seguro?

—Todos los textos están escritos en primera persona, y contienen copias de todas las epístolas que Marcos envió a Pedro, a Roma, informándole de sus progresos en Egipto. No. No tengo dudas, Santidad. Es el texto de san Marcos.

—Entonces, ¿crees que *El Tiempo* ha llegado?

—Definitivamente, sí.

El Santo Padre, más serio que nunca, le miró directamente a los ojos.

—¿Estás absolutamente seguro de eso?

—Completamente, Santidad. No hemos hallado los huesos del evangelista, pero Dios nos ha puesto en las manos algo mejor: su *Secreto*.

II

La noche cayó rápidamente sobre Abu Sarga.

Los coptos antiguos llamaban así al sagrado recinto de San Sergio, convencidos de que sus cimientos serán lo último que sucumbirá cuando llegue el Apocalipsis del que habla Juan en el último libro de la Biblia.

La actividad del barrio controlado por los «celosos de Dios» había cesado drásticamente tras la puesta del sol, y aunque en los aledaños el bullicio de los puestos ambulantes árabes seguía inalterable, el interior de la iglesia parecía a salvo de tanto frenesí. Allá dentro, siempre rodeado de penumbras, daba igual que fuera de noche o de día. Así debía ser también el reino de los cielos: inalterable, sereno, eterno.

Marcos VIII nunca se alegró bastante de haber tomado tantas precauciones para reunirse con Cirilo de Bolonia. Lo que éste había comenzado a detallarle bastaba para desatar una verdadera batalla campal entre los miembros de su colegio de obispos. Le costaba poco imaginar a Jorge de Asiut relinchando contra cualquier cosa que supusiera modificar la Tradición, y a Mateo de Damanhur clamando por todo lo contrario. Para aquel viejo león del Delta y sus numerosos seguidores, recuperar la «auténtica verdad» de la historia sagrada estaba por encima de cualquier encasillamiento doctrinal.

Pero las cosas podían ir a peor: la noticia del hallazgo del libro perdido de san Marcos les llegaba menos de dos semanas antes del *mulid* o celebración de la Ascensión de la Virgen. El

Pontífice estaba seguro de que una revelación pública de la envergadura que insinuaban sus huéspedes echaría a perder los festejos previstos. Por eso guardaría silencio. Era lo más prudente.

—Santidad... —susurró Cirilo posando la mirada en el suelo de madera de San Sergio, mientras trataba de adivinar la reacción del Patriarca—. Hay algo más que debéis conocer.

—¿Algo más? ¿Algo... grave?

—El *Katà Márkon*, ya sabéis, el evangelio de Marcos, el que los primeros padres aceptaron como canónico cuando la Iglesia era sólo una, encierra un enigma insoportable para nuestra sagrada fe que el texto que hemos recuperado resuelve de modo inesperado.

Takla miró a su maestro con curiosidad. Nunca había oído hablar de aquel modo a Cirilo de Bolonia, ni referirse jamás a misterio alguno mientras lo traducía. El Patriarca también era todo oídos.

—Prosigue, por favor.

—En primer lugar, como sabemos, el de Marcos es un libro en el que apenas aparecen indicios sobre la naturaleza sobrenatural de Jesús. Esa característica siempre fue irritante para nosotros los coptos, en tanto que san Marcos fue quien trajo la verdadera fe a Egipto y nuestra religión sólo admite que Jesús gozó de naturaleza divina, jamás humana.

—¿Y bien?

—A diferencia de lo que cuentan Mateo o Lucas, san Marcos incluso ignora que Jesús naciera de madre virgen. En el Nuevo Testamento únicamente menciona el descenso del Espíritu Santo sobre el Mesías durante el bautismo del Jordán... y aun así es parco en palabras al describir tamaño prodigio.

—¿Y dónde está el enigma, padre?

El Patriarca, sentado ya en uno de los grandes bancos de San Sergio, llevaba un rato sin pestañear. Había cruzado las manos sobre el regazo y sólo ocasionalmente se atrevía a interrumpir las explicaciones del de Bolonia que, de pie, arrastraba frenéticamente su cuerpo enclenque de un lado a otro.

—La impresión que da el evangelio canónico, y que comparten muchos estudiosos del mismo, es que san Marcos procuró evitar deliberadamente cualquier alusión a milagros o intervenciones sobrenaturales. Que su misión fue la de presentarnos a un hombre, no a un dios. Sin embargo...

Cirilo pareció dudar un segundo antes de dar un paso más.

—Sin embargo —le atajó sonriendo el Patriarca, imaginando lo que estaba a punto de revelarle su traductor—, esa interpretación *tenía que ser errónea.* Jesús no fue jamás un hombre. Siempre fue Dios. ¿Me equivoco?

El anciano esquivó la mirada del Santo Padre.

—No debéis precipitaros. No es del todo así.

—¿Ah, no?

La contrariedad del Patriarca obligó a Cirilo a medir sus palabras:

—Ambos sabemos, Santidad, que Roma tachó a nuestra Iglesia de hereje porque Eutiques, el archimandrita de Constantinopla, defendió vehementemente en el siglo IV que la naturaleza del Mesías fue sólo divina. ¿Para qué pensar en otra cosa? ¿Acaso no le bastaba a Nuestro Señor con ser Dios? Defender Su doble naturaleza —humana y celestial—, como hacen los seguidores del Papa italiano, es menospreciar al Creador. Y por eso nos llamaron monofisitas y pretendieron desterrarnos de la cristiandad para siempre.

—¿Y ya no lo crees así?

El tono de Marcos VIII encerraba una funesta sombra de duda.

—Ya no.

—Explícate.

—Está bien: como sin duda sabéis, san Marcos puso punto final a su evangelio tan humano de Jesús en el capítulo 16, versículo 8. Lo que describió entonces fue lo que María Magdalena, María de Santiago y María Salomé encontraron el domingo de Pascua en la tumba de Nuestro Señor[7]. Las tres discípulas vieron, alarmadas, que la piedra que cubría el sepulcro había sido removida y que el cuerpo del Mesías había desaparecido. De hecho, tan sólo logran hablar con «un joven vestido de túnica blanca» que estaba plácidamente sentado en su interior. Y éste les indica que su Jesús ha vuelto a la vida.

—Bien: se trata de una metáfora que encubre que Jesús, siempre divino, no pudo resucitar porque, sencillamente, ya era inmortal cuando se lo crucificó. Él nunca murió.

—¡No! —gritó Cirilo—. ¡Ése es el error! *¡Nuestro* error! Si Marcos insistió tanto en describir a un Jesús humano en el evangelio canónico fue porque sabía que su naturaleza era mortal... aunque luego *algo* lo resucitó.

Marcos VIII dudó. ¿Había perdido el juicio Cirilo? ¿Cómo podía renegar así de una de las bases de su propia doctrina?

—Me extraña que seas precisamente tú quien diga esto, padre —dijo sin perder la solemnidad—. Sabes mejor que nadie, porque lo enseñaste durante años a tus alumnos, que el final del evangelio de san Marcos se prolonga aún doce versículos más allá del capítulo 16, en los que se da cuenta de las apariciones de Jesús resucitado. Según recuerdo, Nuestro Señor se apareció primero a la Magdalena y después a sus discípulos invitándolos a difundir el Evangelio por todo el orbe. Y fuiste tú, padre, quien en el seminario nos explicaste que esos párrafos finales fueron un siniestro añadido elaborado en el siglo II por san Ireneo para dar la razón

---

[7] Marcos 16, 1-8: «Pasado el sábado, María Magdalena, María la de Santiago y Salomé compraron aromas para ir a embalsamarle. Y muy de madrugada, el primer día de la semana, a la salida del sol, van al sepulcro. Se decían unas a otras: "¿Quién nos retirará la piedra de la puerta del sepulcro?" Y levantando los ojos ven que la piedra estaba ya retirada; y eso que era muy grande. Y entrando en el sepulcro vieron a un joven sentado en el lado derecho, vestido con una túnica blanca, y se asustaron. Pero él les dice: "No os asustéis. Buscáis a Jesús de Nazaret, el Crucificado; ha resucitado, no está aquí. Ved el lugar donde le pusieron. Pero id a decir a sus discípulos y a Pedro que irá delante de vosotros a Galilea; allí le veréis, como os dijo." Ellas salieron huyendo del sepulcro, pues un gran temblor y espanto se había apoderado de ellas, y no dijeron nada a nadie porque tenían miedo.»

a los que creían que Jesús fue primero mortal y luego regresó a la vida.

—Me equivoqué.

—¿Te equivocaste?

—El nuevo texto, el que he traducido según vuestras instrucciones, contiene la continuación de la vida de Jesucristo después de su resurrección. Marcos la desgajó deliberadamente del texto canónico, a sabiendas de sus implicaciones, ya que demuestra que Jesús volvió a recuperar su naturaleza humana durante un tiempo tras ser sometido a tortura en el Gólgota.

—¿Entonces, san Ireneo...?

—San Ireneo hizo, en el fondo, un gran servicio a la cristiandad. Él debía de conocer la Verdad y la añadió piadosamente al texto canónico.

—Padre: no puedo aceptarlo. La Iglesia no puede.

El anciano no se dejó intimidar:

—Es mejor que leáis lo que os traigo, Santidad, antes de manifestaros tan contundentemente. Si Dios ha querido poner este texto en nuestras manos ahora es para sacarnos de nuestro error secular.

El Patriarca ahogó su nueva protesta. Si Cirilo de Bolonia estaba en lo cierto, entonces, en efecto, parte de la doctrina defendida por los coptos durante los últimos quince siglos estaba en un serio apuro.

—Dime sólo una cosa más: lo que dice ese texto, ¿está de acuerdo con lo que nos legó nuestro venerable Clemente de Alejandría?

Marcos VIII aguardó la respuesta a aquella pregunta capital. El de Bolonia, tanto como él mismo, había estudiado en sus años de seminario la abundante correspondencia dejada por aquel monje iluminado del siglo II, contemporáneo de san Ireneo. Era verdad que en algunas de sus misivas aquel Clemente se refirió a cierto «evangelio secreto de Marcos», describiéndolo como un tratado que contenía las enseñanzas más elevadas del Nazareno, así como las instrucciones precisas acerca de cómo vencer a la muerte y lograr la inmortalidad del cuerpo. Pero los coptos siempre lo consideraron como una metáfora piadosa para referirse a la elevación del alma a los cielos tras abandonar nuestros cuerpos. Ahora bien, aquellas epístolas, ricas en detalles, mostraban sin duda a un Jesús capaz de someter a la muerte en casi cualquier circunstancia: un individuo tocado con el don de la vida, que podía devolver el aliento a los difuntos o adentrarse en su mundo de tinieblas para rescatar de él a las almas que merecieran continuar su camino en la tierra de los vivos.

Clemente, según lo poco que se sabía de él, tuvo acceso a aquel «evangelio secreto» y lo utilizó para la instrucción de sus discípulos más aventajados. Sin embargo, el propio religioso advirtió a sus correligionarios que en adelante deberían negar su existencia «incluso bajo juramento», ya que «no todas las cosas verdaderas deben decirse a todos los hombres».

Cirilo sonrió condescendiente.

—Santidad, permaneced tranquilo. El texto secreto no contradice ni un ápice las enseñanzas del padre Clemente. Todo lo contrario: confirma que se las debe interpretar al pie de la letra, y obliga a aceptar que Jesús fue hombre primero, e inmortal después. Ahora, padre, podemos estar seguros de que éste fue el documento que iluminó muchas de sus catequesis más elevadas. Clemente debió ser uno de sus lectores más atentos.

—¿Y eso es todo?

El Pontífice había detectado poco convencimiento en las últimas palabras de Cirilo. El brillo de su expresión se había ido marchitando según avanzaba en su descripción, como si un funesto recuerdo hubiera caído a plomo sobre sus arqueadas costillas.

—¿O te preocupa algo?

El monje dudó.

—En realidad sí, Santidad.

—Puedes sincerarte.

—¿Habéis pensado ya qué vamos a hacer ahora con este nuevo evangelio de Marcos? Aunque no atenta contra nuestra fe fundamental, las revelaciones que contiene nos pueden dejar en un mal lugar frente a las otras Iglesias cristianas. Además, la información que da sobre el regreso a la vida de Nuestro Señor puede resultar incluso... pecaminosa.

—Me hago cargo, padre Cirilo. El texto está en buenas manos. Puedo asegurártelo.

—Ya, ya. Pero alguien podría utilizar el texto en beneficio propio para...

—¿Para qué, hermano?

... Para destruir nuestra fe desde dentro. Y lo que es peor, Santidad, para alterar el orden natural de las cosas a su capricho. Dios no entregó a su Único Hijo poder sobre la vida y la muerte para que éste cayera en manos de hombres irresponsables.

—La Iglesia se hará cargo de todo.

—Pero la Iglesia la integran hombres, y los hombres temen a la muerte y pueden corromperse.

—¡Ya basta, padre Cirilo! —le atajó el Pontífice—. Por hoy no quiero oír hablar más de ello.

—Comprended mi desasosiego... Incluso yo, siendo anciano, he estado a punto de caer en la tentación de desafiar a Dios con su propia revelación.

—¿Qué pretendes afirmar, padre?

—Exactamente eso: que he debido superar la tentación de no alcanzar la resurrección de la carne siguiendo los pasos que dio Jesús para lograrlo.

La cara de Marcos VIII palideció de asombro.

—¿También cuenta eso?

—Sí.

—En ese caso, el libro no puede haber caído en mejores manos.

Dicho aquello, el Pontífice se levantó del banco en el que estaba, dejó a un lado su Biblia y, sin cruzar una palabra más con sus frailes o tenderles el anillo de pastor para que lo besaran, Marcos VIII abandonó orgulloso la iglesia con la traducción bajo sus hábitos.

Takla y el anciano de Bolonia se miraron sin saber qué decir.

III

Luxor, 29 Safar[8]

—¡ESTÁN CONTANDO AGUJEROS! ¡Contando agujeros!

La estridente carcajada de Omar ben Abiff, el más zafio comerciante de antigüedades de la orilla este del Nilo y primogénito de una notable dinastía de arquitectos, se extendió por todo el local. Aquella espesa mezcla de vapores de carcadé caliente y humo de shisha advertía que los ánimos estaban bien cargados en el café de Hayyim. Éste, un posadero fornido, generoso en carnes y respetado por su fino sentido del humor, vigilaba de reojo los excesos de Ben Abiff. No era la primera vez que una de sus juergas terminaba en reyerta; la última le había costado un serio disgusto con el gobernador francés y a punto estuvo de valerle la clausura.

Nadia, a quien todos llamaban La Perfecta, aprovechó la distracción de su amo para echar un vistazo a la concurrencia. Tembló. Por una vez la bailarina no temía saltar al escenario para contornearse ante aquella recua de forajidos. «O esta noche, o nunca», murmuró entre dientes mientras clavaba sus ojos de gata en la desaliñada silueta de Omar. «Y para siempre», remató.

La Perfecta era una mujer asombrosa. Su piel tostada, sus cabellos largos y negros, las curvas sinuosas de sus pechos realzados por el sostén de lentejuelas, así como su mirada penetrante perfilada con kohl, la hacían bella entre las bellas. Hayyim supo desde el día en que la compró que sería ella la musa de su local, la

[8] 2 de agosto de 1799 según el calendario islámico o Hijri. Año 1214 después de la Hégira.

más codiciada de sus bailarinas. Y acertó: sus manos, cuidadosamente pintadas con henna, revelaban la exquisitez de su educación e insinuaban a los hombres cuán dotada estaba para hacerles gozar.

«O esta noche, o nunca.»

Nadia estaba preparada para el primer baile; los músicos también. Su faldellín cuajado de monedas tintineaba cada vez que sus caderas se balanceaban. El número anunciado era el de *Leil yabu el Layali,* la danza nubia, pero La Perfecta no pensaba ya en su actuación. Otro rugido de Omar desde el fondo del café la alertó.

—¡Lo que no saben esos extranjeros idiotas es que no hay agujero en Biban el-Muluk[9] que yo no haya visitado antes! ¿Os imagináis?... —gesticuló Ben Abiff, trazando ampulosamente un círculo en el aire con sus brazos—. Escuadras de soldados, vestidos con esos uniformes de lana, derritiéndose bajo el sol del desierto, ¡buscando tumbas ya saqueadas por mis hombres!

Omar se carcajeó otra vez mientras un grupo de *felah* venidos a más, con sus galabeyas de fiesta adornadas con finos bordados, aplaudían su desparpajo. La Perfecta calculó lo que tardarían en caer embriagados bajo el humo del tabaco.

—A los que mandan a los obreros los conozco bien: uno se llama Prosper Jollois, el otro Édouard de Villiers. ¡Dos perfectos imbéciles! ¡Dos niñatos!

Omar, un egipcio de piel de bronce florentino, nariz recta, labios delgados y rasgos faciales importados de la Nubia más sureña, pronunció sus nombres en un francés tan perfecto que, extrañamente, sonaron a chanza. Durante un instante, todo el local calló.

Algunos *felah* miraron a su alrededor con gesto asustadizo. Querían asegurarse de que no hubiera ningún soldado extranjero en el local. Aunque sabían que ninguno de ellos entendía una

[9] Literalmente, Las Puertas de los Reyes. Así llamaban los árabes al actual Valle de los Reyes.

palabra de árabe, bastaba con que oyeran pronunciar el nombre de alguno de ellos para que se pusieran en guardia.

Las suspicacias nacieron desde el mismo momento en que la expedición del general Louis Charles des Aix de Veygoux —más conocido como Desaix— desembarcó ocho meses atrás en Tebas. Pequeñas guarniciones de hombres armados hasta los dientes se habían quedado en cada una de las ciudades importantes del sur del país para cumplir —eso decían— tres tareas fundamentales: proteger a sabios como Jollois y De Villiers hechizados por la exploración del Valle de los Reyes y las ruinas cercanas; recordar a los gobernadores musulmanes quiénes eran ahora los dueños del país y, sobre todo, vigilar cualquier movimiento de tropas del prófugo Bey Murad. Aquel sanguinario mameluco había hecho de Desaix el hazmerreír de todo el Alto Egipto.

Pero no. La sala estaba «limpia».

El tugurio de Hayyim, el primero legalizado por la autoridad francesa, no era mayor que una barcaza de las que cruzan a diario el Nilo. De paredes blancas y desvencijadas, su propietario había hecho verdaderos esfuerzos por decorarlas con pedazos de esparto cortados geométricamente y farolillos de cobre oportunamente surtidos con velas de colores. Al fondo, contra un muro de adobe desnudo, se alzaban las tablas del modesto escenario donde, noche tras noche, bailaba La Perfecta.

—La muy puta... —susurró Omar en cuanto el grupo de tres músicos comenzó a golpear rítmicamente sus tambores de palmera.

—¡Por las barbas del Profeta! ¿No eras tú el hombre capaz de robar todo el oro de Tebas por un beso de Nadia?

La insinuación de Tarek, uno de los *felah* mejor vestidos que acompañaban a Omar, despertó otra tanda de risotadas. El nubio, contrariado, enrojeció.

—Anoche supe que tiene tratos con un francés —dijo con tono amargo—. Y lo peor es que es uno de esos hijos de perra que han cerrado los accesos a Biban el-Muluk y a los valles aledaños con la mala idea de arruinar mi carrera...

Los tambores fueron creciendo en ritmo. Nadia pronto aparecería.

—¡Eso es porque será más guapo que tú, Omar! —rió otro mientras aspiraba una bocanada del humo aromático de su pipa.

—¡Y tendrá menos barriga! —remató un tercero desde el fondo de la sala.

Omar Abiff levantó su mirada hacia aquél. Sus ojos estaban húmedos y rojos, y apretaba los dientes con rabia. Todos esos mal nacidos no sólo no se lamentaban del impropio proceder de la bella Nadia, sino que se burlaban abiertamente de su aspecto. Estaban tan ansiosos como él de posar sus sucias manos sobre el cuerpo suave y perfumado de La Perfecta. De hecho, no les importaría lo más mínimo dejar fuera de la circulación al que hasta ayer se jactaba de ser su amante, aunque éste fuera su iracundo y temible jefe.

Todo sucedió muy rápido.

Hayyim, viendo cómo se calentaban los ánimos por momentos, se apresuró a buscar algunos tizones incandescentes con los que seguir alimentando las pipas de la clientela. «Cortesía de la casa», sonrió. Pero le faltó tiempo. Abiff, ofendido, se había levantado ya de los cojines donde apuraba su carcadé, y plantaba cara al que se había mofado de su barriga, arrinconándolo a empellones junto a la puerta del local. Su mirada —todos lo vieron— echaba fuego.

—Nadie en la orilla de los vivos se burla de la suerte de Omar Abiff —mascullaba mientras sujetaba por el cuello a Salaj—. ¡Nadie!

Y desenfundando su daga de Constantinopla con incrustaciones de pedrería, la paseó por el vientre del *felah* sin despegar de éste su horrible mueca iracunda.

Salaj, el más joven de los ladrones de tumbas de Omar, tardó un poco en reaccionar. Sólo cuando el nubio de mirada de fuego se retiró unos pasos hacia atrás, sintió que una ola de calor le subía desde la cintura, inundándole la garganta de un sabor amargo y seco. Su galabeya de algodón estaba partida en dos, y tras el tejido, sesgado limpiamente, una masa azulada y maloliente de entrañas palpitaba a punto de verterse fuera del cuerpo.

La hemorragia era intensa, y la sangre manaba ya espesa, derramándose incontroladamente sobre el suelo. La impresión le dejó sin sentido. La pérdida del líquido vital no le daría oportunidad de volver a abrir los ojos.

Nadia no podía creer en su suerte. Aunque los músicos, impasibles, daban ya los toques de flauta que indicaban que debía saltar a escena, todo el local se apretujaba alrededor de Omar y Salaj, dándoles la espalda. Hayyim, desesperado, agitaba los brazos pidiendo ayuda para salvar la ya inútil vida de aquel infeliz. Los *felah,* atónitos, parecían estatuas de sal...

—Si quieres huir —le susurró al oído Fátima, otra de las bailarinas de Hayyim—, este es el momento.

Nadia sonrió. Fátima había adivinado sus intenciones. Besó suavemente la mejilla de su compañera, y echándose un chal por encima de su vestido de danza, voló hacia la puerta del corral.

—...Tardarán un rato en notar tu ausencia —le oyó decir a sus espaldas—. Yo te cubriré. Vete.

Cuando la frágil silueta de la bailarina atravesó el patio trasero y salió a la calle, ésta estaba vacía y oscura. Los candiles colgados en los embarcaderos junto al Nilo, a unos doscientos metros de allí, eran toda la luz de la que disponía. Y la de las estrellas, claro. Un mar de ellas gravitaba majestuoso sobre su cabeza.

—¡Que Alá me proteja!

La Perfecta, asustada, echó a correr calle abajo mientras los gritos del antro de Hayyim se perdían en la distancia. Quería huir hacia la guarnición que los franceses habían levantado al sur del templo de Luxor. Más allá de los colosos del gran Ramsés y los puntiagudos obeliscos de granito blanco, se levantaba la empalizada de datileros que protegía el campamento de Phillipe, su encantador amante francés. «Él me rescatará...», pensó.

Caminó durante un par de minutos más, pero al cruzar el camino que parte hacia Nag Hammadi y Dendera, vio algo que la distrajo.

Al principio no le prestó atención, pero luego, a medida que se iba acercando a la cabecera del templo, aquel resplandor le llamó la atención. ¿Quién podría estar deambulando a aquellas horas por los corredores del Templo de Luxor?

El lugar, un conjunto de columnas y muros a medio caer levantados sobre sólidos sillares de piedra, imponía un respeto reverencial. Clavado en el centro de la ciudad, a escasos pasos del Nilo, sus oscuros recovecos solían estar siempre vacíos por la noche. Todos los habitantes de Luxor, los de siempre y los que sólo estaban de paso, sabían a ciencia cierta que allí dentro aún habitaban los espíritus de los poderosos sacerdotes de los faraones. Y todos evitaban mirar demasiado fijamente aquellas paredes impregnadas con las fórmulas de sus indescifrables hechizos. Alá parecía haber dejado fuera de su jurisdicción parajes tan sombríos.

¿Quién podría estar ahí en mitad de la noche?

«¡Franceses!»

La certeza de Nadia le hizo llorar de emoción. Si lograba arrimarse a una patrulla armada, ni Omar ni ninguno de sus secuaces se atrevería a ponerle la mano encima. De lo contrario, el largo camino que aún le separaba del campamento podría dar tiempo a los *felah* a sueldo de aquel matón para que la atrapasen. Y el castigo que le impondría Hayyim sería morir lapidada.

No tenía elección. Sin pensárselo dos veces, La Perfecta se ajustó el chal tapando sus cabellos, y aún con las piernas desnudas apretó su paso hacia el Ipet Resyt. Los árabes llaman así al templo. Significa El Harén del Sur.

Nadia no quiso pensar en ello. En el fondo estaba segura de que aquellos muros sagrados jamás habían servido de harén...

IV

LA LUZ DE las antorchas se agitaba en un extremo del recinto. La Perfecta sabía bien dónde.

De familia nubia, sus abuelos eran conocidos en toda la región por ser descendientes de una poderosa estirpe de magos. Ellos, como sus padres más tarde, tuvieron toda clase de problemas con los imanes de las mezquitas de Luxor. Pretendían obligarles a renunciar a sus prácticas, pero éstos, que las sabían eficaces y poderosas en el terreno de la salud o de las cosechas, las empleaban a diario a petición de sus propios vecinos.

Gabriel, el abuelo de Nadia, la había llevado muchas veces allí. Aun cuando el templo llevara siglos destrozado, a merced de terremotos y saqueadores, siempre insistía en lo mismo: que aquel lugar estaba vivo. No lo decía en sentido figurado, sino real. «Está vivo, palpita» susurraba con vehemencia a su nieta, «¡escucha su corazón!». Y Nadia, asombrada, apoyaba sus orejitas aquí y allá para notar los latidos inconfundibles de sus relieves.

La última vez que su abuelo la acompañó a Ipet Resyt fue poco antes de morir. ¡Qué recuerdos! Algo debía de barruntar el gran mago, porque condujo a Nadia a una sala estrecha, a un lado del sanctasanctórum ordenado construir por Alejandro Magno, y la hizo sentar frente a una pulcra escena grabada a cincel en la base de un muro enorme.

—Míralos bien, pequeña —le dijo muy serio—. En estos dibujos está el secreto mejor guardado de nuestros antepasados. Ningún hombre, desde los tiempos de los faraones, ha sabido interpretar el enigma que contienen... Ni siquiera yo, a mi edad, he podido con él.

Y añadió, apesadumbrado:

—Si yo muriera antes de leerlo y tu padre también, será tu responsabilidad estudiar este muro, descifrarlo y cuidar de su secreto. ¿Lo harás?

Los recuerdos se amontonaban en la mente de La Perfecta. Si su intuición no fallaba, las luces salían precisamente de aquella sala tan especial. Su abuelo la llamaba *mammisi* o *habitación del nacimiento,* y recordaba sus paredes, altas como una casa de cuatro plantas, totalmente cubiertas por escenas en las que hombres y dioses practicaban alguna clase de oscuro ritual. Si cerraba los ojos, podía imaginarlas con claridad: vistas una detrás de la otra, de arriba abajo, de izquierda a derecha, daban la impresión de estar narrando el proceso de gestación y educación de un príncipe. Cada dios se ocupaba de una actividad: Jnum, el de la cabeza de morueco, modelaba en arcilla dos imágenes idénticas de niño, una de Amenhotep III y otra de su *Ka* o doble astral. Isis daba su bendición en el bloque contiguo, mientras que Amón y Jnum parecían estar deliberando sobre el futuro del niño una fila más abajo.

—El niño que ves aquí —creyó escuchar— es el mismo que ordenó que le esculpieran los dos gigantes de piedra que vigilan la entrada al Valle de los Reyes...

A Nadia le parecía estar escuchando aún las explicaciones de su abuelo: «Recuerda bien el nombre de ese rey, querida niña. Nuestro destino está unido al suyo», le dijo.

Descalza, con los dibujos de henna echados a perder, La Perfecta apretó el paso hacia el *mammisi.* Como una gata asustada, se descolgó por el muro oeste del recinto sin hacer el más mínimo ruido. Sus ojos, acostumbrados a la oscuridad, comenzaban a ver sombras sospechosas por todas partes.

Y no era para menos.

Al igual que el resto de paredes del extraordinario Ipet Resyt, en las galerías y columnas que atravesó podían admirarse toda clase de sorprendentes bajorrelieves. Ejércitos que parecían estar a punto de saltar de sus piedras, sacerdotes llevando las barcas sagradas a hombros, músicos golpeando los tambores de guerra... Todos parecían vivos.

Más que celebrar éxitos militares, aquellas escenas fueron labradas para recordar a los fieles que en aquel lugar se libraba la eterna lucha del bien contra el mal, de la luz contra las sombras. Ningún egipcio de los tiempos de gloria, salvo los sacerdotes y faraón, atravesó jamás los muros donde se mostraban esos dibujos. Nadie se atrevió a ello. Sabían que los rituales que se practicaban dentro del templo formaban parte de una magia poderosa y oculta que no se podía profanar. De hecho, ningún egipcio de a pie contempló nunca el interior del Harén del Sur hasta que los antiguos cultos fueron demolidos por los primeros coptos.

La Perfecta ahogó otra lágrima.

Un chasquido, tal vez un traspiés, retumbó entre las columnas. Fue entonces cuando una voz masculina tronó en algún lugar detrás del tabique de las batallas. Nadia, temerosa aún de tropezar con un espíritu o con alguno de los servidores de Omar, se asomó con cautela.

Entonces los vio. En efecto: dentro del *mammisi,* tres hombres conversaban animadamente frente a uno de sus relieves inferiores. Uno de ellos era nubio, como ella; los otros dos llevaban el uniforme azul de Napoleón. Estaban de espaldas, y no perdían de vista la insólita escena que el recinto les brindaba: una divinidad masculina, con la piel pintada de un desvaído color azul, sujetaba la mano de una reina. Bajo ambos, dos diosas —Nadia las distinguía por sus inconfundibles tocados de animales— parecían sujetar el asiento sobre el que descansaba la divina pareja.

—¿Encontrasteis su tumba? —preguntó el nubio, mientras dejaba su farol en el suelo.

Los franceses asintieron.

—¿Y visteis el cartucho real? ¿El dibujo con el nombre del faraón?

—Sí. Era como ése —dijo uno de los oficiales señalando un fragmento del relieve que comparaba con los garabatos que traía en un gran cartapacio.

—Perfecto, perfecto... —sonrió satisfecho el nubio.

—Y ha ocurrido en plena inundación de Hapi [10]. Eso es una buena señal, ¿verdad, Mohammed?

La luz de los tres faroles colocados en el suelo de la sala hacía que los perfiles mayestáticos de los dioses proyectaran sombras que se alargaban hacia el techo.

—Decidme —el nubio, haciendo caso omiso de la pregunta del mayor de los franceses, prosiguió su interrogatorio—: ¿sabéis ya de quién se trata? ¿Habéis averiguado quién fue el rey enterrado allí?

Ninguno de los dos contestó.

—Es Amenhotep III.

—¿Amenho... qué?

Nadia rió para sus adentros.

—Su nombre significa «Amón está satisfecho» —aclaró de inmediato el joven de piel aceitunada—. Fue hijo de Mutemuia, la más hermosa de las reinas nubias y del dios Amón. Su divina unión sólo se representó en este muro que ahora contempláis.

—¿Po... podéis leer en estas paredes, Mohammed?

El árabe sonrió. No pudo distinguirle bien la cara, pero La Perfecta intuyó el brillo de sus dientes blancos y bien ordenados. Debía pertenecer a una buena familia para lucir una dentadura así.

—¿Y qué más podéis decirnos?

—Vuestro largo viaje ha merecido la pena. Aquí se encuentra cifrada la fórmula que estáis buscando y que vuestro sultán Bunabart os ha mandado recoger. Yo os la explicaré —dijo—, pero

[10] Dios egipcio del Nilo.

toda revelación tiene un precio que habéis de estar dispuestos a pagar...

—Lo que sea, Mohammed —se apresuró a responder uno de ellos—. Napoleón pagará generosamente vuestros servicios si le proporcionáis lo que busca.

—Está bien: he oído hablar de la magnificencia de vuestro sultán.

—Y sin duda sabréis que desea estudiar las grandezas de vuestro pueblo, recuperando para Europa cuantos documentos, tratados o fórmulas encuentre. Por eso ha fundado el Instituto de Egipto en El Cairo.

—Sabio es Bunabart —admitió el nubio—. Alá le proteja.

Mohammed, que cubría su cabeza con un turbante añil y lucía una ceja negra y espesa que le surcaba la frente de lado a lado, echó un vistazo hacia atrás. Fue como si hubiera percibido la presencia de alguien que les observara, pero Nadia reaccionó a tiempo. Empotró su cara contra el suelo e impidió que el brillo de sus ojos la delatara.

—La caverna de Biban el-Muluk donde habéis entrado hoy —continuó sin inmutarse— fue el lugar de descanso eterno del faraón Amenhotep, el más grande y hermoso soberano que conoció Egipto. Él fue quien ordenó que se edificara este templo, y a él se le deben algunas de las construcciones más fabulosas que habéis visto en estas tierras...

El nubio pareció mascar algo antes de proseguir.

—... Sin embargo, sólo quienes aún podemos leer los símbolos sagrados recordamos que su llegada a este mundo estuvo llena de prodigios. Observad con cuidado este relieve y comprenderéis de inmediato su importancia.

—Aquí —prosiguió Mohammed— se cuenta todo. Si os fijáis bien, veréis al dios Amón sujetando las manos de la reina Mutemuia, la madre de Amenhotep. Amón, dios al que los egipcios llamaban El Oculto, introduce así su semilla inmortal en el cuerpo de la reina mientras que las diosas Selkit (con un escorpión en

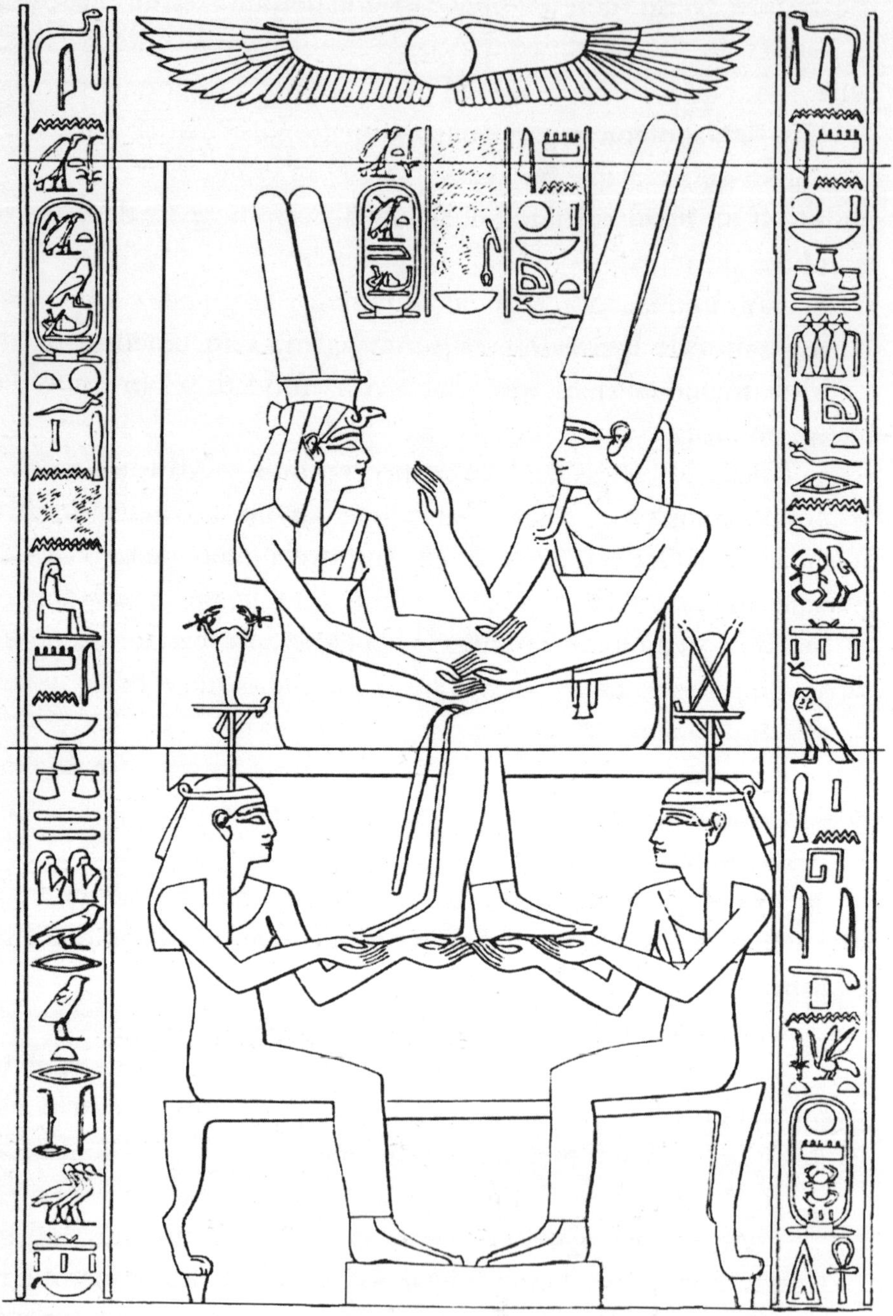

Mammisi de Luxor

la cabeza) y Neith (con unas flechas) impiden que toque el suelo. Este es un símbolo inequívoco del valor espiritual de la escena.

Uno de los franceses se cuadró.

—¿No querrá hacernos creer que ese Amenhotep era un semidiós? ¿Que fue una especie de titán bíblico, a los que creían que eran hijos de ángeles concebidos por mujeres?

El árabe asintió con un ademán pícaro.

—Vosotros lo habéis dicho. No yo...

Mohammed entornó los ojos. Parecía buscar las palabras adecuadas en algún rincón de su cabeza. Nadia lo observó con interés: por el modo en que juntaba las manos y la suavidad con la que se movía alrededor de sus acompañantes, tenía pocas dudas sobre la verdadera naturaleza de aquel hombre. Aquellos ademanes le resultaban familiares. Había algo en él que le recordaba a su abuelo. Incluso a su padre. Tal vez era la forma de moverse, o su tono de voz...

—Hay algo más que sé que no os complacerá, pero es la verdad —prosiguió—. Fijaos en el color de Amón. Es azul, como el cielo. Como lo será la sangre de su hijo Amenhotep...

—¡Supersticiones, Mohammed! ¡Eso son supersticiones!

El joven francés del cartapacio lleno de dibujos dejó en el suelo sus bártulos y protestó enérgicamente. Su compañero le secundaría con igual pasión.

—En Francia hace tiempo que cortamos la cabeza a todos los que creían que la sangre azul corría por sus venas. ¿Y sabes lo que descubrimos? Que sólo tenían sangre roja. ¡Roja! ¿Lo entiendes, Mohammed? ¡Todos somos iguales! ¡Idénticos!

—Todos no, *monsieur* Jollois...

El nubio clavó su mirada oscura en su último interlocutor. No estaba dispuesto a escuchar otro alegato revolucionario como los que defendían las tropas francesas cada vez que tenían ocasión. Sin quitarle ojo, prosiguió:

—... Incluso vosotros mismos admitís en privado que vuestro

sultán Bunabart es un hombre diferente del resto, una criatura tocada por el destino.

—Bien, Mohammed, *touché*. Pero hasta eso lo decimos en sentido figurado.

—Y figurada es la sangre azul, *monsieur*. Es la manera que tenían los antiguos de decir que ciertas personas procedían de una familia especial, diferente. Tal vez de raigambre divina.

—¡Más mitos!

—Ah, no —sonrió cínico el nubio—. No es ningún mito que incluso el nacimiento de vuestro sultán fuera anunciado por una estrella de fuego, o que en Nubia sepamos que su fin último es alcanzar la gloria de los faraones. ¡Hasta nosotros sabemos que lo que Bunabart busca en la Tierra Negra de Egipto es el elixir de la inmortalidad!

Las palabras del árabe atronaron la sala despertando a un grupo de murciélagos que revoloteó sobre ellos. La luz de los faroles también se sacudió.

—¡Invenciones! —protestaron—. ¡No sabemos de qué habláis! Bonaparte sólo está interesado en la ciencia de vuestros antepasados, no en sus supercherías.

—Pues sin duda hay algo de él que ignoráis... —murmuró ahora con voz de serpiente—. Mientras habéis estado arañando el suelo sagrado de Biban el-Muluk, vuestro sultán ha seguido por su cuenta los pasos del profeta Jesús en nuestro país, tratando de averiguar qué fue lo que él aprendió aquí.

—¿Aquí? ¿Jesús?

—Sí... —silbó amenazadoramente, como si quisiera hipnotizar a los oficiales—. ¿Os extrañáis?

—No os creo —negó el mayor de los soldados, que se hacía llamar barón.

—Deberíais. ¿Acaso Jesús no nació también de la semilla divina plantada en una mujer común, como la madre de Amenhotep? Además, deberíais saber que Yeshua, vuestro Jesús, pasó su infancia en Egipto, ¿no es así?

—No sabemos mucho de religión, Mohammed.

—Dejadme que os lo cuente yo. Pues aquí Jesús aprendió, de muy niño, a resucitar a los muertos y a resucitarse a sí mismo. Aquí descubrió que por sus venas corría sangre azul, como la de Amenhotep, como la de Amón. ¡O como la de Osiris! ¡Como el gran dios Osiris, que fue el primero en regresar de entre los muertos!

—¿Qué insinuáis? ¿Que nuestro general ha tomado Egipto para encontrar la fuente de la sangre azul? ¡Bobadas!

—La fuente no, *monsieur* Jollois. Ésa desapareció en los espesos árboles genealógicos de las familias reales egipcias. Lo que busca Bunabart es a los actuales herederos de esa fuente. A los que portan ese elixir en sus venas... Y yo, recompensa mediante, podría guiaros hasta ellos. ¿Por qué si no ibais a escucharme con tanta atención y pedir mis humildes explicaciones a vuestros hallazgos?

Nadia, encogida aún tras un pequeño muro de piedra, palideció. Había oído aquello antes, hacía muchos años.

Su abuelo —ahora lo recordaba— le había dicho algo de un secreto, aunque jamás mencionó ninguna fuente. Estaba convencida: aquel Mohammed debía ser un mago, un iniciado de su propia estirpe, ¿pero quién? ¿Y cómo se atrevía a revelar un misterio así a unos extranjeros? ¿A cambio de qué?

Un escalofrío la sacudió. Debía huir de allí de inmediato. Había escuchado lo suficiente como para saber que los dos franceses no garantizarían su seguridad. No si su guía la reconocía y les instaba a neutralizarla. Y, además, el tiempo corría en su contra. Omar y Hayyim debían haberse dado cuenta de su ausencia hacía ya un buen rato.

¿Qué debía hacer? ¿Qué habrían hecho sus padres, o su abuelo, ante una amenaza así? ¿No era mejor huir de Luxor cuanto antes y ponerse a salvo de su iracundo amo? ¿Lograría alcanzar Dendera y denunciar al traidor ante su clan?

Las respuestas, encarnadas en la ágil sombra de un *djinn* que deambulaba en el cercano patio del gran Ramsés, estaban a punto de revelársele.

El templo —Nadia debía saberlo ya— no deja jamás una duda sin satisfacer.

Nunca.

V

Giza

FUE EN LA tercera década de Germinal, exactamente durante el tibio abril del que gozaba el resto de la cristiandad. Faltaban aún cuatro meses para que se quedara atrapado en las entrañas oscuras de la Gran Pirámide.

El corso, extrañamente acomodado en el interior de aquel cofre de granito, lo recordaba ahora perfectamente. Y con razón. Nunca hasta entonces, jamás, había pensado en la muerte. En su *muerte.*

Las imágenes de aquellos no tan lejanos días, archivadas en lo más profundo de su alma, comenzaron a brotar con fluidez.

En un principio, Napoleón pensó en una reacción fisiológica al silencio y la oscuridad del sarcófago, pero no tardó en desestimar la idea. Aunque aquella caja de piedra le resultaba insólitamente cómoda, no justificaba de ningún modo lo que estaba sucediéndole.

De pronto, los recuerdos brotaban nítidos como el cristal, como si de alguna manera se proyectaran fuera de sí mismo y pudiera contemplarlos a cierta distancia, como un espectador más. Y ni siquiera le extrañó.

Ya le habían advertido que la pirámide era capaz de ejercer un poderoso influjo sobre quien la desafiara.

Lo primero que vio —si es que era la vista la que percibía aquello— fue a un enjuto personaje vestido con el uniforme de oficial francés. Pantalón de punto y chaqueta de paño azul con los bolsillos abiertos, levita del mismo color y charreteras bordadas con una franja de hilos de oro y seda. El sujeto merodeaba alrededor de una mesa llena de mapas, examinando con atención un desfiladero marcado con la leyenda «Cuello de

Jacob». Gesticulaba para hacerse entender por otros dos oficiales que estaban firmes cerca de él.

—Jamás tomaremos Acre si no logramos hacer salir al enemigo de sus murallas... —se quejaba.

Los oficiales, dos generales de división sin duda, no supieron qué responder.

Había algo familiar en aquel individuo nervioso. Su manera de caminar, su mentón poderoso, sus pómulos sobresalientes... Tardó, pero cuando el corso lo identificó, le invadió un extraño gozo: conocía bien a aquel sujeto. Se trataba de Napoleón Bonaparte en persona. ¡Podía verse a sí mismo! ¡Casi como si fuera Dios! ¡Como si fuera un mago!

... ¡Un mago!

Aquel último pensamiento, no exento de cierto temor, pareció retumbar en las paredes de su improvisado ataúd. Por un instante tuvo la impresión de estar en el interior de una matriz. Un vientre húmedo y confortable en el que la piedra había dejado de serlo para convertirse en una fina membrana carnosa que se sacudiría al menor movimiento. Sugestionado, el corso permaneció quieto y atento a lo que se le pudiera presentar...

El general Kléber había instalado el campamento cerca de Nazaret. Como buen estratega, sabía que el enemigo lo observaba a corta distancia; que seguía sus pasos desde las colinas gracias a un pequeño grupo de espías a caballo, imposibles de interceptar o controlar. Kléber, además, tenía claro que tras su salida de Acre ninguno de sus movimientos había pasado desapercibido a los ojos de *El Carnicero.*

Aquel espléndido Quintidi de Germinal de la III Década [11], con la primavera derramando sus bendiciones sobre Tierra Santa, podía ser *el día.* O quizá el Sextidi. O el Septidi.

En realidad, daba igual. La muerte calaba hasta los huesos en

---

[11] 14 de abril de 1799.

el valle que la Biblia llama de Jezreel, que paradójicamente significa «Dios siembra». Las tropas, temerosas de su incierto destino, la soportaban con resignación, al igual que los marineros resisten las tempestades en las cubiertas de sus barcos.

Kléber actuó con prudencia. Dividió los dos mil quinientos soldados que tenía a su cargo en tres partes iguales. La 75 semibrigada, comandada por el general Verdier, se situó a la izquierda de la marcha, formando un cuadrado de hombres y mercancías perfectamente blindado. Cien jinetes fueron dispuestos en el centro, y el resto dibujó otro cuadrado a la derecha, con el propósito de proteger ese flanco de un eventual ataque de los mamelucos. Junot, que había perdido el sombrero de un balazo turco dos días antes dejándole un aparatoso hematoma en la frente, guiaba con mano firme a los hombres que tenía asignados. Sus pensamientos, como los de Verdier, se dividían entre el miedo y la venganza.

Todos estaban expectantes. Los observadores que habían regresado de explorar las inmediaciones del monte Tabor coincidían en sus apreciaciones: más de cuarenta mil hombres, con el pachá Ahmed al frente, esperaban sólo una orden para echarse como fieras sobre los franceses. «Al pachá lo llaman Djezzar» murmuraban—. «Y Djezzar significa *carnicero.*»

Los soldados de Ahmed tenían fama de disciplinados, crueles y bien armados. A sus prisioneros los violaban y mutilaban salvajemente antes de cortarles la cabeza de un tajo, y sólo ocasionalmente los devolvían vivos a sus enemigos para que con su testimonio desmoralizaran a la tropa. Un muchacho de Lyón, liberado días atrás cerca de Nazaret, contó cómo había sido sodomizado por sus carceleros y obligado a presenciar la ejecución de varios de sus compañeros. A algunos —explicó este desgraciado— los ataban de pies y manos entre cuatro caballos, y después los hacían galopar cada uno en una dirección. «No hay muerte más dolorosa que ésa», gemía.

Kléber, con la información que recibía a cada hora de sus

observadores, pronto calculó el verdadero poder de su adversario: «A cada soldado nuestro le corresponden diecisiete mamelucos» estimó no sin cierto fatalismo, «son demasiados».

Aquella noche, la del Quintidi al Sextidi Germinal, el general, abrumado, tomó una de las decisiones más difíciles de su carrera. Ordenó la reagrupación de sus tropas y decidió atacar frontalmente, sin reservas, a los ejércitos de Damasco, con la esperanza de derrotarlos en un ataque sorpresa. Alrededor de la medianoche, antes de lanzarse al campo de batalla para ocupar las mejores posiciones, llamó a su mariscal y le confió un sobre lacrado que debía llegar a manos de Napoleón al amanecer. Un jinete sin escolta alcanzaría el sitio de Acre, penetraría en el campamento del orondo general Bon y entregaría en mano a Bonaparte aquella misiva, junto a un presente que al mariscal le hizo arquear las cejas de estupefacción.

Pero órdenes son órdenes.

Napoleón —¡extraño privilegio!— podía ver la escena de nuevo. No había vuelto a pensar en aquel jinete y su regalo desde aquel día...

Jean-Yves Battista, un joven *dragón* de 22 años, espigado y con los ojos abiertos como dos lunas llenas, entró en su tienda precedido por el capitán de la guardia. Su marcha a través del desierto oscuro había transcurrido sin incidentes. La posición de la estrella Sirio sobre el horizonte había sido su inestimable guía aquella noche.

—Señor —se excusó el oficial, era muy temprano—. Este soldado acaba de llegar del frente de Nazaret. Trae un mensaje urgente para usted.

Battista dio un paso al frente. Jamás había visto a Napoleón tan de cerca. Le pareció un héroe griego recién caído de las páginas de la *Ilíada*. Una tímida barba aún sin afeitar, su camisa desabrochada hasta el plexo solar, así como cierto aire de ausencia en su mirada, completaban el inesperado retrato de su líder. No era mayor que él, pero su juventud parecía disfrazar a alguien de mucha mayor edad.

—Gracias, soldado —le dijo escuetamente Bonaparte, clavándole sus ojos pardos.

—Mi general... —murmuró mientras le entregaba el sobre que custodiaba—. ¡Son diecisiete contra uno! ¡Diecisiete contra uno! —repitió angustiado.

El corso ni se inmutó. Con otro de sus severos gestos, le ordenó salir de la tienda. Dispuso que le dieran algo de comer y que le proporcionaran un saco de paja donde poder descansar, y pidió que el general Bon fuera a verle a su tienda sin dilación.

El tono trémulo del joven *dragón* le había dejado pensativo. ¿A qué tenían miedo sus hombres? ¿No habían demostrado ya sobradas veces su superioridad estratégica sobre el enemigo? ¿No habían humillado a los mamelucos en la Batalla de las Pirámides, hacía casi un año, gracias a su artillería ligera? ¿Y por qué Kléber le hacía llegar un mensaje a horas tan intempestivas?

Napoleón acarició el sobre antes de abrirlo, echando un vistazo al interior de la cesta de mimbre que el ciudadano Battista había traído junto a la carta. Su contenido era ciertamente singular: tres huevos blancos de gallina, cocidos, descansaban sobre un lecho de juncos frescos. Tres. «A Kléber —lo recordó de inmediato no sin cierto fastidio— le placen estos acertijos.»

El contenido del sobre no era menos enigmático. Se trataba de un naipe con una figura de clara inspiración egipcia. No le acompañaba ni una maldita línea, ni un pliego de papel, nada. El naipe en cuestión, amarilleado por el sol y el calor, con sus bordes desgastados por algún uso tan frecuente como misterioso, mostraba la inconfundible imagen de un faraón que levantaba su capa con el brazo izquierdo, ocultando tras ella la llama de un pequeño candil. Una inscripción, grabada en perfecto francés, decía:

IX. Le lampe voilée

—La lámpara velada... —leyó Bonaparte.

El general Louis André Bon entró en la tienda del corso. Sus cien kilos de humanidad, tortura de cualquier cabalgadura de África o Europa, se tensaron marcialmente para saludar a su superior. Napoleón, absorto, aceptó el saludo y le tendió la carta con gesto de preocupación.

—¿Lo entiende usted, general Bon?

El inmenso oficial observó el naipe, escudriñando de lejos la cesta de los tres huevos.

—La obsesión de Kléber por la indescifrabilidad de sus mensajes le hace recurrir a las tretas más absurdas —se sinceró Bonaparte—. Es un maldito liante. ¿Sabía que en Francia llegó a rapar al cero a uno de sus hombres, escribir sobre su cabeza un fragmento del libro segundo de la *Historia* de Heródoto, y dejar que le creciera el pelo antes de enviármelo para poner a prueba mi ingenio?

Bon, evidentemente, no tenía ni idea de aquello.

—¿Y cómo descubrió el enredo? —preguntó divertido. Napoleón daba vueltas alrededor de la mesa de mapas.

—Fue cuestión de suerte. Su mensajero trajo consigo un escrito, un verso que decía algo así como «Mi secreto descubrirás si tu juicio prevalece / Dieciséis, diecisiete».

—¿Dieciséis, diecisiete? ¿Qué quería decir?

El corso le miró.

—Es evidente que esa era la clave del acertijo. Esas dos cifras fuera de contexto debían querer decir algo. Eran algo más que un recurso estilístico. Y por puro instinto pensé en versículos de la Biblia. En concreto, en el libro de los *Jueces*.

—*¿Jueces?* ¿Por qué *Jueces,* mi general?

—¡Por lo de «si tu juicio prevalece», naturalmente!

Napoleón prosiguió.

—En concreto pensé en *Jueces, 16-17.* Auguste Kléber se educó en una estricta familia católica de Estrasburgo, y creí que recurriendo a su formación podría descifrar su enigma.

—¿Y...?

—Bueno: tal es el episodio en el que Sansón confiesa a Dalila que el secreto de su fuerza se esconde en su cabello. Que si le rapasen, perdería todo su poder. Sin pensármelo dos veces, ordené pelar al mensajero y, claro, hallé el mensaje.

El general Bon aplaudió el ingenio de su general. Estaba claro que sólo Kléber y Napoleón podían entenderse en el arte de los acertijos. Nadie ajeno a sus juegos —y mucho menos *El Carnicero* de Acre— descifraría jamás un mensaje cruzado entre ambos si empleaban en cifrarlo alguna de aquellas tretas. Por lo demás, resultaba evidente que aquella carta formaba parte de esa clase de intrigas...

Sin venir a cuento, Bon torció el gesto. Su papada se encogió mientras sus ojos de azabache perdían el brillo divertido que habían tenido un instante antes. Una duda le hizo mudar de humor: ¿por qué había ordenado Napoleón que se presentara de inmediato ante él?

—Esta vez el enigma me supera, Louis —el corso, atento, detectó la transformación de su general—. No necesito examinar demasiado su último mensaje para darme cuenta de que Kléber ha enrevesado todavía más su código. No sé por dónde empezar a descifrarlo. Por eso le he llamado: para que me ayude.

—No veo cómo, mi general... —vaciló.

Bon, deseando complacer a su superior, apretó el nudo de la faja tricolor que sujetaba sus enormes calzas blancas y escudriñó el naipe otra vez.

—Usted conoce tan bien como yo a Kléber. Compartieron estudios en la Academia. Quizá haya algo en este mensaje que se me escapa, y que para un general de su experiencia resulte obvio.

El elogio de Napoleón le dio seguridad.

—Humm... Veamos.

Bon deslizó el naipe entre sus dedos regordetes, como si pudiera ver con sus yemas lo que los ojos no alcanzaban a mostrarle.

—... Parece una carta de Tarot.

—¿De Tarot? —Bonaparte arqueó sus cejas no demasiado sorprendido—. ¿Está seguro? Nunca he visto un Tarot así.

—Quizá no sea tan raro.

Louis Bon susurró su última frase sin levantar la mirada de la carta.

—¿Qué quiere decir?

—Durante nuestra travesía hacia Egipto, Kléber y yo pasamos mucho tiempo en la cubierta del *L'Orient*[12] conversando sobre infinidad de temas. Hablamos mucho de las diferentes clases de tarots que existen y de la obra de un tal Antoine Court

[12] Se refiere al barco insignia de la flota napoleónica que desembarcó en Egipto en julio de 1798.

de Gébelin, que explicaba que los arcanos mayores de la baraja, las veintidós cartas principales de todos los mazos, eran idénticas a los jeroglíficos de cierto *Libro de Toth*[13] perdido en la antigüedad. No sé si sabe que Kléber es un gran coleccionista de tarots.

—¿Jeroglíficos? ¿No querrá usted insinuar que Auguste sabe leer esa escritura del diablo y que lo ha tenido callado todo este tiempo?

—Oh no, no —se sacudió Bon—. Lo que trato de decir es que Kléber cree que cada una de esas cartas, y ésta es una de ellas, contiene un fragmento de la sabiduría esencial de los faraones. Él me lo enseñó así.

El enorme oficial tomó aire, llenando su panza como si fuera una enorme ballena.

—Creo, mi general, que Kléber le invita a descifrar la de este naipe para encontrar su mensaje. Quizá si supiéramos lo que significa esta carta...

—No tenemos tiempo ahora de estudiar la obra de ese Court de Gébelin —le atajó el corso—. No sabemos leer los símbolos de los egipcios. Ignoramos todo sobre el saber de los reyes del Nilo. Hasta el Instituto de Egipto que hemos creado en El Cairo reconoce su incapacidad para asimilar tan rápidamente una cultura tan enorme... Entonces, ¿por qué, si Auguste conoce nuestras carencias, me manda un acertijo así?

—Kléber debe saber eso, mi general. Además, recuerdo que él mismo me explicó que ni siquiera Court de Gébelin diseñó ese mazo. Su obra nos serviría de poco. Por lo que me dio a entender, fue un noble, cierto conde de Saint-Germain, quien lo dibujó siguiendo indicaciones que ni el propio Kléber era capaz de imaginar.

---

[13] La búsqueda del *Libro de Toth* y de sus contenidos es el objetivo último de mi anterior novela, *Las puertas templarias* (Ediciones Martínez Roca, 2000), a la que remito al lector que desee profundizar en sus secretos.

—Está bien, está bien —rezongó Bonaparte, mientras trataba de recordar cuándo había sido la última vez que oyó hablar del tal Saint-Germain—. Déjese de monsergas y dígame si cree que podremos interpretar esta carta o no.

Bon era probablemente el único de los generales de Napoleón inmune a sus súbitos accesos de impaciencia. Consciente de que no ganaría jamás un combate por su agilidad —de la que carecía—, sino por su ingenio, quiso ponerse a prueba ante Bonaparte. Tomó *Le lampe voilée* y la escudriñó por tercera vez.

—Veamos: el hombre de la carta parece un anciano...

—Por la barba, decís.

—Por la barba, sí. Y los ancianos son el símbolo de la sabiduría. Sujeta una linterna que oculta con su manto como gesto de discreción... Y además, la carta presenta dos símbolos astrológicos clarísimos grabados en la parte superior del dibujo.

—¿Símbolos astrológicos?

Napoleón, esta vez sí, se acercó a Bon para mirar la carta con él.

—Sí, mi general. Uno es el signo de Leo, ¿lo ve?, el quinto del zodiaco, y es sin duda una clara alusión a vuecencia y su signo natal. El otro corresponde a Júpiter, el dios de las virtudes del juicio y la voluntad. Otro símbolo que se le ajusta como un guante, mi general.

—¿Y a dónde nos conduce esto, Bon?

—No estoy seguro, mi general.

—¿No está seguro?

Bon no prestó atención a la amarga ironía de Bonaparte, que volvía a darle la espalda. De repente, el grueso oficial, que mojaba ya de sudor su piel rosada, había comprendido el acertijo. La suya fue una certeza brusca, casi instantánea. Como si la carta misma le hubiera iluminado.

—¿Y si esto es una especie de libro de instrucciones?

Napoleón sacudió la cabeza sin entender la lógica de su general.

—¿Y si lo que debe hacer su excelencia es acercar la luz a la capa, al velo que resguarda el secreto?

La insinuación de Bon tardó en calar en Bonaparte que, de repente, también creyó haberlo comprendido todo. Pasaron unos segundos en silencio, pero a continuación, sin encomendarse ni a Dios ni al diablo, el corso se abalanzó sobre la cesta de los tres huevos y buscó una lámpara con la que admirarlos al trasluz.

Los dos primeros no le llamaron la atención. Sus cáscaras blancas y perfectas dejaban intuir la masa compacta de la clara solidificada sin mostrar nada anómalo. El último, sin embargo, permitía vislumbrar a duras penas algunas manchas oscuras, que parecían dispuestas en hileras ordenadas.

—¡Un mensaje! —bramó Napoleón—. ¡Aquí hay un mensaje!

Con destreza, el corso peló el huevo, descubriendo el sutil truco de Kléber. Bajo la cáscara, perfectamente grabado sobre su inmaculada superficie, apareció grabado un agónico ultimátum:

> No queda otra opción, general Bonaparte —podía leerse en perfecto francés—. Atacaremos al amanecer al pachá de Damasco. Ellos son cuarenta mil. Nosotros no llegamos a tres mil. Que Dios nos asista en la batalla, y a usted le dé sabiduría. Nos veremos en el cielo.

Napoleón perdió su mirada en los pequeños ojos de Bon. Éste, sin saber qué decir, acertó finalmente a balbucear algo relativo a la antigua solución de tinta, alumbre y vinagre que permite que una frase escrita sobre la cáscara de un huevo penetre hasta la albúmina y se grabe en ésta.

—Afuera no deja huella —dijo, como si importara algo su explicación científica.

—... Pero es un suicidio —le atajó Bonaparte sin haber escuchado una palabra de Bon—. Kléber va a matarse.

Y por primera vez «el invencible» tuvo temor a la muerte. Si los turcos segaban la vida del altivo Auguste, el siguiente en caer sería él. A cuarenta mil mamelucos embravecidos por su victoria sobre los franceses no habría quien los detuviera.

¿Estaba preparado para morir?

Evidentemente, no.

Y en ese caso, ¿podía aún cambiar su destino?

VI

DUDÓ.

Bonaparte llevaba casi un mes frente a los muros de Acre, empecinado en culminar con éxito el sitio de la ciudad. De algún modo, se sentía el vengador elegido por la Providencia para restaurar a los europeos la ciudad que el sultán egipcio Kalaun les había arrebatado en marzo de 1289. Su pérdida —Napoleón había leído mucho sobre aquello antes de embarcarse hacia Egipto— marcó el inicio del fin de las cruzadas y la destrucción de todas las posesiones cristianas en Tierra Santa. Ningún militar occidental se había atrevido a volver por allí desde entonces. Sólo él.

Su situación, sin embargo, no era ni remotamente parecida a la que había disfrutado Kalaun cinco siglos atrás. El caudillo cairota comandó entonces un ejército de decenas de miles de musulmanes enfervorizados que, aun a costa de sus vidas, cargaron contra los muros de una fortaleza mucho peor vigilada que ahora.

Los franceses no iban a arriesgar tanto.

El sultán utilizó diecinueve catapultas y el atronador ritmo de sus miles de tambores para hacer temblar de miedo hasta al último de los templarios.

Los suyos, a la vista estaba, carecían de ese poder de persuasión, pese a haber reemplazado las poco eficaces catapultas por cañones de gran precisión.

Aun así, el corso se creía predestinado al triunfo. Estaba seguro de que al otro lado de aquellas torres un atemorizado Ahmed *El Carnicero* calibraba ya la posibilidad de pactar una tregua. ¿Debía entonces descuidar el sitio para rescatar al temerario Kléber? ¿Podía permitirse el lujo de abandonar sus posiciones cuando la victoria estaba tan cerca?

—No nos queda otro remedio, mi general. Debemos partir en su ayuda de inmediato.

El coronel Jacotin, jefe de cartógrafos de la expedición, parecía seriamente preocupado. Nada más romperse el código que encerraba el mensaje de Kléber, Bon le había convocado a la tienda de Bonaparte para estudiar juntos un plan de emergencia. Ambos sabían que si descuidaban el acoso a Acre, la conquista de aquella plaza se haría imposible hasta el otoño siguiente. Los calores del verano convertirían el sitio en un estrepitoso fracaso militar.

—Mi general: Kléber no conoce bien la zona. No dispone ni siquiera de mapas precisos del monte Tabor o sus alrededores, y puede caer en una emboscada en cualquier momento —remató su fúnebre pronóstico Jacotin.

Napoleón le miró con displicencia. Lo hacía siempre que alguien se dirigía a él con noticias que le desagradaban o que iban en contra de sus planes. De alguna manera, estaba convencido de que *El Carnicero* había previsto aquello y había tendido una emboscada a la avanzadilla de Kléber para forzarle a dejar Acre. Para colmo, Bon no disimulaba su completo acuerdo con el cartógrafo.

—Ya hemos perdido a muchos hombres en esta campaña, general —dijo—. No podemos dejar morir a otros tres mil más. Sería nuestro fin y el de nuestra misión.

—¿Y qué sugieren ustedes? —preguntó al fin.

—Que partamos en su búsqueda de inmediato, aun a riesgo de no poder controlar Acre de momento.

El corso dudó otra vez. Sabía que no tenía elección, y aquello le irritaba. Dejar morir deliberadamente a uno de sus más valiosos oficiales le sepultaría en vida como estratega y arruinaría sus *otros* planes. Debía tomar una decisión.

Aquella misma madrugada, sin tiempo para dormir, Bonaparte hizo los preparativos para el rescate de Kléber: movilizó la división de Bon, dispuso que ocho cañones de doce libras le acompañaran y dio órdenes precisas para que la caballería en su totalidad le escoltara rumbo a Djbel el-Dahy, un valle rodeado de riscos afilados donde previsiblemente debía estar atrapado su general.

Su instinto estuvo más fino que nunca.

Tras repartir en cuatro sus fuerzas, separando los contingentes de tropas unos ochocientos metros entre sí, tomaron el campamento de *El Carnicero* a primera hora del 28 Germinal, barriéndolo mientras él se lanzaba contra las primeras líneas defensivas de un Auguste Kléber atrincherado tras un bosque de bayonetas.

La gruesa columna de humo que levantaron los invasores a su paso desconcertó a los turcos, incapaces de detener la voracidad de los franceses: trescientos camellos de botín de guerra, más de un millar de tiendas incendiadas, depósitos de pólvora y agua reventados en mil pedazos por la artillería gala y unos quinientos prisioneros capturados en menos de dos horas, desarmaron al pachá Ahmed, que ordenó la inmediata retirada.

El triunfo fue total. Durante las jornadas siguientes, decenas de cadáveres mutilados, vestidos aún con sus magníficas sedas de Damasco, aparecieron junto a pozos, puentes, las orillas del Jordán y casi cualquier rincón del valle de Jezreel. Dios, efectivamente, había sembrado. Pero su semilla era la muerte.

Poco después del mediodía de aquel histórico 28 Germinal, Napoleón hizo algo que nadie se explicó: en lugar de regresar a Acre para continuar hostigando a *El Carnicero,* pidió a su mariscal de campo una escolta que le brindase protección hasta Nazaret. El general parecía tener prisa. Como si un compromiso ineludible reclamara allí su atención. Uno que, sin duda, debía estar muy por encima de sus obligaciones militares.

Elías Buqtur, el fiel intérprete copto, marchó con él.

—El imán dijo que nos esperaría junto al pozo de Miriam —anunció de camino—. Su emisario juró que tenía algo muy importante que comunicarle y que debía hacerlo personalmente.

Napoleón no había visto nunca tan serio a Elías. Con su invariable camisola negra, el copto de mirada cetrina lucía un semblante grave y preocupado.

—¿Temes algo, Elías?

—Sólo por la salvación de mi alma, mi general.

—¿Entonces por qué estás tan serio?

—Intuyo que esta reunión va a ser muy importante para vos. No es fácil que el imán de las Colinas Sagradas reciba a un hombre de sangre extranjera.

—Has hecho bien en avisarme con presteza. ¿Crees que le habrá impresionado nuestra victoria?

—Los sabios del desierto nunca juzgan por un solo acto, mi general. Observan durante el tiempo que sea necesario, meditan toda una vida si es preciso y actúan en consecuencia, cuando creen que ha llegado la hora.

—En ese caso, mi buen Elías, ese imán habrá apreciado que el destino está de mi parte. Que tengo la estrella del triunfo conmigo...

Buqtur no tuvo ocasión de responder. Nazaret apareció en el horizonte casi por sorpresa.

Desde el cerro en el que se encontraban podían distinguirse perfectamente los tres sectores de la ciudad. El musulmán, con las callejuelas cubiertas de telas a rayas para evitar el calor, quedaba en el lado occidental de la urbe. El barrio cristiano, en el centro, despuntaba sobre los demás gracias al campanario de ladrillo de la iglesia franciscana de la Anunciación. Y el sector ortodoxo, el más oriental, apareció cuajado de cúpulas de escasa altura, todas ellas inmaculadamente encaladas. Pese a la abundancia de torres y minaretes, Nazaret decepcionó a Bonaparte. La ciudad de Jesús era poco más grande que una aldea del sur de Francia.

—El pozo de Miriam está junto al alminar azul —indicó Elías con seguridad.

—¿Se recuerda todavía dónde vivió Jesús?

El copto miró al «invencible» con sorpresa. Sonrió, y sin rechistar, trazó un círculo en el aire con el dedo, señalando ambiguamente otra zona de la ciudad.

—Nosotros creemos que detrás del barrio cristiano. Por allí. Pero no hay nada seguro. Han pasado casi dos mil años, mi general.

Los hombres de Napoleón no sobrepasaban la docena. Aunque corrían el riesgo de caer en una emboscada, la victoria sobre el pachá Ahmed había sido tan contundente que era poco probable que algún soldado de *El Carnicero* se hubiera quedado en Nazaret y se atreviera a plantar cara a sus carabinas.

La ciudad, en efecto, estaba vacía. Cuando entraron, la plazoleta donde se levantaba el brocal del pozo de Miriam apareció tan desierta como el resto. Los rayos de sol, plomizos, implacables, caían sin piedad sobre los expedicionarios.

Tuvieron el tiempo justo de desmontar, de humedecer sus labios resecos y de sacudirse el polvo de los uniformes. Una exploración rápida de los alrededores confirmó las primeras impresiones del grupo: no había nada que temer. Ninguna de las casuchas de adobe alcanzaba la altura suficiente para garantizar un buen ángulo de disparo a un improbable francotirador. Además, ninguno de aquellos tejados planos, de caña y paja, resistiría el peso de un hombre adulto. La patrulla tampoco encontró armas ni soldados que las empuñaran. La zona estaba limpia.

Los hombres de Bonaparte tomaron posiciones y aguardaron en silencio la llegada de sus anfitriones.

La espera fue breve. Al cabo de pocos minutos, una reducida comitiva se aproximó decidida hacia ellos. Venían por el este. La formaban sólo tres hombres vestidos con galabeyas de seda y con el rostro parcialmente cubierto por turbantes azules. Eran tres sujetos delgados y de elevada estatura, que marchaban a buen ritmo y portaban cada uno un hatillo atado al costado, de color azafrán. De hecho, carecían de cabalgadura y no daban la impresión de viajar armados...

El más avanzado de ellos, al aproximarse lo suficiente al primer grupo de *dragones* galos, levantó el brazo derecho en actitud de saludo, a lo que Elías Buqtur, habitualmente parco en amabilidades, contestó sin dilación.

—Son ellos, general —susurró complacido.

A Napoleón le quedó claro de inmediato cuál de los tres era el imán. Al retirarse el turbante, un rostro afilado, cubierto por una barba cana y bien recortada, le miró de hito en hito.

—Alá esté contigo, sultán Bunabart...

Bonaparte sonrió, mientras le tendía la mano. Aquél era un individuo extraordinario. Su mirada de cristal, azul claro, dejaba entrever una pureza de espíritu como jamás había visto el corso.

—Su triunfo sobre Djezzar es un signo más que confirma nuestras sospechas —dijo—. Usted es, definitivamente, aquel a quien esperábamos.

—¿El que esperaban?

—Sí —prosiguió el imán sin terminar de presentarse—. El enviado que esperábamos para restaurar un antiguo tesoro de conocimiento que fue arrebatado hace casi dos mil años al pueblo de Egipto. Bunabart ha sido elegido para hacer cumplir tan alta misión de Dios.

—Elías no me habló de ningún tesoro.

El corso buscó la mirada de su intérprete, que se limitaba a traducir mecánicamente, como ido, lo que unos y otros hablaban. Era extraño: Buqtur evitaba mirar directamente a los recién llegados, como si les guardara un temeroso respeto.

—Además —prosiguió Bonaparte—, si no conozco el tesoro de que me hablan, difícilmente podré ayudar a su restitución. La misión que me ha traído aquí es otra, y se reduce a devolver la libertad al venerable pueblo de Egipto y recuperar su pasada gloria.

—¿Nada más?

Los tres beduinos se miraron entre sí, como si desconfiaran de las palabras del extranjero.

—¿Es usted verdaderamente Bunabart? ¿El mismo que derrotó a los mamelucos frente a las pirámides de Giza? ¿Aquel que prometió en las mezquitas de El Cairo preservar la religión del Profeta?

Napoleón resopló, pero no respondió.

—Si verdaderamente lo es, sabemos que hay otra cosa que le obsesiona, Bunabart... —murmuró el más joven de los hombres del desierto, irrumpiendo en la conversación—. Y tiene que ver con su necesidad de vencer a la muerte. La teme ya como al peor de sus enemigos, pero es usted inteligente: ahora que la juventud aún corre por sus venas, ha venido a estas tierras para arrancar de ellas el secreto que le permita vencerla en el futuro.

Bonaparte negó con la cabeza.

—¿Qué hombre no busca ese secreto? En eso no difiero de ninguno de ustedes...

—No tiene por qué aceptarlo, oh poderoso sultán de Occidente —continuó aquel joven de ojos de obsidiana—. Si su destino es el que está escrito, éste es el momento de aclararle algunas cosas antes de que prosiga con su camino.

Elías Buqtur invitó a los tres beduinos a que se sentaran en unas mantas que la escolta había habilitado en el interior de una amplia choza. Napoleón, todavía impresionado por la serenidad del imán y sus acompañantes, aguardó a que éstos tomaran asiento antes de imitarles.

El anciano se llamaba Balasán y, aunque nadie le creyó, dijo tener ciento diez años de edad. Sus discípulos, Tagar y Titipai, eran considerablemente más jóvenes. Ambos se ofrecieron de inmediato a dirigir a los franceses en la preparación de un improvisado banquete.

Los hombres de Bonaparte, hambrientos tras el fragor del combate, se habían hecho ya con provisiones en un par de viviendas deshabitadas. Habían seleccionado las mejores para su general y las habían lavado dejándolas listas para su consumo. Algo de miel, pan ácimo y cuatro garzas desplumadas y preparadas para asar daban vueltas sobre un improvisado fuego a la puerta del refugio. El imán, con el mismo gesto severo del primer momento, rechazó la carne y se limitó a tomar algo de fruta de una de las cestas que le tendieron. Antes de probar bocado, se explicó:

—Es justo que sepa que pertenecemos a una fraternidad que protege el lugar donde vivió Yeshua, uno de los profetas aceptados por el Corán —dijo Balasán con un tono de voz cálido y amable—. Hace siglos que estudiamos su legado sin importarnos los enfrentamientos que diezman a los fieles cristianos y musulmanes. Si hoy tiene a bien quedarse con nosotros, le instruiremos sobre Él, y le mostraremos lo que aprendimos de su capacidad para vencer a la muerte.

Elías Buqtur, después de traducir aquella invitación al francés, se inclinó sobre Bonaparte y le murmuró algo al oído que los tres beduinos fueron incapaces de escuchar. El corso asintió con la cabeza y después observó de arriba abajo a su interlocutor.

—Me quedaré sólo si me responden a una pregunta, venerable Patriarca. Me bastará un sí o un no.

—Adelante, Bunabart...

Napoleón humedeció su boca con agua antes de preguntar a bocajarro:

—¿Es cierto que conocen ustedes la fórmula para regresar de la muerte?

El imán sonrió complacido. Ya no había duda: por fin había dado con el magnífico sultán blanco que llevaba tanto tiempo esperando.

VII

Viejo Cairo

El desaire de Marcos VIII no dejó indiferente al padre Cirilo.

Primero, el anciano copto cerró los ojos con fuerza, tratando de disimular la impotencia que, por momentos, se estaba apoderando de él. Después, se aferró al pequeño rosario de cuentas de hueso que llevaba en uno de sus bolsillos y lo apretó con tanta rabia que casi lo reventó.

—¡Por todos los santos! —estalló al fin Cirilo de Bolonia—. ¡El Santo Padre debe escucharme! ¡Ese libro es peligrosísimo! ¡Un arma! ¡Una tentación!

Takla se espantó. El súbito acceso de ira de su maestro hizo crujir las maderas de todo el templo. Incluso le había hecho enrojecer y encogerse como si fuera una esponja mojada. Casi no parecía él. Y de no ser porque se encontraba en un lugar sagrado y junto a un hombre de intachable beatitud, Takla hubiera creído que estaba frente a una manifestación demoníaca de primer orden.

Pero no.

Tras vencer el primer recelo, y antes incluso de que Takla pudiera acercársele para calmar sus ánimos, el anciano dio un brinco y se puso en pie. No dijo nada. Ni siquiera se quejó, como era costumbre, de la fragilidad de sus piernas. Salió corriendo hacia la puerta de San Sergio que acababa de cruzar Marcos VIII, agitando los brazos por encima de su cabeza.

Afuera era ya de noche. Un golpe de aire fresco le insufló una falsa paz, la precisa para distinguir bajo la pálida luz de una luna casi llena la silueta del Patriarca dirigiéndose hacia sus aposentos.

—¡Santidad! —le gritó—. ¡Debo advertiros de algo más! ¡Tenéis que escucharme, os lo ruego!

Marcos se detuvo en seco y se giró hacia el anciano Cirilo, que se acercaba dando grandes zancadas hacia él.

—Creí haberte dejado clara mi intención de reposar tus palabras antes de decidir qué hacer con el libro que me has entregado.

—Y debéis hacer lo que dicte vuestra conciencia, Santo Padre. Pero quería que tuvierais en cuenta otro detalle... —Cirilo jadeó—. Algo en lo que no sé si he puesto el énfasis necesario.

—No son horas.

—¡Sí lo son!

—Padre Cirilo, te recuerdo que me debes respeto.

—Y es respeto, y amor hacia vos y la Iglesia a la vez, lo que me obliga a hablaros así.

Marcos VIII se ablandó. Su cara plateada bajo aquella luz de luna se tornó conciliadora.

—Está bien, Cirilo. Dime qué es lo que debo tener tan presente.

—El libro, Santidad, oculta una especie de manual de instrucciones. Es, si me permitís el símil, una suerte de tratado de mecánica en el que cada una de sus parábolas y alusiones deben entenderse como metáforas que ocultan un saber preciso...

—¿Un saber preciso? —Marcos se encogió de hombros—. ¿Qué clase de saber?

—Uno que garantiza la resurrección de la carne, Señor —volvió a jadear, mientras trataba de dominar su resuello—. El libro que os he traducido es, pues, un manual para devolver la vida a los muertos, siempre y cuando éstos cumplan determinadas condiciones.

—Eso no es posible. Habrás interpretado mal.

—Ya lo creo que lo es. Hice el descubrimiento al repasar el original griego y advertir ciertas palabras que se repetían constantemente, como en una clave...

El Patriarca dudó. Quizá Cirilo había perdido el juicio dada su edad y el importante esfuerzo que le había sido exigido. Sin embargo, no tuvo ocasión de zanjar las explicaciones del viejo profesor. Visiblemente excitado, en medio de los jardines vacíos del sector copto, éste prosiguió:

—El secreto está en los símbolos, Santidad... ¿Recordáis cómo se representa a san Marcos desde tiempos de los primeros cristianos?

—Como un león.

—Exacto. Y el león tiene un significado celeste muy concreto: para los antiguos, incluso para los egipcios, existía un león divino en los cielos que hoy identificamos con la constelación de Leo. Pues bien, cada vez que Leo aparece en el horizonte, allá por el este, antes de salir el sol, es cuando la fórmula para devolver la vida se activa. Quien fuera capaz de leer ese signo en el cielo, sabría cuándo ha llegado el momento de usar el libro...

—¿El este? ¿Antes de amanecer? ¿Pero qué clase de jerga es esa, padre?

—La que san Marcos empleó en su evangelio secreto, Santidad. Cuando desembarcó en Egipto, descubrió que las ceremonias más antiguas de los faraones tenían que ver con su empeño en devolverles la vida. Y que éstas, a su vez, sólo se ponían en marcha cada ciertos períodos de tiempo en los que determinadas estrellas dominaban el firmamento. Por eso precisamente momificaban a sus reyes difuntos. Para preparar su resurrección llegado el momento.

—No veo la relación con la astronomía...

—*¡El Tiempo! El Tiempo* a que alude Marcos son ciclos astronómicos.

—Sigo sin entender.

—San Marcos comprendió que todo en el antiguo Egipto era astronomía. Que su calendario estaba basado en los movimientos periódicos de las estrellas y del sol. El este, el punto por donde sale el sol, era conocido como «el lugar de la resurrección». Y el amanecer era el momento exacto que marcaba la vuelta cíclica a la vida del astro rey. Cada vez que las estrellas que dibujan el león celeste se sitúan en el este y dejan de verse exactamente cuando emergen los primeros rayos de sol, los antiguos egipcios ponían en marcha sus rituales de vida más sagrados.

—¿Y san Marcos lo averiguó?

—San Marcos se inició en esos secretos. Lo leeréis en su libro. Y los consignó por escrito a sabiendas de que alguien, en el futuro, por fin lo comprendería...

—¿Insinúas que san Marcos accedió a un saber iniciático egipcio y lo adaptó al evangelio que trae traducido?

La duda del Santo Padre entusiasmó a Cirilo de Bolonia.

—¿Y de qué os extrañáis? ¿Acaso nuestro venerable Clemente de Alejandría no dejó escrito que él tuvo acceso a los míticos cuarenta y dos libros perdidos del dios Toth [14]? ¿No fue él quien descubrió en esos textos alusiones a un tiempo futuro en el que se anunciaba la llegada de hombres que comprenderían sus secretos?

El Patriarca titubeó. Posó sus manos sobre los hombros de su anciano maestro y lo miró condescendiente. Su gesto severo no dejaba lugar a dudas en cuanto a su preocupación.

—Te estás alejando peligrosamente de la ortodoxia, padre Cirilo, y lo peor es que utilizas para ello las herramientas que te brinda tu propia fe. Deberías descansar y reconsiderar tus creencias. Eres seguidor de Cristo. Como Marcos. Y le debes admiración y respeto por haber estado tan cerca del Señor.

—No me comprendéis, Santidad. El libro habla de un *Tiempo*. Clemente habló de un *Tiempo*. Y ese *Tiempo* ha llegado. Los símbolos celestes lo marcan.

—¿Un *Tiempo?*

—¡Mirad al cielo, y contempladlo vos mismo!

Marcos VIII alzó su vista al firmamento. La silueta negra de la cúpula de Abu Sarga ocupaba el único lugar de la bóveda celes-

---

[14] *Stromata*, libro IV.

te que no tenía estrellas. El resto estaba sembrado de ellas. La Vía Láctea, al suroeste, rasgaba el firmamento en dos mitades. Y aunque la luna brillaba con intensidad, los luceros se contaban por miles.

Cirilo de Bolonia, con los ojos abiertos de par en par, señaló en una dirección, hacia la negrura.

—Dentro de unas horas, cuando amanezca, por el este, hacia las pirámides, la última estrella que se verá será una que pertenece a la cabeza del león... En el sur, a la misma hora, será el ojo de la constelación del Fénix [15] el que dejará de brillar. ¿Os dais cuenta ya de lo que esos símbolos quieren decir?

—No.

—El Fénix es el ave de la resurrección en los mitos griegos. Es el pájaro capaz de regresar a la vida de entre sus propias cenizas.

—Un mito, padre. Un mito pagano.

—Pero un mito que, en este caso, marca el inicio de *El Tiempo*. ¿No lo ve? El león anuncia al Fénix del mismo modo que Marcos nos avisa que el tiempo de la resurrección ha llegado. ¡Todo encaja!

El Patriarca resopló.

—Basta, Cirilo. Nadie puede resucitar, excepto Dios. Sólo Él tiene ese poder. Ningún libro, por santo que sea, puede explicar los procederes del Altísimo y conferirle a un hombre un poder que nos está vedado desde antes de ser creados. Me resulta difícil pensar que hayas olvidado una enseñanza tan elemental.

—Este libro es diferente, Santidad. Cuidaos de emplearlo mal o de que caiga en manos equivocadas.

---

[15] El nombre de Fénix le fue dado oficialmente a esa constelación por el astrónomo alemán Johann Bayer en su obra *Uranometría* (1603), que contiene los primeros mapas celestes de la historia moderna e inauguró una nueva era en la ciencia de la cartografía celeste. Sin embargo, Bayer respetó una antiquísima tradición acuñada por observadores árabes y chinos que veían en esta estrella la forma de un ave. El ave de la vida eterna.

—¡Basta, he dicho! Ya he oído bastante por hoy.

—Pero Santidad... —protestó.

—¡Basta!, ¡Desaparece!

El anciano copto se contuvo. Dio un paso atrás, obedeciendo las órdenes de su superior, no sin antes susurrar algo que hasta el mismo Takla, desde la puerta del templo, pudo escuchar con toda nitidez:

—No me dejáis alternativa, Santidad —su tono sonó amenazador—. Os demostraré el poder del libro y pronto recurriréis a mí para que lo custodie.

Marcos VIII no respondió. Se acababa de perder convento adentro.

VIII

*D*E LOS ÚLTIMOS *días del Señor en la Tierra.*

La caligrafía del padre Cirilo, pese a que su pulso no era ya el de sus tiempos de profesor en el seminario, tenía un aspecto impecable. El Patriarca la observó con satisfacción en la discreta intimidad de sus aposentos.

Sólo su título, sonoro y extravagante, prometía una buena lectura.

En total, el manuscrito traducido por el viejo copto de Santa Catalina excedía las cien cuartillas. Habían sido escritas con aquella letra pequeña y apretada que Marcos VIII conocía tan bien. Y, con deleite, contempló aquel manojo de pliegos bajo la temblorosa luz de su candelabro.

¿Por qué Cirilo insistía tanto en su peligrosidad? ¿Qué mal podría hacerle a él, con su cultura y posición, un texto de hacía dieciocho siglos?

El Santo Padre no durmió en toda la noche. No pudo. Con los ojos abiertos como platos devoró en pocas horas todas y cada una de las páginas que le entregó Cirilo, dejándose embriagar por un texto que emanaba fuerza por doquier.

El documento, precedido por una carta de san Marcos a uno de sus discípulos, probablemente un emisario enviado a Roma, explicaba por qué el evangelista se había exiliado a toda prisa en El Cairo. Al parecer, Simón Pedro, ya afincado en la Ciudad Eterna y al frente de las primeras comunidades cristianas, estaba intrigado por la clase de formación que había recibido el Maestro en Egipto durante los años de su huida de Herodes. Lo suyo debió ser una obsesión. Todo lo relativo al Rabí se había convertido, de la noche a la mañana, en objeto de especulación y controversia entre los primeros cristianos. Y si se quería construir una Iglesia sólida, sin fisuras e inatacable como la que propugnaba Saulo de Tarso, había que tener bajo control toda información susceptible de ser empleada contra los cristianos.

Pedro era un estratega en esas cuestiones.

De hecho, lo que hacía imperiosa la presencia de Marcos en El Cairo era el rumor incontrolado de que Jesús había sido iniciado en los misterios de Isis y Osiris. En Roma se había llegado a decir que el Hijo del Hombre había plagiado incluso los secretos de la religión de los faraones, exportándolos después a Jerusalén como algo propio.

Marcos y Pedro se temieron lo peor. Sabían mejor que nadie que, en efecto, el Maestro había permanecido seis largos años en Egipto y que la influencia de que se les acusaba era técnicamente posible. En ese tiempo, aún siendo muy niño, el Señor debía de haber recibido enseñanzas muy elevadas que se revelarían fundamentales durante su vida pública. Y aunque nadie supo nunca cuáles fueron éstas, la sospecha de que se tratara de misterios iniciáticos de la doctrina de Isis podría desprestigiar a la nueva Iglesia.

De una cosa estaba seguro el rudo pescador de Galilea: de ser ciertas las acusaciones, debía de hacerse lo imposible por eliminar las pruebas de la iniciación del Maestro. O eso, o la idea de un Salvador original e independiente podría naufragar para siempre.

Para salir de dudas, el mejor hombre era el joven y sagaz Juan Marcos. Y así, en el verano del año 66 después del nacimiento del Mesías, el futuro evangelista zarpaba rumbo a la provincia romana de Egipto con la misión más arriesgada de su vida.

El Santo Padre leyó aquellas revelaciones con avidez.

Pronto supo que a principios del año 67, Juan Marcos se instaló en una casa de huéspedes adosada a la muralla de la fortaleza que ocupaba el Viejo Cairo. «Era un lugar que todos conocían como Babilón o Babilonia, aunque en realidad se trataba de un antiguo nombre egipcio que los extranjeros pronunciábamos mal: *Pi-hapi-on,* la morada de Hapi, dios del Nilo», explicaba Marcos en su informe.

El evangelista trabajó como contable en una casa de préstamo hebrea que le recomendó Pedro, y en las temporadas en las que el comercio remitía, aprovechó su tiempo libre para investigar sin despertar demasiadas sospechas.

Al joven Marcos le costó meses aclimatarse a un lugar extraño en el que se practicaban cultos incomprensibles para él. El Cairo era un crisol de creencias. Seguidores de Mitra, de los ritos mistéricos de Adonis, de Orfeo e incluso de Pitágoras, convertido en mesías de una creciente comunidad de exaltados, pululaban por las calles de la ciudad reclutando nuevos adeptos a sus causas.

En aquel ambiente enfervorizado, no le fue demasiado difícil preguntar por los maestros de Jesús, de Yeshua o del Hijo de Miriam, pues de todas esas formas creía que podría haberse presentado la Sagrada Familia. Sin embargo, nadie le supo dar cuenta al respecto. Nadie, incomprensiblemente, parecía haber reparado en la llegada de tres exiliados de Galilea, hacía ya más de medio siglo.

Marcos hizo también sus averiguaciones en las dos únicas sinagogas hebreas de la ciudad, aunque con escaso éxito: los rabinos tampoco habían oído hablar de Jesús o de su familia. E incluso pasó dos semanas de la estación de la inundación con un grupo de comerciantes griegos que le dieron esperanzas sobre la estancia del Maestro, pero finalmente terminaron burlándose de él y le estafaron los pocos sestercios que había traído consigo para su misión.

El evangelista estuvo a punto de aceptar su derrota, pero la fe en Nuestro Señor le mantuvo en el camino.

En ese tiempo, Pedro le enviaba ocasionalmente con algún

viajero cartas de ánimo y algo de dinero, recordándole que pese a los más de cincuenta años transcurridos aún debía ser posible encontrar a alguien vivo que hubiera conocido al Rabí en su tierna infancia. «Debes buscarlo con ahínco —escribió Simón—. Dios premia siempre al que persevera y al que lucha por limpiar su sagrado nombre.»

Y la espera, unida a la tenacidad de Juan Marcos, terminó dando sus frutos seis meses después.

Tras varios intentos frustrados más, por fin Marcos obtuvo una pista fiable. Procedía del antiguo jefe de obras del destartalado Templo del *Bennu,* en la vecina ciudad de Heliópolis.

«Ra-Mose, que así se llamaba el anciano capataz del templo —dejó escrito el evangelista en otro de sus informes—, recordaba perfectamente al carpintero y albañil judío que le ayudó durante los trabajos de techado del sanctasanctórum del Palacio del Fénix. Su relato coincidía tanto con lo que sabíamos de Jesús, y me emocionó tanto que sin dudarlo le ofrecí mis servicios y algo de la soldada a cambio de instalarme en su casa unos días y escucharle con más atención. Ra-Mose pasaba de setenta años, pero durante las veladas que compartimos se expresaba como si su memoria fuera la de alguien de mi edad. Así, me contó que con frecuencia aquel carpintero acudía a Heliópolis acompañado de su hijo de cuatro años, un niño despierto y curioso que deambuló libremente por el templo durante semanas y al que Neb Sen, el Sumo Sacerdote, le tomó un cariño especial. Aquel niño no podía ser otro que Nuestro Señor.»

Juan Marcos, a renglón seguido, daba más detalles del caso: «Ra-Mose nunca dijo si Neb Sen enseñó algo a aquel niño, ni aclaró si aquella criatura despierta y curiosa era Nuestro Bienamado. Tampoco yo le expliqué lo que sabía. Pero lo poco que admitió conocer del caso era lo más esperanzador que había escuchado hasta entonces.»

La emocionada carta del evangelista sobresaltó al Patriarca de los coptos. Seguía ella explicando cómo Juan Marcos, tras cinco días en casa de Ra-Mose, viajó hasta la vecina Heliópolis en busca de más información. Y daba cuenta también de cómo lo que encontró allí no fue sino ruina y desolación. Para colmo de males, Neb Sen hacía años que había muerto y, desde entonces, los cultos al Disco Solar de Heliópolis se habían ido dejando de lado, poco a poco.

«En Babilón me habían hablado del origen de esta ciudad. Los egipcios la llamaban *Innu,* que significa pilar, ya que en aquellos terrenos hoy yermos existió en tiempos remotos una enorme columna sobre la que se posaba un ave divinizada a la que todos llamaban *Bennu.*»

Marcos, horrorizado por tanto paganismo absurdo, proseguía así su relato: «Pero no hallé tampoco rastro del pilar *Innu,* ni del ave *Bennu.* Sí supe, en cambio, que a ésta los griegos la llamaban Fénix. También supe que el culto principal practicado en ese lugar sacratísimo estaba destinado a la resurrección. Según me contaron, cada treinta años aproximadamente el pájaro *Bennu* se inmolaba en una hoguera que él mismo preparaba cuidadosamente reuniendo ramas secas con su pico. Tras arder hasta consumirse, el ave resucitaba rejuvenecida a los tres días, emergiendo de sus propias cenizas...»

Marcos VIII, que leía sin pestañear aquellos pliegos de papiro, se alarmó al llegar a aquel punto.

«... Los sacerdotes que protegieron este secreto con su vida sabían que no todos los pájaros eran aves *Bennu,* al igual que no todos los humanos tenían la suficiente esencia divina en sus venas como para lograr una regeneración así. Osiris lo consiguió gracias a las artes que Isis estudió en el Templo del Fénix. Ella fue capaz de restaurar el hálito a su hermano y esposo después de haber sido sacrificado por las fuerzas de la oscuridad y despedazado por su propio hermano en catorce trozos. Y Jesús niño, si es que fue él quien acompañó al carpintero judío que ayudó a Ra-Mose, debió sin duda de ser iniciado en tan arcano conocimiento. Todo sucedió justo en las semanas que duró la reparación del templo, con el consentimiento expreso de José y María.»

Por aquel mismo texto, Marcos VIII supo que el día de Reyes de la tradición cristiana era el mismo que los antiguos egipcios llamaban *Jornada de Osiris*. Durante esa noche —leyó— los paganos rezaban al dios y recogían agua del Nilo en grandes cantidades, en la certeza de que serviría para purificarles de sus pecados el resto del año. Durante esas mismas horas de oscuridad, Osiris podía también favorecer a ciertas familias convirtiendo su agua en vino... exactamente igual que lo que Jesús hizo en las bodas de Caná.

Juan Marcos anotó todas aquellas revelaciones con especial cuidado. Su texto abundaba en detalles aparentemente nimios sobre la vida cotidiana de los sacerdotes y huéspedes del Templo del *Bennu* que recogió tanto de Ra-Mose como de otros informantes de los que ganó su confianza.

El texto hacía especial hincapié en uno de ellos: un extravagante comerciante de telas, miembro del clan de los Rashid, oriundo del antiguo asentamiento de Menfis, a unos cuarenta kilómetros de Heliópolis, con quien intimó de inmediato.

«Suleimán resultó ser un hombre agradable y de refinadas maneras —describirá Marcos al final de su introducción—. Después de informarse sobre mi procedencia y confiarle que mi fe estaba puesta en un Dios único que había hecho hombre a su Hijo primogénito para salvarnos de nuestros pecados y demostrarnos que la resurrección de la carne era posible, me aceptó como a alguien de su propia familia. Me dijo que su nombre era el mismo del Rey Sabio de los judíos, Salomón, aunque a diferencia de éstos su dios no era Yahvé sino el viejo Osiris. Él fue quien me instruyó en los misterios que revelaré en estas páginas y que, según me aseguró, fueron los mismos que el sacerdote Neb Sen entregó al hijo del carpintero.»

Marcos interrumpe aquí su descripción para hacer una advertencia al lector, que pilló desprevenido al Patriarca:

«Suleimán me dijo: Sé que mi culto a los secretos de Osiris está muriendo y que el saber de mis antepasados pronto se diluirá en otros credos al igual que el Nilo Azul se funde con el Nilo Blanco. Mi familia fue seleccionada, no obstante, para proteger algo más que una fe. Nuestro clan guarda el secreto de la resurrección del pájaro *Bennu* y protegerá su nido fuera de *Kemet,* la sagrada tierra negra de Egipto, hasta que *El Tiempo* llegue y el ave pueda ser vista de nuevo sobre Giza y Heliópolis.»

Y a continuación, Marcos añade: «Y yo, querido discípulo, te lo transmito a ti: estas son las revelaciones de Suleimán y lo que después aprendí acerca del Maestro y su regreso de entre los muertos gracias a lo que Él, a su vez, recibió del sumo sacerdote Neb Sen. Cuida de ello hasta que, tal como ha sido escrito, *El Tiempo* llegue.»

—...Hasta que *El Tiempo* llegue... —repitió el Patriarca entre dientes, desconcertado por aquel último comentario.

Las velas de su estancia se habían consumido casi por completo. Ya no quedaba vino en su copa, aunque su garganta, agarrotada, sería incapaz de dejar pasar líquido alguno. Otras cuestiones le tenían embargado: ¿por qué Suleimán llama «querido discípulo» a san Marcos en el texto? ¿Acaso el diablo —quién si no podría ser el tal Suleimán— lo convirtió a su extraña fe?

La inquietud de que Marcos hubiera sucumbido a la tentación y que, por tanto, su Santo Patrón fuera el más perverso de los herejes, le removió el estómago.

Ahora comprendía a Cirilo de Bolonia: mal empleado, el texto era peor que la peste. Estaba ante un arma tan afilada que con sólo agitarla podría destrozar toda su Iglesia. Y después, adecuadamente guiada por el Mal, arrastrar al abismo a la entera cristiandad.

Marcos VIII respiró hondo.

El sol del nuevo día estaba a punto de ascender entre el jardín de sicomoros al que daban las estancias pontificias, cerca de Abu Sarga. El Pontífice rumió durante un buen rato las extrañas revelaciones de aquella carta, olvidándose de que la constelación del León acababa de desaparecer justo sobre el horizonte este de

Giza. De hecho, tan absorto estaba en sus cavilaciones, que apenas se dio cuenta de que uno de sus asistentes, con la mirada desencajada y presa del terror, había irrumpido en sus estancias sin llamar.

—Santidad, ¡es fray Cirilo!

El muchacho gesticuló algo con sus manos ante el rostro impasible del Patriarca.

—¡Debe acompañarme! —gritó—. ¡De inmediato!

IX

Luxor

EL PATIO LEVANTADO por el gran Ramsés estaba vacío. Ni una sola de sus grandes columnas papiriformes se erguía ya en el mismo lugar dispuesto por faraón más de treinta siglos atrás. En noches cerradas como aquélla, sólo los zorros del desierto y los genios se alegraban de que el caos llevara tanto tiempo señoreando el lugar.

Pero las alimañas de este o del otro mundo no eran las únicas criaturas que merodeaban en las inmediaciones de Ipet Resyt.

A cada nueva bocanada de calor, una sombra espigada, enfundada en una galabeya parda, avanzaba hacia la cabecera del recinto. Sus pies no tocaban el suelo; lo acariciaban sin levantar una sola mota de polvo, casi como si volaran a ras del empedrado. La silueta era la de un varón de mediana edad que, por el modo de moverse, no se correspondía con ninguno de los vigilantes del templo.

Parecía un *djinn*.

Dos pasos al este, cinco al norte... Con una precisión milimétrica, el espectro avanzó hasta la capilla levantada por los romanos en tiempos de Diocleciano. Sin tiempo para recuperar el aliento, cruzó el sanctasanctórum de Alejandro Magno, venció la montaña de arena que sepultaba la parte más occidental del recinto y, con suma cautela, se aproximó a su objetivo. Un brazo de ébano, largo y musculoso, cuidadosamente depilado, se extendió rodeando en un suspiro el cuello de La Perfecta. La mano del *espíritu,* grande y fuerte, tensa como un arco, selló su boca antes de que ésta pudiera siquiera reaccionar.

—¡Silencio! —ordenó en voz baja—. Soy Alí. No temas.

A Nadia, que todavía aguardaba acurrucada en su escondite, se le heló la sangre. ¿Alí? ¿Alí ben Rashid? ¿Y qué hacía allí su tío de Dendera?

El menor del clan de los Ben Rashid, con una agilidad pasmosa, cargó a sus hombros a la frágil Nadia, y con la rapidez de un felino la sacó del perímetro del templo.

A continuación, sin mediar palabra, subieron a la grupa de su caballo, huyendo hacia levante. Tardaron sólo unos minutos en dejar atrás las últimas casas habitadas de Luxor, y una vez rodeado el campamento francés erigido frente a la espléndida isla de los cocodrilos, enfilaron un camino rural que se perdía entre plantaciones de judías y arroz.

—Nos has metido en un buen lío, Nadia. En un fenomenal lío...

Su tío, un varón de unos treinta y tantos, corpulento y de mirada penetrante, era la viva imagen de los antiguos sacerdotes retratados en los muros de los templos. Desde niña, Nadia le recordaba con el cráneo rasurado y siempre envuelto en la misma y extraña aura de solemnidad. Llevaba años sin verle. O, para ser más precisos, sin tenerle tan cerca. Pero ¿qué hacía en el templo a esas horas de la noche? ¿La había seguido? ¿La protegería de Omar... o tal vez, como casi todos en Luxor, también trabajaba para él?

Alí gruñó:

—...Te vendimos a ese posadero para que vigilaras de cerca a Omar y sus secuaces —dijo entre dientes, respondiendo sin querer a sus temores—. Te educamos para que fueras nuestros oídos en el mundo de los infieles. Y sabiéndolo, has faltado a tu sagrada misión. ¿Por qué has huido?...

Sus reproches fueron subiendo de tono.

—... ¿Por qué has traicionado a los tuyos?

—No podía más, tío. Estaba harta de...

La Perfecta no tuvo ocasión de terminar la frase. La enorme

mano del nubio descargó sobre ella una poderosa bofetada que la tumbó sobre el barro.

—¡Traidora! —bufó, escupiendo al suelo—. ¿Quién vigilará ahora a ese profanador? ¿Quién le distraerá de su voracidad por nuestros muertos?

Nadia, con el rostro ardiendo y la mirada húmeda, susurró algo mientras trataba de contener sus lágrimas.

—Tío Alí... —ahogó un sollozo—. Estaba harta de bailar danzas profanas para esos cerdos. Harta de ser la *a'hira*[16] de Omar, y cansada de no oír más que tonterías. ¿Tan difícil es comprenderlo?

—¿Tonterías? ¿Te parece una tontería que los franceses estén excavando en el Valle de los Reyes y que esta mañana encontraran una nueva tumba entre las piedras de la montaña sagrada?

La Perfecta se sobresaltó.

—¿Y cómo sabes tú eso?

—Tu compañera, Fátima, me lo dijo... —respondió Alí—. Aunque no lo creas, el clan nunca te abandonó. Sin tú saberlo, Fátima era la encargada de protegerte si algo salía mal; fue ella la que nos avisó de tu fuga. Por suerte, yo estaba en la ciudad. Son días de ritos. Es la crecida del río. Y, además, fuiste tú quien eligió el sendero de la danza, marcando tu destino.

—Ya... —murmuró mientras se sacudía su traje de baile echado a perder—. Así que nunca os fiasteis de mí.

—Te protegemos. Eres, y lo sabes, demasiado valiosa para nuestra familia. De lo contrario, habrías pagado ya tu traición con la muerte.

—Casi lo hubiera preferido.

—No digas eso ni en broma.

No volvieron a hablar en toda la noche.

Alí cambió de caballo en una pequeña aldea situada junto a

[16] Fulana.

uno de los ramales del río, y cabalgó sin pausa hasta el amanecer. Lo hizo Nilo abajo, contracorriente, manteniendo un rumbo muy preciso.

—No vamos a Dendera, ¿verdad?

Alí, que seguía llevando a La Perfecta en la grupa de su montura, no respondió.

—Al menos podrías decirme si huimos de alguien.

El nubio de mirada intensa limitó su respuesta a un lacónico «A su tiempo; todo a su tiempo», tirando de las riendas con decisión.

El gordo caballo de refresco que tomaron aguantó sin rechistar hasta las puertas del pueblo de Edfú. Entraron por la parte de atrás, atravesando las que llaman las huertas del judío, y desmontaron frente a una pensión de mala reputación donde, por fin, se sentaron a comer algo sólido. Huevos revueltos —una costumbre aprendida de los invasores—, zumo de melón y un poco de leche de cabra hervida.

Mientras Nadia apuraba su parte del banquete, con los ojos todavía enrojecidos por la falta de sueño y su mejilla hinchada por el bofetón, su tío decidió sincerarse con la joven. El local estaba vacío. Los pocos franceses apostados en Edfú formaban un escuálido retén de emergencia dejado por Desaix para cubrir su retaguardia, y era poco probable que recalaran allí tan temprano.

—Vamos hacia el Delta. A Heliópolis, la antigua ciudad de los sabios —dijo al fin.

—¿Heliópolis? ¿Te refieres a la urbe maldita de On?

—La misma.

—¡Pero si cabalgamos hacia el sur! —protestó La Perfecta—. ¡Vamos en sentido contrario!

—El camino no importa. Pronto lo comprenderás. Sólo la meta es importante.

—¿Y por qué Heliópolis? Nuestra familia nunca quiso entrar allí...

—Haces demasiadas preguntas, Nadia —la atajó Alí con tono molesto.

—Quizá porque la familia, nuestra familia, nunca me contó nada. ¿No crees? Siempre creyeron que era una niña estúpida sin derecho a saber.

—Tú elegiste tu propia educación.

—¡Te equivocas! Yo escogí el camino de la danza, pero no elegí quedarme al margen de las grandes decisiones del clan. Mis hermanos saben; mis hermanas también. ¿Por qué yo no, si soy tan especial como dices?

—Está bien... —el nubio pareció ablandarse—. Hace sólo tres noches el patriarca Ahmed se despertó azorado. ¿Conoces a Ahmed?

—El vidente ciego. He oído hablar mucho de él.

—Pues bien: en sueños, una figura vaporosa, un ángel de Dios, le reveló que aquello para lo que nuestro clan llevaba preparándose desde hace siglos, estaba a punto de consumarse.

—¿Siglos? ¿Qué preparación? ¿De qué hablas, Alí?

Ben Rashid no se inmutó y prosiguió su relato.

—Nuestra familia es la depositaria legítima de un viejo secreto. De algo que ya se custodiaba mucho antes de nacer el Profeta y cuyo control perdimos hace mucho tiempo. La visión del venerable Ahmed era un oráculo, un vaticinio. Una revelación que le hizo saltar de su camastro y levantarnos a todos para darnos la noticia. En plena noche, con los ojos vidriosos del que ha visto la Verdad, nos advirtió de que pronto emplearíamos toda nuestra magia para recuperar ese antiguo y valioso legado, probablemente oculto en Heliópolis.

—Oculto, ¿desde cuándo? ¿Desde la época de los faraones? ¿Y si ya no está allí?

—También lo hemos pensado. Pero conocemos documentos que parecen confirmar la visión de Ahmed.

—¿Documentos?

Alí sonrió.

—Sabemos por algunos papiros que en tiempos antiguos existió un edificio en Heliópolis al que todos llamaban El Inventario [17]. Dentro del mismo se construyó una cámara de granito que protegía un gran cofre de sílex, que a su vez contenía otro de bronce, un tercero de plata y un último de oro. Dentro de éste, el mismísimo dios Toth guardó el legado que buscamos, y lo protegió con una maldición para que nadie lo robara. Pero eso no es lo peor...

—¿Ah, no?

—El ángel que se apareció a Ahmed le reveló lo que tanto temíamos: que los partidarios del culto solar, los adversarios de Toth y de todos los dioses de la noche han decidido tomar al asalto ese lugar, robar su secreto milenario y eliminarnos a nosotros para evitar que nos apoderemos de él antes que ellos. Y piensan hacerlo echándonos encima a los codiciosos franceses.

Nadia puso cara de no comprender ni una palabra de aquel galimatías.

—¿Culto solar? ¿... nosotros?

—Quizá tu padre nunca te lo explicó —los ojos del nubio chispearon un segundo—. No puede culpársele por ello; murió muy pronto. Sin embargo, Nadia, ya es hora de que alguien lo haga...

—¿Hacer qué?

—Mostrarte la Verdad, nuestra Verdad. La Verdad de nuestra familia y la raíz del conflicto en el que tú, pequeña perla de los Ben Rashid, jugarás un papel sagrado. Acompáñame. Nos hemos desviado hasta Edfú para que veas algo. Considéralo —ironizó— tu primer día de clase.

La Perfecta estaba intrigada. Sabía por su abuelo Gabriel que la familia Ben Rashid hundía sus raíces en arenas ancestrales, y

[17] En 1890, el filólogo alemán Adolf Erman terminó la traducción de un misterioso papiro en el que se mencionaba ese lugar en Heliópolis. Los egiptólogos lo consideran un «papiro de ficción» —lo llaman Westcar— por no haberse encontrado todavía ni rastro de El Inventario.

que tras la llegada del islam a Egipto buena parte de sus miembros habían decidido sobrevivir a los cambios religiosos adscribiéndose al sufismo, la rama ascética de los seguidores de Mahoma.

Amparándose en la búsqueda de la unión extática con Dios que proclaman los sufíes, los Ben Rashid fundaron una de las pocas líneas sanguíneas que siguieron empleándose a fondo en las diferentes formas de magia que habían heredado de sus antepasados egipcios. Uno de los impulsores de esa rama, el filósofo iraní Yahya Suhrawardi, se esforzó por inyectar al islam los restos de lo que, eufemísticamente, llamó «religión oriental original», revelada al mundo por Hermes Trismegisto, es decir el antiguo dios Toth de los egipcios. Su artificio fue descubierto, y Suhrawardi ejecutado cruelmente por el califa de Bagdad.

De pequeña, Nadia creció en ese ambiente. Fue iniciada en la danza y el ritmo, fórmulas que bajo los ojos del islam eran tolerables gracias a las enseñanzas del poeta y místico Rumi, que en el siglo XIII fundó la orden de los *mevlevi,* los derviches. Pero siempre caminó al filo de la herejía. De hecho, tanta fue su dedicación a la danza que La Perfecta no ingresó en ninguno de los otros saberes iniciáticos de la familia.

Estaba claro que se había perdido algo importante...

X

Edfú, 1 Rabi I[18]

NADIA Y ALÍ caminaron aún bajo el frescor de la mañana hasta el centro del pueblo, dejando atrás la calle del mercado y dos destartaladas mezquitas que servían de refugio nocturno a los viajeros sin recursos. Era sábado y el ambiente olía a fruta fresca y menta. Los vendedores más madrugadores se empleaban a fondo en humedecer las calles y en adecentar la mercancía sobre sus escuálidos carromatos de colores. A Nadia, aquella actividad matutina la hechizó. No era de extrañar: en Luxor, a esas horas tan tempranas y después de una extenuante jornada de trabajo en el café de Hayyim, siempre dormía.

Por fin, en medio de un grupo de casas de adobe, los paseantes vieron emerger los muros rectos y afilados de un templo antiguo.

—Bienvenida a la casa del gran Horus —murmuró Alí reverencialmente—. Este es el lugar donde lo divino triunfa sobre lo temporal. El palacio de la resurrección.

La Perfecta resopló admirada.

El recinto resultó ser el más impresionante y mejor conservado de cuantos había visitado jamás. Sus paredes se levantaban por encima incluso de las enormes columnas de la sala hipóstila de Karnak y aparecían cubiertas de relieves milagrosamente respetados por el paso del tiempo. Por alguna razón que Nadia no acertaba a comprender, romanos, coptos y musulmanes no se habían

[18] 3 de agosto de 1799 según el calendario islámico. Año 1214 después de la Hégira.

ensañado con la miríada de pájaros, estrellas y símbolos paganos delicadamente labrados sobre la piedra blanca.

—¿Lo ves? —el nubio, de repente, estaba exultante—. ¡Este lugar es verdaderamente digno de los dioses! Muy cerca de aquí, hace miles de años, estuvo el *Kap,* el lugar en el que el joven Amenhotep aprendió las lecciones más importantes de la vida, y donde le pusieron al corriente de la batalla ancestral de la que hoy quiero hablarte.

Alí ben Rashid, al igual que los sacerdotes afeitados de los muros, se inclinó ceremoniosamente antes de atravesar la fachada del templo y de adentrarse en el patio abierto que desembocaba en una puerta flanqueada por dos enormes estatuas de granito. Dos aves de piedra colosales les vigilaban.

El hombre de ébano cruzó los brazos por delante del plexo solar e hincó la rodilla en el suelo. El recinto, a esa hora, estaba aún vacío.

—Horus, el dios con la cabeza de halcón, fue hijo de Isis. Su madre se quedó preñada de él tras resucitar temporalmente a Osiris y recibir en su seno la sagrada semilla del dios de los muertos...

—Esa historia la conozco —replicó Nadia con una sonrisa ingenua—. Cuando aquel hijo póstumo creció y supo que su padre, el divino Osiris, había perdido la vida a manos de su tío, decidió vengarlo. Nació así la lucha sin cuartel entre Horus y el todopoderoso asesino Set. Su combate marcaría profundamente las creencias de nuestros antepasados y, durante generaciones, representó el ideal de lucha entre la Luz y las Sombras. Horus era hijo de la Luz; Set, de las Tinieblas.

—Fue tal como dices —asintió el nubio—. Este templo se levantó para recordar ese combate, pero también para que sirviera de aviso a todos los partidarios de Set, el oscuro. Los arquitectos que elevaron estos muros los llenaron de elocuentes imágenes de su enfrentamiento contra Horus. Acompáñame: yo te las mostraré.

Alí tomó de la mano a Nadia y la obligó a adentrarse más allá del segundo pilono del recinto. Nada más cruzarlo, enfilaron un estrecho pasillo lateral, sin techo, en cuyas paredes lucían distintas secuencias de un peculiar enfrentamiento naval. Los relieves, claros, llenos de pequeños detalles, impresionaron a La Perfecta. Barcos de una sola vela, guiados por un escuálido ejército de remeros, avanzaban en pos de una extraña criatura acuática. En la proa, un majestuoso Horus, lanza en ristre, trataba de dar caza al monstruo.

—Los seguidores de Horus cuentan que el dios halcón, una de las gloriosas manifestaciones de Ra, el disco solar, alanceó a Set y lo sumergió en las tinieblas, derrotándolo para siempre. Set tiene aquí forma de hipopótamo. ¿Lo ves?

Nadia asintió extasiada.

—En el sexto mes del año, en este templo se celebraba el Festival de la Victoria, en el que se conmemoraba el triunfo de la Luz sobre las Sombras...

—Así que, finalmente, Horus venció a Set —interrumpió La Perfecta asombrada.

—No exactamente...

Ella miró de reojo a Alí, que estaba como hipnotizado delante de aquellas escenas bélicas.

—¿Qué quieres decir?

—Por eso te he traído hasta aquí, Nadia. Para que aprendas que aunque la historia siempre la escribe el vencedor, no significa que al vencido se le haya exterminado. Ni siquiera que el vencedor fuera el justo y el vencido el villano.

—Aclárame eso.

—Horus y Set eran mucho más que dioses. Representaban dos modos diferentes de entender la religión y la existencia. El primero veneraba al sol por ser fuente de vida, mientras que el segundo adoraba a la noche por ser el origen del conocimiento.

—No veo la incompatibilidad.

Alí sonrió ante la ingenuidad de Nadia.

—Hay algo que estos muros no cuentan: mucho antes de la traición de Set, el dios Osiris, celoso y posesivo como pocos, observaba con preocupación la marcha de la especie humana a la que había adiestrado. Veía que su corazón no era tan puro como esperaba y que no merecía recibir el preciado don de la vida eterna. Set, por el contrario, creía que sólo la concesión de ese privilegio podría hacer crecer el alma de los hombres, pero al no obtener apoyo de Osiris para sus planes, decidió robar el secreto y esconderlo, con ayuda de Toth, en la Tierra.

—¿Y lo entregó a los hombres?

—No. Set no era estúpido. Lo entregaría sólo a quien lo mereciera de verdad. A quien lo buscara con espíritu noble y demostrara ante él su valía. Pero al disponerlo así, abrió a los hombres el camino hacia la divinidad y eso terminó en un enfrentamiento radical entre Set, Osiris y su familia.

—¿Y cómo podría un hombre demostrar su valía?

—Descubriendo el secreto que une la Tierra con el Cielo —guiñó un ojo Alí—. Pero no es fácil. En el Egipto de nuestros antepasados no había ciencia más noble que la astronomía, la del estudio del firmamento... Algunos optaron por estudiar el sol y otros las estrellas, en busca del preciado pasaporte a la inmortalidad. Casi todos fracasaron porque su búsqueda estaba motivada por la codicia de conseguirla, y no por una búsqueda noble que enriqueciera su espíritu.

—¿Y de ahí nacieron los solares y los setianos?

—Así es. La brecha entre ambas doctrinas se hizo cada vez más grande. Los seguidores de Set levantaron templos junto al Nilo imitando la forma de las constelaciones [19], en la certeza de que así destilarían de ellas el elixir de la vida. Los de Horus hicieron lo propio con los suyos, alineándolos al sol en momentos clave del año. El culto profundo de los solares era monoteísta:

[19] Remito otra vez al lector a mi obra *Las puertas templarias* para comprender el alcance de este culto y su propagación hasta bien entrada la Edad Media en Europa.

creían que del sol emanaban todas las demás divinidades, que no eran sino cualidades parciales de una sola entidad.

—Siempre creí que...

—¿... Que los egipcios fuimos politeístas? —Alí la atajó divertido—. En realidad, eso sólo sucedió bajo dominio setiano. Pero antes de que llegaran esos tiempos, los seguidores de Horus celebraron sus siglos de hegemonía política levantando templos como éste, en Edfú, o mucho antes aún, imponentes pirámides a semejanza de las de Giza.

—¿Las pirámides son obra de los solares? —Nadia arqueó sus cejas dibujando un gesto inconfundible y tierno.

—En realidad sólo las de Kefrén y Micerinos, cuyos nombres y títulos reales están asociados a su creencia en el dios Ra[20]. La de Keops[21], la primera y mayor de todas, fue un prodigio arquitectónico de los setianos, pues se edificó para cumplir el papel de «máquina de la vida eterna». Keops creyó haber encontrado cerca, en Sakkara, el legado oculto por Toth y lo aplicó lo mejor que pudo en su monumento.

—¿Y funcionó?

Alí titubeó.

—En realidad, no lo sabemos. Jamás se encontró el cuerpo de Keops en la pirámide. Éste debió desaparecer en tiempos remotos, lo que hizo que los setianos fueran duramente criticados y perseguidos. No hay duda de que tal persecución sólo pretendía arrebatarles el secreto que obtuvo Keops.

Nadia iba a preguntar de nuevo, pero el nubio, que la hizo callar con un gesto, prosiguió:

—En esa época, los solares, con Kefrén a la cabeza, se hicieron con el poder y edificaron sus pirámides para demostrar que también ellos podían crear su propia «máquina de la vida eterna». Y

---

[20] En efecto. Los nombres originales de estos faraones, Kafra y Menkaura, significan, respectivamente, «Ra cuando se levanta» y «Estables son las potencias vitales de Ra».

[21] Keops, en realidad Jufu en la lengua egipcia antigua, significa «Él me proteja».

durante un tiempo hasta los propios setianos, diezmados y divididos, creyeron que Horus les había distinguido con la bendición de la fórmula de la vida...

La Perfecta escuchaba a Alí sin dejar de admirar las nítidas escenas bélicas de aquel corredor. La persecución del dios con cabeza de halcón al hipopótamo setiano ilustraba a la perfección el relato de su tío.

—Pronto se descubrió la falacia —suspiró—. Los adeptos de Set habían hecho tan bien su trabajo en la Gran Pirámide de Keops que la religión de los solares se debilitó ante su incapacidad de imitar aquella «mansión de la eternidad». De repente, hasta los faraones echaban de menos las enseñanzas de los astrónomos de Set, que identificaban a Isis con la estrella Sirio; a Osiris con la constelación de Orión, y a Toth con la cara amable de la luna.

—¿Y lograron recuperar el poder?

Alí respondió con desgana:

—Tuvo que correr sangre. La guerra se desencadenó al final de la Cuarta Dinastía, cuando se hizo evidente ante el pueblo que el gran secreto que había hecho fuertes a los solares no estaba en su poder. Me refiero, claro está, a la fórmula que había permitido a Isis resucitar a Osiris, y conseguir que la dejara embarazada de Horus.

—¡El secreto de la vida!

—Fue un drama terrible. La fórmula de la vida no sólo servía para mostrar el sendero de la inmortalidad al faraón, sino también para dotarlo de fuerza y energía y prolongar sus años de reinado. Y los faraones solares comenzaron a debilitarse poco a poco ante los ojos de sus súbditos. Ya no gozaban de la misma salud y fuerza de sus predecesores, y hasta ellos perdieron su fe en Horus. En esas circunstancias, a los setianos apenas les costó esfuerzo reconquistar el poder político otra vez y gobernar por fin Egipto.

—¿Y volvieron a construir nuevas «máquinas»?

—En realidad no, Nadia. En todo ese tiempo también ellos habían perdido el secreto. Sus custodios murieron sin transmitirlo a nadie. Probablemente falló la entrega del secreto durante la represión que sufrieron, y la fórmula que Toth escondió en la Tierra se olvidó. No obstante, supieron mantener la boca cerrada. Los adoradores de estrellas dominaron el Nilo durante doce siglos más, hasta que un peligro muy grave se cernió sobre ellos...

—¿Un peligro?

—En el siglo XIV a.C., tras la muerte del gran faraón Amenhotep III, el culto solar reapareció con una fuerza inusitada. Sus sacerdotes parecían capaces de proezas que sólo se recordaban en los cuentos, y hasta sus reyes tenían un aspecto más vital y exultante que nunca.

—¿Habían recuperado la fórmula de Isis?

La deducción de La Perfecta hizo sonreír a Alí.

—Eso creyeron muchos. En realidad, su regreso fue el producto de más de mil años de callada resistencia, organizada concienzuda y prudentemente. Pero sí: sin duda volvieron porque, de alguna manera, habían recuperado el secreto de Isis. Entre los setianos reapareció el temor a perder el poder, pero también las esperanzas de hacerse con la fórmula que ellos no habían sido capaces de custodiar. ¿Lo entiendes ahora? Aquella era su gran oportunidad.

—¿Has dicho Amenhotep?

Los ojos negros de Nadia brillaron.

—¿... El rey cuya tumba acaban de descubrir los franceses?

Alí asintió.

—Amenhotep vio impotente cómo su propio primogénito abrazaba la fe solar, presagiando el giro político de que te hablo. Aquel vástago despreció de repente a todos los dioses antiguos y se entregó al culto del brillante disco diurno, en el convencimiento de que éste le revelaría la codiciada fórmula que le había sido negada a su padre y a los setianos.

—¿Y qué convenció al príncipe para que cambiara de religión?

—Por lo que sabemos, la razón hay que buscarla en ciertos pueblos nómadas del desierto. De alguna manera, los más humildes pobladores de Egipto habían conservado por su propia cuenta la fórmula desde la época de los dioses, y vieron en el hijo de Amenhotep una vía para participar de nuevo en las decisiones políticas del país. Estos nómadas solían vestir de azul y, aunque no sabemos nada de ellos, debieron ser una suerte de protegidos de Set, o de Toth, o del grupo de deidades «rebeldes». De hecho, uno de aquellos «sabios azules» logró la categoría de tutor real del joven hijo de Amen Hotep. Se llamaba igual que el rey, Amenhotep hijo de Hapu, y entre otras cosas terminó siendo el máximo responsable de las ceremonias Sed de faraón...

—¿Ceremonias Sed?

La apabullante información de su tío comenzaba a dar vueltas en la cabeza de La Perfecta. Fórmulas de la vida, luchas de poder nacidas en la época de los dioses, intrigas políticas por una fórmula que garantizaba la vida eterna... ¿Con qué clase de doctrina quería hacerle comulgar Alí?

—Sí, Nadia —continuó el nubio pacientemente—. Las ceremonias Sed eran los ritos que dotaban de salud e inmortalidad al faraón y que formaban parte del gran misterio heredado de los tiempos de Isis y Osiris. Las ceremonias Sed, que se celebraban cada treinta años, eran las que dieron prestigio a los solares, pues parecía que recargaban de vida a los faraones ancianos. Pero desde el final de la Cuarta Dinastía, al perderse el secreto, esos ritos quedaron en poco más que puro teatro. Por eso cayó el culto a Horus y al Disco Solar hasta la época del rey Amenhotep IV.

—Y dime, tío: ¿qué pasó con el tutor, el hijo de Hapu, cuando el primogénito de faraón subió al trono?

—Fue muy raro. De hecho, los nómadas que devolvieron a Egipto la fórmula de la vida parece que desaparecieron poco después de la coronación y profesión de fe de Akenatón, «Espíritu eficaz de Atón», que fue el nombre que eligió el príncipe revolucionario y traidor para su reinado...Y con ellos, el hijo de Hapu, que jamás llegó a ocupar su tumba junto al Templo de Millones de Años de faraón.

—¿Qué crees que pasó?

—Nuestra familia tiene algunas sospechas: Akenatón no resultó ser tan mal hijo como se cree. Al parecer, en el año 36 del reinado de su padre ordenó la celebración de una magnífica ceremonia Sed en su honor. Fue una fiesta fuera de lugar, porque Amenhotep III ya había celebrado la suya seis años antes. Pero el faraón estaba muy enfermo, cansado y sin ganas de continuar. Akenatón se apiadó de su suerte y quiso darle más vida.

—¿Más vida?

Nadia abrió sus ojos como si fueran dos lunas llenas.

—Así es —asintió el nubio—. Akenatón, ya en contacto con la poderosa magia de «los sabios azules», aplicó toda la intensidad de la fórmula de la vida a su padre, y éste se revitalizó lo suficiente como para llegar a su cuadragésimo año de reinado.

—¿Y qué hicieron «los azules»?

—Evidentemente, se sintieron traicionados por aquel en quien habían confiado la restauración de su milenaria sabiduría. Akenatón era sangre nueva para ellos, pero había desvelado, por un sentimentalismo que no entendían, parte de la fórmula a su moribundo padre.

—Y Amenhotep III se aprovechó...

—En parte, sí. De hecho, fue tanto su entusiasmo tras el éxito de aquella ceremonia Sed, que faraón tomó las riendas de las obras de su tumba cerca del Valle de los Reyes y realizó toda clase de modificaciones en su estructura y decoración. Lo alteró todo: los escritos, los relieves, el orden de los textos del más allá. Como si quisiera esconder en aquel lugar lo que acababa de experimentar.

—¡La tumba!

—Sí, Nadia. La misma tumba que acaban de descubrir los franceses, y que Omar ben Abiff también conoce. ¿Lo entiendes ya? Si por un momento alguno de ellos sospechara que Amenhotep III pudo haber grabado en su lecho de eternidad información sobre la fórmula que Akenatón le aplicó, podrían arrebatarnos lo que legítimamente nos pertenece.

Alí pronunció la última frase con el tono justo para hacerla sentir culpable. La Perfecta había abandonado su aventajado puesto de vigilancia, junto a Omar, para controlar sus movimientos en la orilla de los muertos de Luxor. Pero ya era tarde para lamentarse. El nubio rechazó sin titubear su propuesta de regresar a Biban el-Muluk y examinar furtivamente el hallazgo de los soldados de Napoleón. El descubrimiento de la tumba del añorado Amenhotep III era, para él, sólo una señal más de que algo importante estaba ocurriendo en Egipto. Algo que, finalmente, Alí terminó confesándole:

—Es inútil mirar hacia atrás —dijo muy serio—. Tenemos serios indicios de que «los sabios azules» han vuelto.

Su tío liberó aquellas palabras como quien abre la esclusa de un gran embalse. Y sin aguardar a que empaparan a Nadia, sentenció:

—El venerable Ahmed, nuestro amado patriarca, lo vio claramente en su sueño. Por otras fuentes hemos sabido, además, que se reunieron con el sultán de los franceses, Napoleón Bonaparte, hace cuatro meses. Han regresado del desierto en el que llevan siglos ocultos, y nuestro clan tiene razones para pensar que quieren reimponer otra vez la fe solar en Egipto... Buscan a un nuevo Akenatón. Y para implantarlo, desembarcarán en la región del Delta y extenderán su credo por todo el país. El oráculo de Ahmed es certero.

—¿Y podrán hacerlo? ¿Podrán imponer su fe?

—Sí, si logran el apoyo de los herederos actuales de Akenatón y cierran una alianza con ellos.

—¿Los herederos actuales, dices? Creí que Akenatón fue el primero y único rey de su época que defendió el culto al sol. Que sus descendientes retornaron a los antiguos cultos.

Alí, que no había soltado en todo el tiempo la delicada mano de La Perfecta, le respondió paternalmente:

—Y lo fue, bella Nadia. Aquel régimen naufragó sin perder su contacto con la fuente verdadera de la sabiduría. Sin embargo, la corriente solar se mantuvo infiltrada en la casta sacerdotal egipcia hasta la llegada de un príncipe extranjero destinado a convertirse en un líder espiritual poderoso. Creemos que perteneció a esos mismos «sabios azules», aunque él nunca lo dijo. Fue un príncipe cuyos seguidores se hicieron fuertes en poco tiempo en Egipto y cuya religión, contra todo pronóstico, terminó dominando buena parte del mundo civilizado...

—¿Quién, tío? ¿Quién fue ese príncipe? ¿He oído alguna vez su nombre?

—Su nombre fue Yeshua.

—¿Yeshua...? —el tono cantarín de La Perfecta se tornó seco de repente—. ¿Te refieres al Mesías de los cristianos? ¿A Jesús?

El nubio asintió:

—No sé cómo sucedió, pero aquel emigrante judío logró la más alta de las iniciaciones en tierras de Egipto. Con seguridad, fue depositario de la fórmula de la vida de Isis y se la llevó lejos del Nilo para aplicarla sobre mortales... ¡y hasta sobre sí mismo!

Nadia estaba atónita:

—¿Y sus herederos?

—Se esconden entre los coptos, Nadia. Entre los primeros y verdaderos seguidores de Yeshua que aún quedan.

La Perfecta no preguntó nada más.

XI

—¿DE VERAS CONOCEN ustedes la fórmula para regresar de la muerte?

La pregunta del corso flotó en el aire durante unos instantes, gravitando amenazadora sobre los presentes.

Napoleón, impaciente, miró distraídamente a su alrededor, como si quisiera dar ocasión a sus interlocutores a que encontraran la respuesta adecuada.

Ninguno reaccionó.

—General... —murmuró su intérprete al fin—: estos hombres han descendido de las montañas por primera vez en muchos siglos sólo para hablar con vos. Cuando todo estaba perdido para las tropas de Kléber, algunos de ellos ayudaron discretamente a los soldados a encontrar agua y alimentos. Son amigos. Pero desean hablar sólo con vos.

—Y estoy solo con ellos, Elías.

Elías Buqtur bajó sus brillantes ojos negros, evitando mirar de frente a Bonaparte.

—Lo que quiero decir es que sus respuestas sólo valdrán para vos. No a su misión militar. Ni a sus hombres. Serán algo más personal. Pero, señor, estoy seguro de que os responderán a esa pregunta y a muchas más.

—¿Eso te han dicho?

Buqtur sacudió la cabeza.

—No. En realidad, su voluntad de responder es lo único que explica que estos hombres hayan insistido tanto en reunirse con vos. En cierta manera, ellos son los verdaderos señores de estas tierras y conocen todos sus secretos.

Bonaparte estaba intrigado. Sabía bien que sólo conquistaría Tierra Santa si era capaz de lograr poderosos aliados entre los líderes religiosos de las más diversas facciones, pero temía perder en aquella aldea más tiempo del necesario.

—¿Cuánto tiempo estaremos detenidos en Nazaret, Elías?

—A lo sumo esta noche, general.

—¿Cómo puedes estar tan seguro?

—Porque el agua y los alimentos que han preparado sólo nos servirán para ese tiempo.

La perspicacia del intérprete sorprendió a Napoleón. La choza elegida para aquella extraña reunión había sido, en efecto, cuidadosamente acondicionada para un encuentro de breve duración: varias esterillas de bambú cubrían un suelo que previamente había sido humedecido para sofocar el polvo de su interior. En una de las esquinas, un aguamanil y una palangana de cobre, limpios y preparados, aguardaban a ser utilizados en cualquier momento. Muy cerca descansaba una garrafa llena de agua fresca. Y para protegerse aún más del calor del exterior, todas las ventanas habían sido clausuradas; la luz del día se filtraba sólo a través de las cañas del techo. Si los beduinos no deseaban que nada de aquella conversación trascendiera sin permiso, habían elegido el lugar perfecto.

Con la inestimable ayuda de Buqtur, el corso accedió a instalarse siguiendo las indicaciones del imán Balasán y su séquito. Nada de armas, espuelas, hebillas ni otros objetos de metal. Nada de comidas copiosas o excesivamente aromáticas. Sólo sopa de maíz, fruta y vegetales. Y una condición más a acatar: el «invencible» tendría que hacer gala de un espíritu abierto si quería llegar a asimilar el mensaje que tenían que entregarle.

—La fórmula por la que pregunta se le revelará por añadidura si cumple con estos sencillos preceptos —prometieron al fin, ante la espléndida sonrisa de Elías.

—Pero antes de ello, es nuestra obligación ponerle en antecedentes —matizó otro.

Comenzó así un relato largo y extravagante, en el que los tres hombres de las montañas detallaron al corso los pormenores de la marcha de Jesús hacia Egipto y su posterior regreso a Nazaret.

—Es vital que conozca lo que de verdad sucedió, para cumplir con su destino —le advirtieron.

Y a renglón seguido le explicaron que la estancia de Yeshua en el Delta duró seis largos años, durante los cuales José y María se desvivieron para que su hijo primogénito recibiera una formación adecuada.

Aquel relato parecía obsesionarles. Y lo cierto es que al «sultán Bunabart» lograron despertarle cierta curiosidad. Napoleón sabía que ningún texto copto, cristiano o árabe había recogido jamás ese período de la vida del Mesías de Galilea. En el peor de los casos, pensó mientras atendía aquellas explicaciones, la información que le estaban brindado los beduinos podría serle de utilidad para seducir a los grupúsculos cristianos que aún dominaban ciertas ciudades de Egipto y de la ruta a Jerusalén...

—Yeshua permaneció en Nazaret hasta cumplir los treinta —Balasán, el más anciano, tomó pronto las riendas del relato—. Sin embargo, aunque lo que sucedió en esta tierra hasta el inicio de su vida pública es un misterio para los creyentes, no lo es para nosotros...

El beduino escrutó el gesto severo de Bonaparte, que pareció no inmutarse. Balasán sabía que aquel soldado no había aparcado su lucha sólo para escuchar un puñado de supersticiones locales, así que decidió ir directamente al grano.

—¿Nunca se preguntó por qué aguardó Yeshua a cumplir los treinta antes de entregarse plenamente a su misión de *conquistador de almas?*

El corso, igual de inexpresivo, negó con la cabeza.

—La respuesta es fácil, sultán de Occidente: porque esperaba el cumplimiento de su *Hebsed*.

—El *Hebsed* o ceremonia del Sed era la más sagrada e importante de las fiestas del antiguo Egipto —intervino Titipai, el beduino de aspecto más enclenque—. Se celebraba sólo cuando el faraón alcanzaba tres décadas de reinado, y mediante una serie de rituales secretos se le revitalizaba, alargándosele la vida. La ceremonia tenía un origen divino y era patrimonio exclusivo de los reyes.

Napoleón, al fin, parecía interesado.

—¿Y funcionaba?

Titipai asintió.

—Las celebraciones tenían una doble finalidad: por un lado, el faraón se sometía a la poderosa magia que Isis aplicó en tiempos a Osiris, con el consabido resultado de su resurrección. Y por otro, ante el pueblo y representaciones diplomáticas de los países vecinos, el rey debía demostrar su fortaleza superando varias pruebas físicas en un lugar especialmente preparado para ello. Sólo así se demostraba que la magia egipcia era efectiva y que Dios seguía estando con el faraón.

—Hay algo que no entiendo. Si dicen ustedes que ese rito se aplicaba sólo a reyes, ¿por qué se le concedió al hijo de un carpintero de Nazaret?

La objeción de Bonaparte calló al beduino flacucho pero no inmutó al imán. Éste, aparentemente ajeno a su conversación, alargó la mano en un movimiento relámpago y atrapó una mosca entre sus manos. La mató sin titubear, haciendo crujir desagradablemente su cuerpo, para retomar el diálogo inmediatamente:

—No se precipite en su juicio, Bunabart —dijo—. Yeshua fue instruido en tierra de faraones en los arcanos de esa magia porque se le identificó como un hijo de Horus. Yeshua tenía sangre real, divina, en sus venas.

—Pero Jesús era judío —protestó.

—Yeshua era hijo de Miriam. Y Miriam pertenecía a la tribu de Judá, quien a su vez era hijo de Lía, esposa repudiada por Abraham que se quedó preñada del mismísimo Dios y dio a luz al menos a cuatro varones por su intervención directa. ¿No ha leído su propia Biblia[22]?

---

[22] Génesis, 29, 31-35.

—¿Y qué tenía que ver la estirpe de Lía con Egipto?

—Más de lo que usted cree. De los descendientes de otro de sus hijos, Leví, nació Moisés, que fue príncipe de Egipto, sumo sacerdote e iniciado en todos los secretos de la magia de Isis. ¿Comprende ahora por qué los herederos de ese poder ancestral de la diosa Isis entregaron a Yeshua sus conocimientos nada más identificarle como de sangre divina? ¿Puede imaginar la fascinación de aquellos sabios antiguos al saber que Yeshua, como Jacob o Leví tiempo atrás, había nacido de semilla divina y humana? ¿Cómo no iban a iniciarle en las ceremonias Sed?

—Prosiga, se lo ruego.

Antes de que Yeshua llegara a Egipto, importantes faraones se sometieron a la ceremonia Sed. No todos vivieron lo suficiente como para cumplir treinta años de reinado, así que algunos, viendo cercana su muerte, celebraron anticipadamente su ceremonia de inmortalidad, conscientes de su poderoso influjo mágico.

—... Pero murieron.

—¡Ah, Bunabart! Ése y no otro es el gran secreto. Las ceremonias Sed podían alargar la vida, sí, pero no lograban conservarla para siempre. Ramsés el Grande vivió nueve de estas ceremonias; Amenhotep, tres, pero finalmente ambos murieron a la vida terrenal.

—¿Entonces...? —Napoleón empezaba a pensar que estaba perdiendo el tiempo con aquellos hombres del desierto.

—El propósito último de las ceremonias Sed era la regeneración del alma del difunto. La preparaban para su resurrección. Pero, como ya debería saber, para resucitar hay que morir primero...

El imán, que todavía no había tirado el cuerpo de la mosca al suelo, lo acarició con la yema de su índice, y el insecto, tras convulsionarse, aleteó pesadamente otra vez. Ajeno a sus espasmos, Balasán prosiguió:

—Por eso se preparaba tan concienzudamente el cuerpo de los reyes mediante el ritual del embalsamamiento. Los que conocían la magia que se aplicó a Osiris creyeron que momificando a sus difuntos conseguirían que, antes o después, su envoltura carnal podría ser resucitada empleando los poderosos sortilegios preparados durante el Sed.

El imán escrutó el fondo de los ojos marrones del corso antes de proseguir.

—Pero esa magia, sultán Bunabart, se perdió *oficialmente* miles de años antes de nacer Yeshua. Los rituales *Hebsed,* que en la noche de los tiempos sirvieron para resucitar a los muertos, se olvidaron en algún momento del pasado y pronto nadie de la vida pública egipcia recordó cómo emplearlos para que el monarca regresara del reino de Osiris.

—¿Y Yeshua?

—¿Cómo? —saltó Tagar, el último de los beduinos—. ¿Aún no lo comprende? Yeshua fue iniciado en el *Hebsed* a los treinta años. Murió después de tres de predicación, y al cabo de tres días resucitó... ¡Alguien que no había olvidado el secreto de la vida aplicó sobre él la antigua magia de los faraones!

—Quizá Bunabart lo comprenda mejor si escucha el cuento de Hordedef, uno de los hijos de Keops, el padre de la Gran Pirámide en Giza... —dijo Titipai.

El cuento de Hordedef

Las manos sarmentosas del imán trazaron el perfil de una pirámide en la superficie del fino barro dejado por los acondicionadores de la choza. El anciano había tomado una vara de madera elástica y terminada en punta, con la que señaló los vértices del monumento. Y hecho aquello, dirigió su mirada casi transparente hacia Napoleón Bonaparte.

—Es cierto... —dijo—. Tal vez en este cuento el extranjero encuentre la Verdad.

Buqtur se apresuró a traducir sus palabras, aprovechando la pausa que el imán se había tomado.

—Keops —prosiguió—, cuyo nombre verdadero fue Jufu, «Él me Protege», mandó reunir un buen día a sus príncipes para que le contaran aquellas historias de sus antepasados que hubieran aprendido en la corte. El rey era una persona curiosa, y aquélla, una costumbre frecuente en su familia. Pues bien: el único de sus hijos que desobedeció su deseo y no se refirió a hechos remotos fue Hordedef, uno de los varones mayores de faraón. Cuando Hordedef tomó la palabra ante su divino padre, habló a Jufu de un mago que le tenía fascinado, y al que había conocido hacía poco tiempo en la ciudad de Dyed-Sneferu, río arriba. El brujo tenía unas habilidades extraordinarias: era capaz de juntar las extremidades mutiladas de un cuerpo sin ser cirujano, podía domesticar un león salvaje sin ser cazador, y lo más importante de todo, conocía el número de estancias secretas del santuario del dios Toth.

—¿El dios Toth?

La pregunta de Bonaparte complació a Balasán.

—Sí. Sin duda lo habrá visto representado en muchos lugares de Egipto, pues grande fue su poder y extraordinaria su influencia. Él fue el dios de la sabiduría, el que mostró a los hombres la escritura jeroglífica, les dio leyes por las que regirse y les enseñó a construir pirámides. Se le representa con cuerpo de hombre y cabeza de pájaro ibis, con el pico muy largo, y siempre sosteniendo un lápiz y una paleta de escriba.

—Lo recuerdo —asintió el corso—. Prosiga.

—Al escuchar los prodigios de los que aquel mago era capaz, Jufu ordenó a su hijo que lo trajera a la corte. El rey deseaba comprobar por sí mismo aquellas maravillas, deseo al que Hordedef se plegó sin demora. Dyedi, pues así se llamaba el mago, resultó ser un personaje más extraordinario aún de lo que imaginaba faraón. Tenía ciento diez años de edad y un aspecto envidiable. Decía que era capaz de comerse más de quinientas piezas de pan al día, medio buey y beberse casi cien jarras de cerveza. Pero cuando Dyedi se postró ante faraón, éste le quiso poner a prueba. Ordenó que trajeran a un prisionero al que despedazar para comprobar la efectividad de su magia, aunque el brujo, consternado, se negó en redondo. Consideraba que la humanidad era un «rebaño ilustre» con el que no se podía jugar y pidió una oca para la prueba.

El beduino dejó que Buqtur terminara de traducir la última frase antes de proseguir.

—Ante Jufu, Dyedi segó el cuello del animal de un tajo, colocando su testuz en el lado más oriental del Salón de Juicios. Mientras, su cuerpo inerte era depositado en el rincón más occidental. Una vez separados, y tras comprobar que el tronco de la oca se había derrumbado tras su último espasmo, el mago pronunció un misterioso ensalmo...

Napoleón aguardó a que el imán vocalizara la fórmula mágica, pero éste no lo hizo. Se limitó a alzar la vista al techo de cañas de la choza y a gesticular con los dedos crispados.

—...Al instante, aquel cadáver se levantó y anadeando ampulosamente cruzó el Salón de Juicios de lado a lado. Al llegar frente a su cabeza muerta, el tronco se inclinó delicadamente frente a ella. La testuz se sacudió para, a continuación, dar un salto y adherirse perfectamente a su antiguo cuello. La oca había vuelto a la vida.

Balasán tomó aire.

—Dyedi repitió la fórmula con un flamenco y con un buey, y una vez satisfechas las demandas de Jufu, éste le hizo la pregunta que tanto deseaba: «¿Es cierto que conoces el número de estancias secretas del Santuario de Toth? Necesito esa respuesta para terminar mi Horizonte[23]» —el imán señaló entonces el dibujo que había trazado en el suelo, añadiéndole corredores y salas como si fuera un plano. Lo hizo sin dejar de hablar dejando que la punta de su vara rasgara la arena con precisión—. El mago sacudió entonces la cabeza y respondió: «No, mi señor. No conozco esa cifra. Pero sí sé dónde se encuentra.» Dyedi no hizo es-

---

[23] Los antiguos faraones egipcios llamaban Horizonte a sus pirámides.

perar a un rey cada vez más impaciente: «Lo que buscáis está encerrado desde hace siglos en un cofre de piedra, en el edificio del Inventario, dentro del sagrado Templo de Heliópolis. Pero sólo una dinastía real que descienda verdaderamente de Ra lo abrirá. Y el que tendrá ese privilegio no ha nacido aún.»

Napoleón contuvo la respiración. El viejo imán, sin dejar de añadir detalles a su dibujo de barro, culminó su relato:

—Dyedi señaló a Rudeddet, esposa de un sacerdote del Templo de Heliópolis y descendiente directa de Isis, como la mujer de cuya estirpe nacería aquel que habría de acceder al cofre y a todos sus secretos.

—Luego, existe un cofre...

—Un cofre, un arcón... ¡Qué más da! —replicó Balasán—. Según Dyedi, el dios Toth lo depositó en el santuario del Ave Fénix, que es lo mismo que decir el Templo de Heliópolis, para guardar en él los secretos de la magia de Isis y Osiris.

—Entonces, ¿puedo creer en esa historia? —le interrumpió el corso.

—Debe creerla. El Hijo de Ra que todos esperaban que abriría el cofre no fue el príncipe heredero de Keops. Ni su nieto. Ni tampoco el nieto de su nieto. Tuvieron que esperar siglos hasta que un lejano pariente de aquellas dinastías recalara en Egipto y fuera reconocido como el Iniciado: se llamaba Yeshua.

—Está bien, supongamos que todo esto es tal como lo relatan ustedes. Que la historia sagrada en la que cree toda Europa se asienta en una vida de Jesús insuficientemente conocida...

Napoleón miró a Elías Buqtur antes de terminar la frase. Le extrañaba que el copto, pese a aquellas afirmaciones tan tremendas sobre «su» Jesús, no pareciera especialmente afectado.

—... En ese caso, lo que no alcanzo a entender es por qué ustedes han decidido transmitirme este conocimiento. Yo soy un militar, no un religioso. ¡No soy el Papa!

—Los signos que le rodean, Bunabart, así lo han dispuesto.

—Signos, ¿qué signos?

El imán se levantó dejando que sus pies descalzos pisaran fuera de las esterillas. Aunque no era muy alto, su porte mayestático, varios palmos por encima de la cabeza del corso, impresionaba.

—¡Todos los signos! —exclamó—. Sultán de Occidente: nació usted precedido por la aparición en el cielo de una estrella, tal como antes había ocurrido con Osiris y Yeshua. Y ha llegado a Tierra Santa, a la casa del mismísimo Yeshua, cuando está a punto de cumplir treinta años y está ya listo para recibir su propia iniciación Sed. Y, por si fuera poco, procede del país donde se construyó la última de las pirámides de Toth. El último santuario edificado para un *Hebsed*.

—Pero...

Napoleón ahogó su protesta. Era cierto que el próximo Octidi de Termidor de la III Década[24] cumpliría treinta años. Y muy cierto también lo que había dicho de la estrella. Ahora bien, ¿cómo podía un simple beduino disponer de aquella información? ¿Tan poderosos espías tenían aquellos nómadas del desierto? ¿Y qué era aquello de la última pirámide? ¿En Francia? ¿Dónde demonios había oído aquello antes?

El «invencible» sacudió la cabeza.

—Debe aprender a vaciar su mente, Bunabart —murmuró Balasán, acercándosele a la oreja—. De lo contrario, sus dudas le conducirán al fracaso. Nosotros hemos venido a su encuentro sólo para recordarle que debe celebrar su propio Sed si quiere dominar Egipto, y nuestra misión será instruirle sobre algunos principios básicos para que tenga éxito en el ceremonial.

—¿Ceremonial? ¿Serán ustedes quienes lo lleven a cabo?

El imán asintió con la cabeza.

—¿Y dónde tendrá lugar? ¿Y cuándo?

—Tres días antes de su trigésimo cumpleaños, en la Gran Pirámide de Giza.

Un escalofrío recorrió a Napoleón.

[24] Se refiere al 15 de agosto de 1799.

—¡Pero yo no sé nada de rituales! ¡No sé lo que habrá que hacer!

—Es muy sencillo: pondrá su mente sobre la balanza de Maat, la diosa de la justicia, y le pedirá permiso para someterse al Sed —terció el flacucho Titipai.

—¡No sé cómo se hace una cosa de ese tipo! —insistió.

El último de los beduinos sacó de debajo de su galabeya un frasquito de cristal oscuro, con un bebedizo espeso en su interior. Estaba tapado con una tela de color azafrán que impedía escapar el extraño aroma ácido que ahora inundaba toda la choza...

—Entonces, beba esto. Le entrenará para ese momento.

Napoleón echó un vistazo desconfiado al frasco. Odiaba ingerir sustancias desconocidas, y rechazaba por sistema tomar cosas de las que no tuviera certeza absoluta de su «seguridad». Sin embargo, en aquella ocasión el corso cambió inesperadamente de actitud y acercó aquel frasquito a sus labios.

¿Qué podía perder? ¿La vida eterna?

Buqtur, a sus espaldas, sonrió más enigmático que nunca.

XII

Luxor, 1 Rabi I

OMAR ATRAVESÓ MUY temprano, sucio y demacrado, las molduras de estuco blanco de la puerta de Abú al-Haggag. Como un autómata, dejó sus sandalias en la repisa superior de la estantería de madera que descansaba junto al umbral, e instintivamente dio gracias a Alá por hallarse en un refugio tan especial como aquél. Su singularidad radicaba en que Al-Haggag era la única aljama de todo Egipto que se había construido dentro de un antiguo templo pagano respetando su estructura original. Apenas existía otro inmueble así en el mundo, si exceptuábamos la mezquita de Córdoba, invadida por una catedral cristiana tras la caída de Al-Ándalus en 1492. Pero, a decir verdad, Omar ni siquiera pensó en ello.

Había rodeado el perímetro del templo de Luxor por su lado este, y tras superar la altura del primer patio, el nubio se adentró en la casa de Dios sin prestar la más mínima atención a los dos orgullosos colosos situados unos metros más allá del minarete de ladrillo desnudo. Nunca antes había experimentado aquella humillante sensación de derrota. Y el hecho de que una mujer fuera la causa última de su desesperación no hacía sino empeorar las cosas.

Por suerte para él, a aquella hora eran pocos los que buscaban en los suelos de mármol de Al-Haggag un rincón fresco donde guarecerse de la canícula. Difícilmente hubiera soportado el orgulloso Ben Abiff que alguno de sus correligionarios le viera en semejantes circunstancias, corriendo con aquel aspecto atribulado e indecoroso hacia el interior de la mezquita más sagrada de la ciudad.

Abatido, con la mirada hundida entre sus firmes pómulos morenos, no se dio cuenta de que Yusef, el viejo imán responsable del recinto, atravesaba el salón de oraciones directamente hacia él.

—Hijo —susurró nada más alcanzarle—, por fin regresaste. Has estado toda la noche fuera sin dar señales de vida. ¿Pudiste averiguar algo?

Omar trató de evitar sin éxito a Yusef. Había agotado de madrugada sus ganas de hablar. Pero cuando vio el gesto de preocupación de su protector, se sintió en la obligación de responderle.

—Lo siento de veras —lamentó—. No he podido aún dar con ella. Es como si se la hubiese tragado la tierra.

—¿Tragado la tierra? ¿Y a dónde podría ir una criatura frágil y torpe como ésa?

—No lo sé.

—¿No lo sabes? —rezongó el imán—. ¿Pero te das cuenta de lo que has hecho, Omar? ¡Has perdido a Nadia ben Rashid! ¡A Nadia ben Rashid!

El reproche de Yusef fue el mazazo que le faltaba. Su pecado había sido embriagarse de hachís y sangre la noche anterior, y dejar que la hermosa bailarina que tenía por amante escapara fácilmente de su tutela. Llevaba horas buscándola por todas partes. Era cierto que, de noche, la orilla este de Luxor ofrecía muchos lugares donde ocultarse, pero ni él ni ninguno de sus sicarios habían sido capaces de explorarlos a tiempo y dar con la fugitiva.

Yusef, al ver el rostro desencajado e inerte de su discípulo, se hizo cargo de la decepción que le azoraba.

—¿Miraste en la tumba de Amenhotep?

La pregunta del anciano le sobresaltó.

—¿En la orilla oeste? —Omar abrió sus ojos de par en par—. ¡Por supuesto que no! ¿Y cómo demonios habría podido cruzar el Nilo sin que nadie se hubiera dado cuenta? ¿Nadando? ¿De noche?

—Permíteme que también yo lo dude. Pero es mucha casualidad que los franceses acaben de abrir esa tumba y que, a continuación, la última de las Ben Rashid desaparezca delante de nuestras narices. Y a ti, hijo —añadió suspicaz—, la coincidencia debería parecerte igual de desconcertante...

Omar echó un vistazo a su alrededor, cerciorándose de que nadie les miraba. Después, echó su brazo sobre los hombros del imán y, serio, le espetó:

—Mira Yusef, estoy cansado, irritado y hambriento. ¿Por qué no me invitas a comer algo y lo hablamos? Llevo toda la noche sin probar bocado.

Yusef arrugó la nariz, pero aceptó sin oponer demasiada resistencia. Sabía que Omar era un hombre de accesos violentos, al que no convenía soliviantar. Además, también él se había dado cuenta de que la mezquita no era el mejor sitio para hablar de un asunto tan importante. Decidido, el imán agarró a Omar del brazo y lo condujo hasta una terraza donde se divisaba la inconfundible silueta de la montaña tebana. Desde aquella azotea de adobe se gozaba de una vista inigualable del cerro sagrado de los antiguos, al otro lado del río. Y Yusef no dudó en acomodar lo mejor posible a su huésped.

Al cabo de un rato, una ración de carne picada, cebolla y trigo molido humeaba frente a ambos, servida por una cohorte de chiquillas que se aprestaba a ahuyentar la nube de moscas que se les venía encima. Una gruesa manta de esparto, que hacía las veces de eficaz parasol a los comensales, comenzó a mecerse suavemente gracias a la milagrosa brisa de la mañana.

—Ya que has venido a casa, quiero que veas una cosa —dijo el imán, con gesto más relajado—. Es algo que muy pocos han tenido el privilegio de contemplar, puesto que apenas existen dos ejemplares conocidos en todo el islam.

Omar, intrigado, no respondió. Apuró con gana el primer bocado de carne y pan mientras el anciano sacaba de debajo de unos almohadones de colores un libro de gran tamaño, encuadernado con cuerdas y pastas de cuero muy deterioradas. La obra debía de tener como mucho sesenta o setenta páginas, y olía desagradablemente a moho. Como si de un valiosísimo Corán se tratara, Yusef besó aquel legajo con devoción y lo pasó por encima de la mesa a su invitado.

—Es un viejo tratado alquímico —dijo mostrando su dentadura mellada mientras sonreía—. Sabes ya lo que es la alquimia, ¿verdad?

—Sí, Yusef: la ciencia de Egipto[25].

—Bien. En ese caso apreciarás el valor de lo que tienes en tus manos. Probablemente no te conducirá hasta ningún tesoro, ni te revelará el paradero de ninguna antigüedad que no conozcas o hayas saqueado ya, pero satisfará alguna de tus dudas más humanas...

—No lo entiendo. ¿Qué es esto?

Omar, supersticioso, acarició el vetusto cuero sin atreverse a abrirlo.

—Lo que tienes en tus manos fue escrito hace mil años por un sabio entre sabios llamado Jabir ibn Haiyan, conocido como Al Sufi. Él lo tituló *El libro de las balanzas,* y cuenta parte de los numerosos secretos de la ciencia de los antiguos a los que tuvo acceso en Bagdad mientras estuvo al servicio del califa Harun al-Rashid. Ya sabes: el hombre que inspiró los relatos de *Las mil y una noches.*

Al oír Al-Rashid, el nubio enmudeció de asombro.

—Jabir —prosiguió Yusef— vivió hasta cumplir casi un siglo de edad. De muy joven supo ganarse la confianza de su señor Harun al-Rashid; fue buen amigo e instructor de su sucesor Jafar al-Sadiq, pero no reveló los secretos aprendidos del califa Ha-

---

[25] La palabra «alquimia», de origen árabe, procede de la expresión *al-kimya',* que a su vez remite al vocablo *kemi* (negro), por el que se designaba a Egipto en la antigüedad. Los expertos creen que ese «negro» remitía a las arenas cenagosas del Nilo que daban vida al desierto tras las inundaciones anuales. Así pues, alquimia bien puede traducirse como «el Egipto» o, más apropiadamente, «el saber o ciencia de Egipto».

run más que al sultán Abdullah Al Mamún, tercero en la línea sucesoria, cuando el alquimista rondaba ya sus 92 años.

—¿Y qué secretos fueron ésos, si puede saberse? ¿La receta para fabricar oro, tal vez? —ironizó. Las manos de Omar seguían acariciando el volumen con reverencia, sin atreverse a hojearlo.

—No andas muy descaminado, impetuoso Omar, aunque ahora te cueste creerlo. Jabir fue el primer hombre que fabricó acero en el mundo, diseñó el primer alambique conocido, inventó el aguafuerte y descubrió el cloruro de amonio. Pero los mayores secretos que le brindó Harun al Rashid, precisamente los que decidió esconder en las páginas de este libro que te muestro, tenían que ver con la búsqueda de la piedra filosofal y la inmortalidad.

—¡Sólo Alá es eterno! —protestó—. Poco secreto puede haber ahí.

—No, no —le atajó—. Según reveló el califa a Jabir, también ha habido hombres extraordinariamente longevos, que lograron alcanzar edades venerables gracias a aquellos elixires protegidos por Al-Rashid. De hecho, según reconoció al sabio Jabir, todos sus conocimientos alquímicos relativos a la longevidad procedían de un libro de los antiguos dioses egipcios que aún permanece oculto en la Gran Pirámide. Y lo cierto es que Al Mamún debió creer a pies juntillas lo que le reveló el viejo alquimista al respecto, porque en el año 204[26] llegó a El Cairo y destinó a sus mejores arquitectos para que horadaran la Gran Pirámide y descubrieran la cámara que contenía aquel poderoso libro.

—¿Y lo encontró?

—No. Aunque trabajó durante meses, casi sin resultados. La pirámide era entonces una estructura lisa e infranqueable, y el poderoso sultán se vio obligado a calentar los bloques externos con hogueras para, una vez al rojo, derramar sobre ellos vinagre frío para agrietarlos. Vencido aquel obstáculo, excavó una galería ho-

[26] La fecha se refiere a después de la Hégira. Por tanto, 820 d. C.

rizontal que terminó dando con la red de pasadizos secretos de la pirámide. Pero pese al éxito de los zapadores, no halló en ellos ni el libro ni los tesoros que se supone debían estar allá ocultos.

La mención de la palabra «tesoros» hizo arquear una ceja a Omar, que, sin embargo, siguió guardando silencio.

—Al Mamún, claro está, se sintió engañado por Jabir, que, en el entretiempo, había fallecido siendo muy, muy anciano. Y se juró a sí mismo que él y sus seguidores vigilarían a todos los descendientes de Harun al-Rashid hasta que alguno terminara revelando la situación de la cámara y de *El libro de la ciencia de la vida* oculto en la pirámide.

—¡...Y yo he perdido a una de esas descendientes!

—Sí. Lo has hecho, Omar. Y con ello has incumplido una orden sagrada que tiene más de mil años. Quizá incluso hayamos perdido nuestra mejor oportunidad de acceder a los secretos de su familia y descubrir el lugar donde ese *Libro de la vida,* y no este sucedáneo que yo conservo, está oculto hoy.

El nubio besó el sucedáneo en cuestión y lo devolvió a Yusef, como si no mereciera tocar aquella reliquia.

—No soy digno de saber más —dijo amargo.

—Omar... —un destello de piedad brilló en sus ojos—: no te he mostrado el libro ni contado esta historia para aumentar tu dolor. Si los shiíes permanecemos tan atentos a cualquier descubrimiento que anuncie una recuperación de *El libro de la vida* es porque estamos seguros de que el duodécimo imán de nuestra familia, Al-Muntazar, vive gracias a él escondido en algún lugar del mundo, y pronto volverá para llevar al islam hasta lo más alto.

—Alá lo quiera.

—Lo que no sabemos es de dónde vendrá, y si lo hará bajo otra forma.

—¿Bajo otra forma? ¿Qué quieres decir?

—Que quizá el imán llegue de un país no islámico. Incluso cabe la posibilidad de que no se presente como tal, sino como un extranjero infiel que haya perdido la memoria de su sagrada misión.

Omar apuró de un trago la jarra de agua fresca que le habían servido para acompañar su especiada comida. Debía borrar de su mente la impotencia que le causaba la desaparición de Nadia si quería comprender lo que quería decirle el viejo Yusef. Pero antes de que lograra librarse de sus remordimientos, éste le tendió una nueva hoja, escrita en caracteres árabes muy torpes y en francés, que el nubio leyó sin dificultad:

> Cadis, jeques, imanes: vengo a restituiros vuestros derechos contra los usurpadores. Adoro a Alá más de lo que lo hacen los mamelucos, vuestros opresores, y respeto a Mahoma y al admirable Corán.

La nota, que se perdía en otros vericuetos de carácter militar, estaba firmada por Napoleón Bonaparte en El Cairo y —según Yusef— había sido distribuida y leída por sus tropas en todas las barriadas y aldeas cercanas a Luxor.

—¿Y esto?

—Eso, Omar, es una señal. Una llamada de atención de Alá para que recuperemos la fe en el pronto regreso del imán —dijo entrecerrando los ojos, como si ahora meditara cada una de sus palabras.

—¿Insinúas que Napoleón es el sagrado imán que esperamos?

—¿Y por qué no, hijo mío? ¿Acaso no ha sido él quien nos ha liberado del dominio del sultán de Constantinopla y ha prometido restaurar nuestra soberanía?

—¡Pero es un infiel! ¡No sabe nada de alquimia! ¡Su país es completamente ajeno a nuestras tradiciones! ¡Y Al-Muntazar desapareció hace novecientos años!

—Déjame que te explique algo que no sabes, Omar.

Yusef apartó las viandas de la mesa de madera, haciendo un hueco donde dejar de nuevo *El libro de las balanzas*. El tomo, aunque fino, cayó a plomo sobre la mesilla de madera levantando una imperceptible nube de polvo. Tras verlo caer, prosiguió:

—Cuando los romanos invadieron Egipto y conquistaron Alejandría, se llevaron consigo preciosos volúmenes, como éste, de la biblioteca de Alejandría. Por aquel entonces, en los tiempos que precedieron al nacimiento del islam, esos libros se tradujeron a lenguas paganas y se guardaron en lugares poco accesibles para los no iniciados. Sólo los más sabios de Roma, y más tarde de otras provincias del Imperio, accedieron a su sabiduría y la comprendieron. Con el tiempo, algunos de esos textos, inspirados en *El libro de la vida* de la Gran Pirámide, fueron estudiados en la actual Francia.

—¿Y?

—Los descendientes de Harun al-Rashid, ya en época islámica, habían rastreado Grecia en busca de esos textos, encontrando algunos en la biblioteca del monasterio ortodoxo del monte Athos, así como en otros reductos similares. Y de ahí viajaron por todo el Mediterráneo en busca de las piezas dispersas de aquel saber milenario. Cuando descubrieron que en Francia había alquimistas que manejaban torpemente conceptos que sólo pudieron haber salido de *El libro de la vida,* marcharon rápidamente hacia sus costas.

Omar no perdía de vista el volumen que no se había atrevido a abrir, mientras seguía sin pestañear la explicación del viejo imán:

—Lo que quiero decirte —dijo Yusef mirándole directamente a los ojos— es que los Ben Rashid localizaron a aquellos aprendices, y los instruyeron a conciencia. Y así fueron dejando a su paso una estela de iniciados en alquimia que llegarían a resucitar el interés por la ciencia en aquel lado del mar. Incluso construyeron pirámides a menor escala para reproducir en ellas sus ritos de inmortalidad, consiguiendo que algunos de sus seguidores rozaran la vida eterna.

—¿Inmortales? ¿Entre los infieles?

La capacidad de sorpresa de Omar estaba llegando al límite.

—¿Y por qué no? ¿Recuerdas en qué lugar del islam se oyó hablar por última vez de uno de ellos?

Yusef aguardó paciente la respuesta. Estaba seguro de que Omar, hijo de una venerable estirpe de arquitectos, conocía aquella historia tan bien como él.

—¡En Granada! —dijo al fin—. ¡En la Granada de Al-Ándalus!

El imán sonrió, dejando otra vez al descubierto su degenerada dentadura.

—Muy bien. ¿Y qué recuerdas?

—Bueno, es una vieja historia familiar, que se ha ido contando de generación en generación y que conozco vagamente.

—No importa. Cuéntamela.

—Hacia el año 200 después de la Hégira, llegó a la corte nazarí de Granada un anciano que aseguró vivía desde los tiempos del Profeta, al que habría tratado personalmente. Se presentó como astrólogo y alquimista. Y aunque el monarca Aben Habús quiso alojarlo en el palacio de la Alhambra, éste rechazó el ofrecimiento instalándose en una cueva con un óculo en la parte superior, por el que controlaba el movimiento de los astros.

—¿Y recuerdas de dónde venía?

—Perfectamente: de Egipto. De hecho, aquel anciano, de nombre Ibrahim, contó al rey de Granada que había descubierto el secreto para prolongar la vida en la Gran Pirámide, donde había estudiado el libro que Alá entregó a Adán, que pasó por las manos de Salomón y, de alguna manera, terminó en manos de los egipcios.

Omar tuvo que morderse la lengua. El recuerdo de aquel relato, que su madre ya le había contado años atrás, aparecía ahora como un lejano eco en su memoria. El imán se dio cuenta de sus dudas.

—Y eso no te es tan ajeno, ¿verdad Omar?

—... Pues no —admitió al fin con una sonrisilla orgullosa—.

Mi apellido, Ben Abiff (hijo de Abiff), entronca con Hiram Abiff, el arquitecto que construyó el Templo de Yahvé sobre el monte Moriah de Jerusalén por orden expresa de Salomón. Probablemente mi antepasado accedió también a *El libro de la vida.*

—Querido Omar: ¿ves ya a dónde quiero ir a parar con todo esto?

El nubio, desconcertado por la ágil mente del anciano imán de Al-Haggag, negó con la cabeza.

—De Granada y de Córdoba, hijo mío, salieron los saberes alquímicos que transformarían Europa en los siglos siguientes y que han convertido a esos países en lo que ahora son. Quienes accedieron a su sabiduría alcanzaron proezas tan notables como la transmutación de metales, el dominio de ciertas fuerzas de la naturaleza o la longevidad. ¿Nunca oíste hablar del alquimista Nicolas Flamel, cuyo cadáver jamás apareció y al que se le supuso una vida de más de doscientos años? ¿Y a las tropas de Bonaparte nunca les escuchaste mencionar el nombre de cierto conde de Saint-Germain, con fama de inmortal?... Pues ambos, Omar, eran franceses. Esta obra —añadió señalando las pastas de *El libro de las balanzas*— explica parte de sus secretos.

—¿Y por qué me lo muestras a mí?

—Porque eres un Ben Abiff y tienes derecho a conocer lo que tus ascendientes conocieron.

—Sólo soy un comerciante de antigüedades. No un mago o un sabio. Y, además, acabo de fracasar al perder a Nadia.

—¡Razón de más, Omar! Si falta Nadia, debemos procurar llegar a *El libro de la vida* por otros caminos.

—¿Otros caminos?

—*El libro de las balanzas* es un oscuro eco de las ceremonias de longevidad que practicaron los antiguos egipcios. Quien gozó de mayor número de ellas fue el faraón cuya tumba están explorando los franceses.

—¡Amenhotep!

—Amenhotep, sí —aceptó Yusef—. Aquel faraón escondió en

su tumba las indicaciones rituales necesarias para rescatar la fórmula por la que a él le prolongaron la vida. Deberías estudiar este tratado y repetir el ritual. Tal vez así la verdad nos sería revelada sin necesidad de ningún Ben Rashid.

—¿Sin Nadia?

—Sin ella, por supuesto.

XIII

Viejo Cairo, 29 Abib[27]

La columna de humo era negra como la obsidiana. Y tan compacta que parecía sólida.

—Apúrese, Santo Padre. Es ahí. Junto a la iglesia de San Miguel.

La indicación de Teodoro, el fiel ayudante de cámara de Marcos VIII, sonó hueca, como si en realidad el diácono tuviera ya la mente en otra cosa. Pero aquella ausencia, lejos de tranquilizar al Pontífice, le alarmó aún más.

El asunto debía ser funesto. La mirada del hermano Teodoro, a juego con su voz, parecía también ida. Había perdido el inmutable gesto severo que le había hecho acreedor de no pocas antipatías entre el resto de asistentes del Patriarca, y jamás nadie le había visto tan excitado. Pronto descubrieron la razón: al otro lado de los jardines que protegían la que en El Cairo todos llaman la sinagoga de Ben Ezrá, un humo negro y espeso se abría paso entre los tejados.

Fue entonces cuando todos se compadecieron de la enajenación de su asistente.

Como él, hasta Su Santidad en persona se vio envuelto en el caos. Un incontrolable tráfago de monjes con los hábitos cubiertos de cenizas acarreaba a toda prisa recipientes llenos de agua de un caño adosado al templo. Cerca de ellos, arremolinadas junto a un grupo de datileras, varias mujeres cubiertas por la tradicio-

[27] 3 de agosto de 1799 según el calendario copto. Año 1515 Synaxarion.

nal *melaya*[28] egipcia gemían desconsoladas. De algún modo sabían que la patrulla que controlaba el sector oeste de la ciudad no abandonaría la plaza hasta aclarar los hechos. Los franceses habían dejado bien claro a la población que no tolerarían ningún disturbio. El ejército de ocupación temía —y con razón— que El Cairo se levantara contra ellos.

Marcos VIII apretó el paso.

De hecho, hasta que el grueso Patriarca atravesó la primera barrera de religiosos y cruzó el pequeño cementerio anexo a Ben Ezrá, no se hizo cargo de la causa de tanta alarma: un pequeño edificio de dos plantas, de paredes de adobe y techo de hoja de palmera, ardía aparatosamente, oscureciendo la tibia mañana cairota. Era la biblioteca de la comunidad.

El Santo Padre no quiso creer lo que veían sus ojos —«Dios no quiere esto. No puede quererlo», se consoló casi al borde de la blasfemia—, pero pronto se rindió a la evidencia. El legado de casi cinco siglos de trabajo se estaba reduciendo a cenizas ante sus propios ojos. En unos minutos no quedaría nada.

A los pies del inmueble, un grupo de hombres se esforzaba por contener los muros inferiores y retrasar su inevitable hundimiento. Habían acarreado troncos de palmera que apuntalaban contra los tabiques maestros, pero éstos se hinchaban de humo y se fracturaban a la menor ocasión. Uno de los operarios, al ver llegar la comitiva del papa Marcos entre la nube tóxica de humo y chispas, abandonó su posición para acercarse corriendo hacia ellos. Tenía el cráneo rapado y cubierto de hollín, y gesticulaba como si ya conociera al Pontífice.

—¿Hermano Takla? ¿De veras eres tú?

El rostro juvenil y afeminado del ayudante del padre Cirilo, cubierto de un polvo negruzco y grueso, impresionó de veras al Patriarca. Tenía los ojos enrojecidos, casi fuera de las órbitas, y unos abultados grumos negros asomaban por debajo de ellos.

[28] Túnica negra usada a menudo por las mujeres islámicas en Egipto.

—¿Has llorado?

Takla asintió con la cabeza.

—¿Y qué haces aquí? Te suponía camino de Santa Catalina, de regreso a tus tareas.

El copto, temblando de la impresión, pareció buscar en las escasas fuerzas que le quedaban el impulso para arrancar a hablar.

—Santo Padre... —balbuceó arrodillado a sus pies, tiritando—. Ha sido terrible... ¡Terrible!

—¿Qué es terrible, hijo mío?

El tono falsamente pausado del Pontífice inyectó bríos al novicio. De reojo, Marcos VIII buscó una explicación en su comitiva a la actitud del joven monje. Fue en vano. Nadie pestañeó siquiera.

—... Cirilo... Es Cirilo —gimoteó Takla otra vez.

—¿Cirilo? ¿El padre Cirilo? No te entiendo. ¿Qué quieres decir?

—Él... —tragó saliva—... Él entró en la biblioteca hace dos horas y después... Después ardió.

—¿Está aún dentro el padre Cirilo? ¿Es eso lo que quieres decirme?

El Pontífice respiró hondo antes de continuar.

—Hijo, ¿estás seguro de lo que dices?

Takla, inundado en lágrimas, se aferraba con fuerza a los hábitos del Santo Padre, asintiendo otra vez con la cabeza.

En ese momento, un estrepitoso crujido quebró el ambiente. El techo de palmera de la segunda planta se había venido abajo, arrastrando consigo las vigas, las rejas azules de las ventanas, los ornamentos de madera y la parte superior de la biblioteca. El fuego, iniciado bajo aquellas cañas centenarias, lo había arrasado todo en poco más de media hora, dejando sólo dos de sus cuatro paredes en pie.

—¡Adelante, hermanos! —se oyó bramar a uno de los frailes, al frente del improvisado servicio de bomberos—. ¡Esto ya no puede arder más!

Takla, espantado por aquella visión del infierno, ocultó su rostro entre las manos. Ni por un momento recordó que entre ascuas debían estar aún las notas originales que su maestro había redactado a propósito del evangelio de Marcos. La comitiva que acompañaba al Patriarca no logró tranquilizarle.

—Es una tragedia terrible —murmuró uno de los más veteranos, un monje sordo y de cabello escaso.

—Una pérdida irreparable.

Casi una hora más tarde, las llamas habían concluido su trabajo. Con precisión de cirujano, habían reducido a polvo gris y humeante nueve grandes estanterías repletas de libros y códices antiguos, así como una rara colección de iconos, reunidos con tesón por los monjes de Abu Sarga durante un tiempo difícil de precisar.

Cuando las últimas tinas de agua terminaron de refrescar las brasas, un grupo de cinco monjes, con los pies envueltos en trapos húmedos, comenzó a remover nerviosamente los restos por si encontraban aún algo que salvar.

—¡Buscad el cuerpo del hermano Cirilo! —gritó desde el piso de abajo un deshecho Takla—. ¡Tiene que estar ahí!

Los voluntarios lo tantearon todo. De tanto en tanto uno de ellos emergía de entre la nube de humo y polvo, dando cuenta de lo infructuoso de su búsqueda. Su conclusión fue unánime y definitiva: el cuerpo del anciano de Bolonia debió arder como la leña seca, fundiéndose en el caótico manto de cenizas que cubría el suelo del segundo piso.

—Un fin digno de un sabio... —dijo el último en salir de las ruinas.

—¡Pero no puede ser! —protestó el novicio—. Debe quedar algo. Aunque sea un hueso. ¡Buscad el cráneo! ¡Lo que sea!

Tras la insistencia de Takla y la piadosa autorización del Pontífice, los monjes batieron por última vez las cenizas: sólo el grueso anillo de plata que llevaba el padre Cirilo despuntó al fin junto a los restos de una Biblia chamuscada. Nadie esperaba un hallazgo así. Ésta apareció bajo una plancha cobriza, envuelta en un paño azul y abierta por un capítulo ya casi ininteligible del Evangelio de Juan. La tinta se había humedecido por efecto del calor emborronando casi todas las páginas. Aun así, en medio del manchurrón de tinta, podía admirarse una bonita miniatura iluminada con pan de oro en la que se identificaba al apóstol emergiendo de una hoguera. Marcos VIII apreció la ironía con desgana.

—¿Nada de Cirilo? —preguntó.

—Nada. Pero hemos encontrado algo más, Santo Padre...

El mayor de los cinco monjes, Benjamín el cocinero, se inclinó ante el Pontífice, tratando de disimular su propia sorpresa. No sabía muy bien cómo iba a encajar el Santo Padre la noticia, así que decidió dársela rápida y secamente, sin darle opción a muchas cavilaciones.

—... En uno de los muros que no han caído hemos hallado un texto escrito. Y a juzgar por el lugar donde está, en sitio bien visible, debió de haber sido escrito poco antes del incendio.

—¿Un texto? —el orondo rostro de Marcos se arrugó como una pasa.

—Se trata de un fragmento del evangelio de Juan. Podéis verlo vos mismo ahora, si os place.

Con cierta dificultad, y los pies envueltos en sus correspondientes paños húmedos, el octavo de los Marcos trepó por las escaleras ennegrecidas de la biblioteca hasta la segunda planta. La estructura emitió un extraño crujido al notar el peso del ilustre visitante, pero aguantó. El Patriarca, compadecido de la suerte de su profesor, hizo que Takla subiera con él y le auxiliara en caso de necesitar un brazo joven en el que apoyarse.

No tuvieron que dar demasiados rodeos. El texto lucía perfecto sobre el muro más occidental del edificio, exactamente frente al hueco de la escalera. Sólo el inicio de la frase había desaparecido al derrumbarse parte del tabique:

...En verdad, en verdad te digo que uno, si no nace de nuevo, no podrá ver el reino de Dios.

La letra, grande, roja y minuciosa, destacaba como si tuviera luz propia. Estaba escrita en copto, con una caligrafía cuidada, idéntica a la que podía admirarse en los misales y libros bíblicos ahora desaparecidos. No cabía duda de que la frase había sido pintada a conciencia. Sin reparar en tiempo y delicadeza. Las líneas eran rectas, el texto impecable, la cita... perfecta.

El Pontífice la leyó un par de veces más, como si aquellas palabras contuvieran una explicación a lo sucedido.

—... Es de Juan, capítulo tres, versículo tres.

Takla asintió.

—El texto preferido del padre Cirilo.

—Es curioso —atajó Marcos sin despegar su mirada del muro—: creía que su evangelio favorito era el de Marcos.

—No, no... Nada de eso. Ese es un texto que cuenta el encuentro entre el fariseo Nicodemo y Nuestro Señor. El padre Cirilo, que en gloria esté, lo leía a menudo.

—¿Y sabes por qué, Takla?

—Bueno... —dudó—, a veces comentaba que en aquella conversación Jesús explicó al fariseo que su capacidad de obrar milagros procedía de la Luz.

—¿De la Luz?

—Es una metáfora, Santidad.

Marcos VIII no replicó. La esperada patrulla de soldados franceses acababa de irrumpir en la plaza. Debían ser diez hombres, armados con mosquetones y bayonetas, y pertrechados de la casaca azul y la *culotte* de las tropas de Bonaparte. No tenían cara de buenos amigos.

—¿Qué ocurre aquí? —preguntó en un rudimentario árabe el que parecía capitanear el grupo.

Los asistentes del Pontífice se miraron unos a otros, dudando si responder. Un gesto de Marcos hizo que su fiel Teodoro se adelantara hasta el capitán y tratara de explicarle la situación. En el estado de nervios en el que se encontraban las tropas de ocupación, era mejor colaborar.

El soldado entendió a medias las explicaciones de Teodoro, al que prestó toda la atención por tratarse de un anciano de aspecto despierto. Por sus gestos y su francés fuertemente arabizado, adivinó que el incendio que les había alertado era fortuito, y no tenía nada que ver con la cadena de agresiones que la ciudad estaba viviendo a manos de la resistencia mameluca. También comprendió que se trataba de un edificio de los propios coptos y que ellos se responsabilizarían de impedir que el fuego se extendiera a otros inmuebles vecinos.

Finalmente, el capitán, satisfecho, preguntó algo que descompuso al viejo monje:

—No hay ninguna víctima, ¿verdad?

XIV

El acuartelamiento de Azbakiya no estaba demasiado lejos de Abu Sarga. Se trataba de un edificio nuevo, levantado por los franceses al estilo parisién hacía sólo tres meses, y en el que se habían establecido las tropas responsables de velar por la seguridad de la urbe. El edificio, un cuadrado perfecto provisto de un amplio patio en el centro, albergaba no sólo tropas, sino también camellos, caballos, cañones, y abundante munición para hacer frente a casi cualquier situación de crisis.

Takla y Teodoro fueron conducidos por una escolta hasta el segundo piso. Los había enviado Marcos VIII porque creía que el primero podía dar alguna información útil a los franceses sobre el padre Cirilo, y al segundo porque impediría que el novicio se derrumbara en caso de que los interrogatorios tocaran, como se temía, su fibra sentimental. Por su condición de diplomático en los difíciles tiempos de dominio turco y su parco conocimiento del francés, adquirido a fuerza de tratar con marineros en busca de iglesias en el puerto de Alejandría, Teodoro sabría guardar las formas.

Ambos esperaron sentados y en silencio en un banco de madera, en un pasillo sin pintar, durante casi dos horas. La actividad allí era frenética. Hombres uniformados salían de las diferentes estancias con cara de urgencia. Todos llevaban sobres lacrados en las manos y parecían decididos a cumplir las órdenes recibidas, cualesquiera que fuesen éstas. A los coptos no les resultó fácil entender qué estaban haciendo allí aquellos hombres, ni si tanta actividad era normal. Finalmente, alguien les atendió. Un oficial, que se presentó como el teniente François Dumont, les hizo pasar al interior de uno de aquellos despachos.

La estancia estaba escasamente amueblada; entre sus cuatro paredes amarillas sólo destacaban una mesa improvisada con un tablón de andamio, dos sillas y una bandera tricolor clavada en la pared. Lo justo para intimidar.

El oficial de cabellos rubios bien peinados, y de piel rosácea, impresionó al novicio por sus modales impecables. La verdad era que no se esperaba tanta cortesía. El soldado hablaba griego y algo de árabe. Le ofreció un té con menta bien caliente que reconfortó al religioso, y le confesó que su madre era de Atenas y que en su familia hubo un par de sacerdotes ortodoxos que, como era normal en su fe, se casaron y tuvieron una nutrida descendencia. Después, con tacto exquisito, el oficial aguardó el mejor momento para comenzar a interrogarle.

—Hablemos de la víctima —dijo—. Porque hay una víctima al menos en ese incendio ¿no?

—Sí.

—Bien, hermano —dijo tomando papel y pluma, sin perder de vista al novicio—, entonces debemos cumplir con algunos trámites necesarios... ¿Nombre del desaparecido?

—Cirilo de Bolonia.

—¿Edad?

—Setenta y uno.

—¿Actividad?

—Traductor.

—Necesito que me facilite una descripción suya tan minuciosa como sea posible. Es importante para el atestado y para las posteriores investigaciones.

El estómago de Takla se encogió. Que la importancia de su maestro, y quién sabe si el esclarecimiento de los hechos, dependiera de cómo quedara reflejado en un documento policial, le provocó una extraña desazón.

—Verá: aunque era ya muy anciano, nadie lo diría. Estaba calvo y casi ciego de un ojo, pero ninguno de los que le tratábamos a diario podría decir que estaba tuerto. Sus ojos eran grandes y no perdía detalle de cuanto sucedía a su alrededor.

—¿Cómo era de alto?

—Más o menos como yo, es decir no más que cualquiera de los monjes de nuestra comunidad, pero estaba algo cargado de espaldas.

—¿Color de piel?

—Blanco.

—¿Color de pelo?

—Blanco también. Le quedaba más bien poco... —el copto comenzaba a impacientarse. Los garabatos de su interlocutor habían llenado ya cuartilla y media.

—¿Viven ustedes en la ciudad?

—No.

—Y entonces, ¿dónde?

—Somos monjes del monasterio de Santa Catalina, en el Sinaí. Bueno —dudó, mientras miraba a un Teodoro que no se perdía detalle—, me refiero únicamente al padre Cirilo y a mí.

—¿Y qué hacían en la ciudad?

—Vinimos a El Cairo porque fuimos convocados por nuestra máxima autoridad.

—El papa Marcos, ya... —anotó.

—Así es.

—Y dígame, hermano, ¿está seguro de que la última vez que vio a Cirilo de Bolonia estaba dentro del edificio que ardió esta mañana?

Takla asintió.

—¿Conocía ya usted la biblioteca?

—No. Era la primera vez que la visitaba.

—Entonces, ¿podría haberse dado el caso de que Cirilo de Bolonia hubiera abandonado el edificio por una salida lateral?

—¿Tenía otra salida, señor?

El oficial sonrió malicioso.

—En realidad, no.

—Entonces, no sé adónde quiere llegar.

—Es fácil. No podemos certificar la defunción de Cirilo de Bolonia sin antes encontrar su cadáver. Y éste todavía no ha aparecido en el lugar del siniestro.

—¿Qué quiere decir?

—Que a lo mejor el padre Cirilo organizó el incendio para darse a la fuga. Antes dijo usted que era traductor. ¿Qué clase de trabajos traducía?

—Obras religiosas. Nada por lo que debiera huir. Pero ¿cómo puede pensar que...?

El teniente torció el gesto e insistió:

—No ha contestado a mi pregunta.

Teodoro alargó su brazo izquierdo hasta los hábitos de Takla, en actitud paternal:

—Respóndele, hermano Takla —dijo—. Sólo con la verdad llevada hasta las últimas consecuencias sabremos lo que le ha podido pasar a nuestro venerable Cirilo.

El joven copto captó en las palabras del asistente del Patriarca un interés que no había detectado antes en él. Su mirada gélida se había transformado en un gesto de genuina preocupación por el desaparecido.

—Está bien... —aceptó mientras devolvía su mirada al oficial francés—. El padre Cirilo trabajaba en una traducción muy delicada. Una en la que se profetizaba la llegada de un *Tiempo* nuevo para Egipto. Era una especie de texto profético muy antiguo y sagrado para nuestra Iglesia.

—¿Un *Tiempo?*

—En realidad habría que decir *El Tiempo*. Un momento histórico, que sólo se produce de tanto en tanto y en el que se cree que llegarán grandes revelaciones para los creyentes.

El teniente anotó febrilmente aquello en su informe.

—¿Y cree que esa revelación podría justificar lo sucedido?

—Quizá a alguien no le interesara que algo así trascendiera

—intervino el padre Teodoro—. Alguien que fuera enemigo encarnizado de nuestra Iglesia, y que pretendiera desposeernos de un texto sagrado y fundamental.

—¿Era el padre Cirilo alguien de la absoluta confianza de su Iglesia?

Takla titubeó de nuevo.

—¿Qué quiere decir?

—Exactamente eso: si Cirilo trabajaba en algo tan importante, tal vez lo comentó con alguien que no debía y su indiscreción le valió que le hicieran desaparecer.

—... Matado, oficial. A fray Cirilo lo han matado.

—¿Está seguro?

Aquello colmó su paciencia. Como si se hubiera accionado un resorte interior, el joven Takla se plantó frente a la mesa del oficial, clavando sus manos sobre ella.

—Respóndame ahora usted a algo —dijo con la mirada enrojecida—. ¿Desde cuándo los franceses se ocupan de buscar monjes coptos? ¿A qué viene ese repentino interés por nuestros asuntos, cuando ni siquiera sus tropas han podido todavía garantizar la seguridad en nuestras iglesias y conventos?

Dumont levantó la vista por encima de las lentes que se acababa de ajustar. Aquella reacción le había pillado por sorpresa. No era común que un pacífico monje destilara tanta rabia de repente.

Sin inmutarse, respondió:

—Quizá no sepan ustedes que la ciudad está siendo objeto de una desgraciada serie de atentados desde hace casi un mes. No les culpo de ello viniendo de afuera, pero nuestro deber es investigar cada incendio, cada muerte y cada desaparición que se produzca en la ciudad hasta que demos con los responsables... Y eso comprende también el sector de la ciudad que administra la Iglesia copta. ¿Lo ha comprendido, hermano?

El joven monje reculó otra vez hasta su silla, mientras el oficial remataba su defensa:

—Incluso cabe la posibilidad de que lo hayan secuestrado para pedir un rescate a las arcas del Patriarca. En estos días hay demasiado fanático religioso incontrolado en la ciudad.

De pronto, Takla recordó algo:

—¿Tienen que ver esos atentados con los espías que se supone que están en el barrio?

—¡Vaya! —tosió el teniente Dumont—. ¿Y cómo sabe eso, hermano?

—Desde anoche en El Cairo no se habla de otra cosa. Se rumoreaba incluso que los habían capturado en la Ciudadela. Oí hablar de ello en el mercado de especias, al entrar a la ciudad. Pero dígame, ¿son mamelucos? ¿Ingleses tal vez?

La curiosidad del copto sorprendió por segunda vez al teniente.

—No puedo responder a esa pregunta, entre otras cosas porque es falso que los hayamos apresado. Todavía estamos buscándolos. Sólo sabemos que entraron en El Cairo procedentes del desierto oriental, se asearon en un par de albergues de la ciudad, pagaron con oro todas sus consumiciones y tomaron el camino de Heliópolis después de visitar el centro.

—¿Son... peligrosos?

—En cierta manera todos los espías lo son. Aunque parece que éstos viajan desarmados.

—¿Y qué piensan hacer si los capturan?

—Entregarlos directamente al general Bonaparte. Todas las instrucciones de búsqueda y captura partieron de él, y es él quien tiene un especial interés en que se los entreguemos vivos.

—¿Sabe si eran musulmanes?

El teniente Dumont se escamó.

—Ya le he facilitado demasiados detalles —dijo seco—. Si tienen ustedes alguna pista que permita a la justicia dar con los prófugos, están en la obligación de facilitárnosla.

—No, no. En absoluto. El incendio lo destruyó todo salvo...

—¿Salvo?

Las pupilas del teniente se contrajeron.

—Salvo una Biblia casi quemada, el anillo del padre Cirilo y un paño azul en el que estaban envueltos ambos objetos.

—¿Un paño azul? ¿Está seguro?

Los ojos de Dumont se abrieron como platos.

—Sí... ¿Acaso le interesa ese detalle?

—Bueno: hasta ahora lo único que sabemos de los hombres que buscamos es que llevan turbantes azules —admitió Dumont.

—Y eso le parece una coincidencia extraordinaria, ¿no es cierto?

El teniente observó en silencio a aquel joven y a su venerable acompañante, sin saber muy bien qué responder.

XV

Giza

UN ESCALOFRÍO SE apoderó momentáneamente del corso al revivir el episodio del bebedizo. Mala suerte. Casi había logrado olvidarlo por completo.

De repente, volvía a gravitar en su memoria la amarga sensación de tener su estómago atrapado en un remolino. Su vista se nubló, su conciencia se amilanó y una terrible fuerza, poderosa y firme, se adueñó de él en cuestión de segundos. La miserable cabaña de Nazaret en la que llevaba horas parlamentando con los beduinos se transformó en un indescriptible crisol de colores y formas.

Tras sacudirle el estómago sin piedad, el brebaje comenzó a hacer efecto. Bonaparte, extenuado por el esfuerzo realizado por mantenerse erguido, sucumbió sin poder articular palabra. Si había sido envenenado —pensó en su último instante de autocontrol—, el reactivo no tardaría en matarle. Lo contrario significaría que el imán era un hombre honesto del que poder fiarse... Pero ¿qué quiso decir el beduino cuando le prometió que pesaría su alma en «la balanza de Maat»?

Un violento espasmo le dejó sin sentido. Su mente, catapultada ya a aquella especie de red multicolor que le rodeaba, parecía volar a gran velocidad hacia sus recuerdos más profundos.

Era curioso: en cierto modo, el efecto de la sustancia ingerida no distaba demasiado de lo que le estaba ocurriendo ahora dentro de la Gran Pirámide. Napoleón, todavía tendido cuan largo era en el sarcófago de granito tallado a su medida, sonrió ante las ironías del destino. Era como si su mente se hubiera convertido en una de esas muñecas rusas policromadas, iguales entre sí de cara pero no de tamaño, que encajan a la perfección unas dentro de otras.

Al igual que ellas, era el recuerdo de otro recuerdo el que le conducía caprichosamente a una memoria mucho más antigua. En esta ocasión, el destino fijado por su mente desbocada parecía un episodio bizarro que él mismo protagonizara años atrás y que casi había borrado por completo de aquella su memoria.

—Extraño sortilegio —murmuró, en parte para saber si todavía seguía vivo—. Así debe vaciarse el alma en este lugar...

Pirámide y pócima, dedujo el corso, debían constituir una especie de «máquina de las remembranzas».

Sea como fuere, en el estado de semivigilia en el que se hallaba, Bonaparte pudo ver otra vez cómo aquella choza de Nazaret, convertida en arco iris por un instante, se tornaba oscura e inhóspita tanto como el corazón del Horizonte de Jufu. *A esas alturas, nada pudo hacer para impedir que el bebedizo del beduino le trasladara a un día de hacía cuatro años, obligándole a «regresar» a París.*

Habían pasado cuatro años exactos. Ni un día más.

Primero fue un fogonazo parecido al de un cañón al disparar y luego, tras la luz, la imagen del oscuro portal de una calle de París. El corso sabía bien a qué dirección pertenecía: 13 rue de l'Estrapade. Era 12 de agosto de 1795. ¿Regresaba aquel «fantasma» sólo por azar? ¿Por un simple antojo de su mente?

París, III Década, Quintidi de Termidor. Año III

Napoleón, artillero, general de brigada a la espera de destino, había decidido burlar al porvenir como tantas veces había visto hacer a su familia en su Ajaccio natal. ¿Qué podía perder? Lo único de lo que debía asegurarse era de que su decisión permaneciera en el más absoluto de los secretos. Y con razón.

Los militares de carrera, compañeros de la Academia, hacía tiempo que le miraban con recelo. Es pobre, le creen defensor de las ideas de Robespierre y susurran insultos en esa dirección siempre que pueden. Pero por encima de todo odian su ingenio, su integridad y sus méritos como estudiante. Con ese panorama, lo último que podía permitirse era dar nuevos argumentos a sus «enemigos».

Aquellos meses, desde la primavera hasta el verano de 1795, fueron los más duros de su carrera. Trabaja de sol a sol en la confección de mapas, prepara campañas imposibles contra Italia y Turquía, y por el día trata de disimular con buena cara su salud enclenque y sus jaquecas. ¿Qué futuro puede aguardar a un general de veinticinco años, en paro como tantos otros, arrinconado por una cúpula militar clasista y vetusta?

La duda le corroe.

Aquella cálida mañana de agosto, decidido a resolver su futuro, abandonó más risueño que de costumbre su cuartucho en el Hotel de los Patriotas de rue Saint Roch. Parecía tener algo importante que hacer, y con prisa puso rumbo a la parte alta de París.

Al llegar a su objetivo, el corso hurgó con ansiedad en los bolsillos de su levita azul Francia. Un par de sacudidas bastaron para localizar la arrugada hoja volandera que tanto le había llamado la atención la tarde anterior.

Sofocado, la leyó por enésima vez:

> Bonaventure Guyon.
>
> Profesor de matemáticas celestes.
>
> Ofrece consultas infalibles sobre todo cuanto pueda interesar, el porvenir feliz o infeliz de las ciudadanas o ciudadanos de París. Predice en particular los futuros triunfos de la Patria. Revela a las muchachas al seductor que las amenaza y al esposo que hará su dicha. Descubre a los padres la carrera en la cual sus hijos hallarán la fortuna y la celebridad. Y por esas profecías patrióticas sólo acepta una retribución voluntaria, y únicamente en el caso de que demuestre su Ciencia de las Cosas Futuras por la muy exacta revelación de las Cosas Pasadas.
>
> Consultas desde la salida hasta la puesta del Sol.

Era justo lo que necesitaba. Un astrólogo hábil y barato que le indicara el camino a tomar.

Napoleón, como si se diera una última oportunidad antes de dar aquel paso, volvió a leer la nota para comprobar la dirección. La tinta corrida del panfleto, tan sudado como su camisa, no dejaba lugar a dudas: aquella era la finca, exactamente en la cresta de la colina de Santa Genoveva, detrás del Panteón de París.

El portal del número 13 estaba cerrado por una hoja de roble sucia y agujereada que el corso abrió sin demasiada dificultad. Lo que había venido a buscar estaba al final del recibidor, donde nacían unas larguísimas escaleras que desembocaban en otra menor, de hierros oxidados y quejumbrosos, que a su vez daban paso a un palomar. Allá arriba, en un sexto piso que no figuraba en los buzones, podía leerse el nombre del profesor Guyon escrito sobre una mugrienta placa de cobre.

—Pase, pase —gruñó una voz al otro lado de la puerta. Era evidente que le había oído trepar hasta allí—. Hoy no cobro nada por mirar...

El «profesor de matemáticas celestes» en cuestión se escondía detrás de una mesa atiborrada de libros y arrugados mapas del firmamento. Constelaciones, complejas sumas y listas de grados, y más de media docena de tacos de velas agotados se repartían sobre las centenarias tablas que formaban su escritorio. Guyon controlaba aquel paisaje con gesto militar. De rostro redondo y surcado por arrugas de todos los tamaños, calvo y de piel manchada, el astrólogo alzó la vista para contemplar a su nuevo cliente.

—Adelante, oficial. No tema —sonrió dejando ver una dentadura mellada y amarilla—. Acomódese donde pueda, que en seguida le atenderé.

Napoleón obedeció al punto.

—Ya sé lo que está pensando —farfulló—. «¡Pobre loco! ¡Ha perdido la razón encerrado en esta buhardilla caliente como un horno!»

El corso siguió sin abrir la boca.

—Ya, ya... Las chapas metálicas que forran el tejado son muy útiles para calentar este trastero en invierno, pero en verano se convierten en un enemigo implacable.

—Discúlpeme, señor, ¿pero es usted el profesor Guyon?

La pregunta zanjó las quejas del anciano, que se irguió orgulloso en su silla.

—¿Y quién si no, jovencito? Aunque ahora le sea difícil creerme y me vea pobre como una rata, en otro tiempo no muy lejano fui rico y respetable. Usted debe ser de los que aún no saben que caí en desgracia por haberle predicho a Luis XVI que terminaría sus días como rey sin cabeza...

—Yo no...

—Y ya ve —prosiguió de carrerilla—, Su Majestad me condenó por advertírselo. Lo malo es que después quienes le decapitaron me arrinconaron como a un perro sarnoso por no haberles predicho a ellos el éxito del regicidio.

—Así es la política, *monsieur.*

Bonaventure Guyon dejó de remover nerviosamente los papeles de su mesa y miró a su cliente con gesto seco.

—¿Es usted político? —carraspeó—. ¿Cómo dijo que se llamaba?

—No se lo he dicho aún.

—¿Señor...?

—Bonaparte —respondió el corso—. Napoleón Bonaparte. Y no soy político. Soy general.

El astrólogo desvió su mirada a un lado, como si calculara algo. En realidad se reprochaba su torpeza: no se había fijado en el inmaculado uniforme de su cliente.

—*Bona-parte* —silabeó lentamente, con gesto ido—. *Napo-leo Bona-parte*... ¡No debiera preocuparse por su porvenir, mi joven general! Lo suyo está amarrado y bien amarrado. Casi tanto como el destino de Luis XVI. Por cierto: ¿sabía usted, general, que el arcano XVI del Tarot es, precisamente, el de la «torre decapitada»? ¿No le resulta irónico?

Guyon, con una sonrisa de oreja a oreja, casi pícara, no esperó su respuesta. Muy profesional, el astrólogo se apresuró a descifrar el futuro de su cliente a través del nombre, ante la atónita mirada del militar. Con una exigua punta de tiza, lo anotó sobre un pizarrón.

—¿Lo ve? Su nombre se puede recomponer en una frase latina casi perfecta —dijo visiblemente animado—: *Napoleo bona parte fruitur,* «Napoleón se hace con la buena parte», la parte del león. ¿No será usted del signo de Leo por casualidad?

El corso se acarició el mentón divertido.

—Así es. Mi cumpleaños es dentro de tres días.

—¡Maravilloso! ¿Cuándo nació? ¿En qué año? Y evítese los formulismos revolucionarios: deme la fecha en el calendario gregoriano, por favor —Guyon esbozó otra generosa sonrisa.

—En 1769, en Ajaccio, Córcega.

—Italiano.

—La isla es francesa desde ese mismo año —matizó Bonaparte.

—¡Ah sí! La invadimos, ¿verdad?

El corso no respondió. Una vez más, tampoco Guyon esperó que lo hiciera. Con la mirada perdida en un manojo de papeles sembrado de tablas logarítmicas anotadas, el astrólogo se sumergió en cavilaciones que le mantuvieron con la boca cerrada un par de minutos. Se movía de un lado a otro de la mesa, como si padeciera alguna clase de manía compulsiva que se esforzaba en ocultar. Jadeaba. Se secaba la frente cada dos por tres con un pañuelo de color incierto, y bufaba de vez en cuando.

—Vaya —exclamó por fin, con el dedo índice apoyado en un libro de efemérides—. ¿Qué tenemos aquí? Justo siete días antes de que naciera, un cometa atravesó media Europa, de París a Cádiz, perdiéndose sobre Tenerife.

Y añadió en tono misterioso:

—Esto sí es interesante... El cometa, grande y muy luminoso, apareció en las lindes de la constelación de Aries. Sin duda es una buena señal.

—¿Una señal? ¿De qué es una señal?

—Le ruego que no se impaciente —susurró el «profesor»—. La astrología es una ciencia compleja que precisa de cálculos que llevan su tiempo. Sin embargo, así de pronto, veo que si nació un 15 de agosto, que en el calendario tebaico se corresponde con el grado 23 de Leo, tiene enormes posibilidades de lograr ascensos y fortuna. «La estrella real» indica que es usted aventurero y ambicioso. Amasará una gran fortuna...

—No me halague en vano, no lo necesito. Esperaba mayor concreción de su ciencia, profesor Guyon.

—¡No es en vano, general! Los astros y su nombre de pila indican que usted es poseedor de la fuerza del león.

Con un transportador de ángulos y una regla, y sin perder de vista las tablas con las efemérides de 1769, Bonaventure Guyon dibujó con trazo firme la carta astral de Napoleón. Alrededor de un triángulo perfecto, otras figuras menores terminaron dando forma a un galimatías de rectas y ángulos que al «profesor» le hicieron arquear las cejas de incredulidad en más de una ocasión.

—¿Está seguro de que nació a mediodía? —preguntó sin levantar la vista del escritorio—. ¿Y de que fue el 15 de agosto?

El corso asintió a cada una de las cuestiones con cierta desgana. Empezaba a dudar que de aquel batiburrillo surgiera algo que le aclarase su futuro.

—Es usted un Leo con el ascendente en Escorpio. Su Luna está en Capricornio, en oposición a Saturno, y tiene un Marte muy bien situado en Virgo. ¡Será un excelente militar en campaña, *monsieur* Bonaparte!

—Ya. ¿Y qué más?

—Bueno... —dudó—. No se lo tome como un halago, general, pero la unión de Neptuno y Marte en su carta le convierten en un hombre genial. Sólo tiene que protegerse de su propia tendencia al fatalismo. La oposición Luna-Saturno revela que ese es el punto débil de su personalidad.

—Continúe.

Napoleón, absorto, observó su propia carta astral con incredulidad. Si lo que el profesor decía era cierto, aquella hoja de papel era una especie de retrato matemático de su alma. Una representación fiel de su pasado, presente e incierto futuro.

A medida que los cálculos se sucedían y Guyon susurraba con asombro los resultados, su tono se fue apagando. Aquel era, ciertamente, el horóscopo de una persona hiperactiva, interesada en las ciencias ocultas en tanto le fueran útiles para conseguir poder —eso lo revelaba Júpiter junto al ascendente, explicó entre dientes Guyon—. También era la carta de una persona de marcado carácter solar. Esto es, el sol, situado en el mediodía de su nacimiento, potenciaba en el corso la fuerza y el magnetismo del rey de la selva, pese a que le retrataba como torpe en el arte del diálogo. No obstante, era extraño: aunque lo que «decían» los astros en modo alguno parecía presagiar nada malo a Bonaparte, el «profesor» fue moderando su entusiasmo poco a poco.

—¿Ve algo que no le gusta, profesor Guyon?

—No, no —tosió éste—. Es que no había visto una carta astral tan bien aspectada desde...

El anciano no terminó la frase. El otrora cantarín astrólogo ahogó su comentario como pudo, girando su rostro hacia otro lado. Napoleón se dio cuenta de que algo no iba bien.

Sin mediar palabra, Guyon se dirigió hacia la estantería llena de matraces, lámparas de nafta, morteros y frascos llenos de plantas secas, que se apoyaba en la parte más oriental de la buhardilla. Fue como si de pronto hubiese advertido que debía buscar algo importante allí.

—¿Desde cuándo, *monsieur?*

La pregunta del corso le detuvo en seco.

—... Desde mi época de prior en la abadía de Trapa, general.

—¿Fue eclesiástico? —Napoleón se sorprendió—. ¿Usted?

—Así es —admitió aquél—. Pero no suelo hablar de estas cosas con mis clientes.

—Por lo que acaba de decirme, yo no soy un cliente al uso.

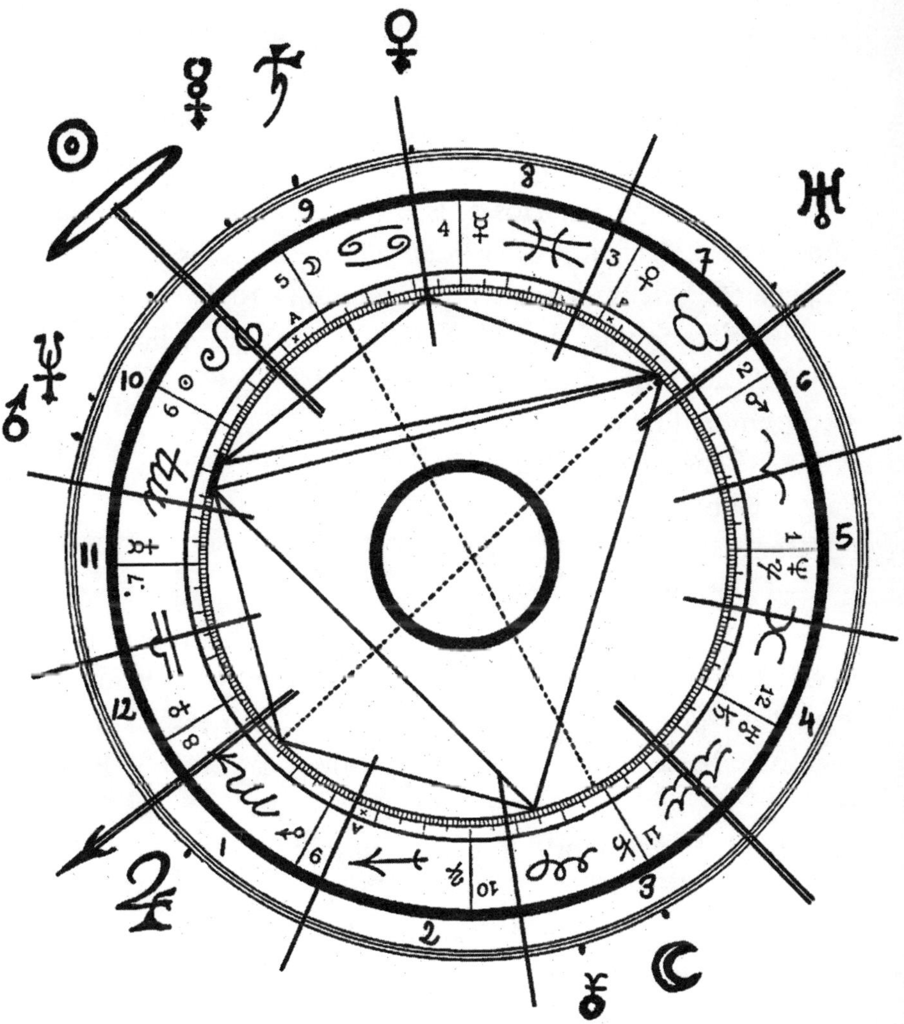

Carta astral de Napoleón

Puede confiar en mí. No me importa su pasado religioso; si le denuncio, toda la Academia sabrá que he venido a consultar a un charlatán, y, créame, eso no favorecería en nada a mi carrera.

El «profesor», aunque desconfiado, pareció aceptar el argumento.

—Está bien, general. Se lo explicaré, aunque dudo que le interesen mis razones.

—Me arriesgaré. Son pocas las cosas que no me interesan.

—Usted lo ha decidido —sonrió—. Aprendí astrología de manos de los bibliotecarios de la abadía de Lagny, que me iniciaron también en el tarot y la cábala. Fueron tantos los años que dediqué a estas ciencias ocultas que monseñor Rohan, en tiempos de Luis XV, me rogó que me trasladara a la corte para servir allí como profesor de matemáticas celestes del Rey.

—Un bello eufemismo.

—No menor que llamar Comité de Salud Pública a nuestro nuevo Gobierno.

Bonaparte apreció la acidez del ex fraile.

—Continúe, por favor.

—Fue precisamente en la corte donde vi otra carta astral idéntica a la suya. Se la levanté a cierto conde de Saint-Germain, que por aquel entonces presumía de tener más de doscientos años de edad y tenía embelesados a la mitad de los cortesanos.

—¡Doscientos años! Un bufón, sin duda.

—También yo lo creí, general. Sin embargo, el duque de Choiseul, el hombre de confianza de Su Majestad, ordenó a sus espías que averiguasen algo más de aquel atractivo varón que había deslumbrado a las mujeres de la nobleza en las veladas de aquel otoño de 1765. Nunca encontraron su partida de nacimiento, ni referencia alguna a sus antepasados, ni supieron de dónde obtenía los recursos necesarios para estar hoy en París, mañana en Amsterdam y la semana siguiente en Londres. ¡Era como si acabara de caer del cielo!

—¿Un espía, *monsieur?*

—En tal caso, un espía nada discreto, general —objetó Guyon—. Vestía de manera opulenta, nunca comía nada en público y siempre rehusaba organizar fiestas en su casa. Lo que alertó al duque de Choiseul, desconfiado por naturaleza hasta su muerte hace ya diez años, fue que Saint-Germain supo ganarse la confianza del Rey mediante artes que podríamos llamar... oscuras.

—¿Oscuras? —repitió Bonaparte—. ¿Quiere usted decir magia?

—Júzguelo usted, general: en una ocasión, Luis XV le entregó un diamante de gran tamaño afeado por una mancha interna. «¿Sois capaz de quitársela y hacerme ganar cuatro mil francos?», le retó. Saint-Germain se llevó el diamante a su casa, y al cabo de un mes lo devolvió inmaculado a Su Majestad. Se pesó y tasó, y la joya apenas había perdido unos pocos miligramos de peso. Alquimia, sin duda.

—Y dice que nadie entró nunca en su casa...

—El caso fue que ante la imposibilidad de averiguar nada sobre él, el ministro Choiseul me pidió que me ganara la confianza de aquel conde venido de ninguna parte. «No desconfiará de un hombre de iglesia», supuso el duque. «Tomaos el tiempo que preciséis.» Y así lo hice.

—¿Y qué averiguó?

—Que el conde de Saint-Germain era un tipo más que curioso. Cada vez que le preguntaba cuál era su fecha y lugar de nacimiento para levantar su carta astral, siempre respondía lo mismo: «Nací cerca de Niza, mirando al Mediterráneo, pero debéis precisarme la fecha de cuál de mis nacimientos preferís para vuestro horóscopo.» Creí que aquello era un juego, una adivinanza de las suyas con la que pretendía poner a prueba mi ingenio, pero luego descubrí que no. Que Saint-Germain creía realmente haber muerto y renacido en diversas ocasiones en los últimos dos siglos. «Cada 85 años, regreso. Elegid vos la fecha», me insistió.

—Más mentiras.

Bonaventure Guyon sacudió la cabeza horizontalmente. Al parecer, él no lo tenía tan claro como el corso.

—Verá, general: el conde me dio una fecha, 1509, para su «primer nacimiento». Con las coordenadas de Niza levanté su horóscopo y fue ahí donde vi que sus líneas maestras, de ser ciertas, eran prácticamente idénticas a las suyas. Tenía los mismos trígonos en su carta astral que usted: uno con Urano y otro con Plutón. Señal de ambición y genialidad. Él triunfó. Tuvo mujeres, viajes y éxito. Usted, amigo, tendrá todo eso... y quizá más.

—¿Y también el secreto de morir y volver a nacer, como el galante conde de Saint-Germain?

El tono sarcástico de Napoleón fue atajado de inmediato por el profesor.

—Hasta eso terminará buscándolo. Puedo asegurárselo.

—¿Cómo puede estar tan convencido? Sólo los estafadores y los locos lo están...

Bonaventure Guyon apreció la inferioridad de su cliente en cuestiones celestes.

—Es una vieja ley astrológica, *monsieur*. Cada treinta años Saturno regresa al mismo lugar en el que se encontraba en el momento del nacimiento. En su caso, cuando cumpla treinta, volverá a su casa IX, que es la que marca la filosofía de vida. Las grandes preguntas sobre el destino y la muerte.

—¿Y eso qué significa?

—Que llegada esa edad, tomará conciencia de adónde llevar su vida. Jesucristo fue bautizado a los treinta, exactamente cuando asumió su papel mesiánico y comenzó su andadura pública. Ignacio de Loyola cayó herido en combate a esa edad, iniciando su camino espiritual en una cueva cercana a Montserrat. A Buda le ocurrió lo mismo...

—Se nota que los hábitos le marcaron, profesor —sonrió burlón el corso—. Y en mi caso, ¿dónde, señor mío, buscaré el sentido de la vida y de la muerte?

—Primero, muy lejos de aquí. Luego, Dios dirá.

—¿Y si por ventura no le pago esta charada?

—Lo hará cuando regrese, general —Guyon respondió sin inmutarse—. Tengo el don de la paciencia, y sé que volverá a requerir mis servicios. De algún modo verá que está en deuda conmigo. Y que, en efecto, cuando cumpla treinta todo cambiará para usted.

—Está bien —rezongó el corso—. ¿Y dónde puedo averiguar más cosas de ese tal Saint-Germain?

Guyon le devolvió la misma sonrisa pícara de antes.

—Para eso no necesitará mi ayuda. Todo París ha oído hablar de él.

XVI

¿Todo París?

Napoleón, a falta de un entretenimiento mejor con el que matar sus ratos de ocio, decidió comprobarlo.

Aunque le costó esfuerzo y dinero, en las semanas que precedieron a su visita al profesor Guyon el corso había logrado cosechar ciertas amistades en el seno del Comité de Salud Pública. Buscaba contactos que le garantizaran un destino militar a la mayor brevedad posible. Ansiaba entrar en acción. Y aunque Europa podía levantarse en armas en cualquier momento, la República parecía haber optado por mirar a otro lado y no inmiscuirse en enfrentamiento bélico alguno. Francia y Prusia acababan de firmar la paz en Basilea, y hasta a España se le devolvieron los territorios perdidos en enfrentamientos anteriores. Así, no había gloria posible para un hombre como él.

Bonaparte, hastiado por la negligencia de los burócratas, decidió canalizar su actividad en otra dirección. Fueron las tertulias en los cafés de moda, como Chez Laurent o Procope, las que aliviaron sus frustraciones. Le aligeraban la mente de preocupaciones más elevadas y le mantenían al tanto de los chismorreos de la capital. De hecho, para el corso no suponía problema alguno conducir aquellas largas conversaciones de las tardes hacia el tema que más le interesaba en cada momento, y durante algunos días las monopolizó con el único propósito de averiguar qué se rumoreaba en ciertos ambientes del extraño conde de Saint-Germain.

—Desapareció poco antes de la Revolución. ¡Se esfumó!

Doulcet de Pontécoulant, uno de los miembros del Comité de Salud Pública con el que había intimado más, soltó la lengua al segundo aguardiente. Napoleón le había citado, junto a otros ilustres colegas de la Academia, en una sala reservada del Procope. Iba a gastarse una pequeña fortuna en licor, pero esperaba satisfacer ciertas inquietudes...

—¡Vaya tipo! —prosiguió eufórico De Pontécoulant—. Fue la comidilla de su época. Los revolucionarios le buscaron por todas partes para guillotinarle. Imagínese, ciudadano Bonaparte: en Versalles se incautaron varias cartas a la reina en las que el conde le prevenía de la existencia de un complot para tomar la Bastilla y derrocar al régimen.

—Y no le encontraron, supongo.

Napoleón, disimulando su interés, llenó otra vez el vaso de su amigo Doulcet hasta el borde. El resto de los invitados le imitaron y brindaron por enésima vez.

—¡Ni rastro! ¡Como si se lo hubiera tragado la tierra! —el comisario apuró de un trago la copa—. Y creedme si os digo que un hombre así no podía pasar desapercibido en ningún sitio.

—¿Un hombre así? Explicaos, por favor.

—Bueno... —dudó—. Aquel sujeto hablaba todas las lenguas, conocía todos los países, pintaba, escribía y era un virtuoso con el clavicordio. Se ganó los favores de las grandes damas de la corte regalando frascos de agua que supuestamente las ayudarían a conservarse sin arrugas. Y las abrumó con su erudición poética: lo mismo recitaba a Dante que a Molière. Pero lo más raro es que, pese a su evidente éxito, nunca se le conoció romance alguno con ellas. ¡Nada de nada!

—Quizá no le gustaban las mujeres...

Julien Regnaud, un joven capitán de la Champaña compañero del corso, deslizó su comentario como si fuera una sentencia a la guillotina.

—No. No era eso —Doulcet negó con un gesto inequívocamente etílico—. El tipo debía ser una especie de monje o sufrir de alguna enfermedad genital severa, porque jamás se supo de ningún amante suyo, fuera hombre o mujer. Además, desaparecía con frecuencia de París. Decía que «debía regenerarse» en su pueblo natal... aunque jamás dijo dónde se encontraba éste.

—¿Y explicó cómo lograba hacerlo?

—¡Bonaparte! —el comisario estalló en una sonora carcajada, que atrajo la atención de toda la parroquia—. ¡No pretenderéis conquistar también vos el secreto de la eterna juventud!

—¿Pero lo explicó o no lo explicó? —remató Regnaud.

La insistencia de los oficiales mudó el gesto de su interlocutor.

—Os interesáis por cuestiones ciertamente singulares, ciudadano Bonaparte. ¿Y vos, capitán? ¿No tenéis nada mejor a lo que prestar vuestra atención? Realmente, yo no sé mucho más que todos los que están aquí...

—Pero habéis conocido a gente que trató con Saint-Germain —insistió el corso.

—Sí. Y la mayoría están muertos.

—¡Sois un crédulo, *monsieur* De Pontécoulant! —bufó el capitán Regnaud—. Y me duele admitir que tenéis razón: aquí sólo puedo perder el tiempo...

—Más lo lamento yo —respondió Doulcet ácido—. ¡Qué más quisiera que llegar a la inmortalidad sin renunciar al sexo, capitán!... Por eso el triunfo es sólo para los verdaderamente grandes de espíritu.

Aquello hirió el honor del inflamado Regnaud. Y antes de que Napoleón hiciera siquiera un gesto para apaciguar los ánimos ofendidos del oficial, éste abandonó el reservado propinando un sonoro portazo al salir. Su último gruñido —«Estúpido», gritó sin dejar claro si se estaba inculpando o lo dirigía al comisario— se confundió con la nueva pregunta del corso, hipnotizado por aquellas escuetas revelaciones.

—Entonces, y aunque pueda pareceros una impertinencia *monsieur* De Pontécoulant, decidme: ¿explicó el conde de Saint-Germain cómo lograba regenerarse, si es que dijo la verdad al respecto? Si vuestros confidentes están muertos —insistió firme—, ya no debéis temer por ellos o por faltar a vuestra palabra de caballero.

Doulcet rellenó con mano trémula su copa, bebiéndosela con avaricia antes de responder. Alrededor de ambos, un pequeño grupo de oficiales había formado ya un animado corrillo por el que corrían toda clase de comentarios.

—Realmente no estoy muy seguro, general —dijo, tratando de disimular cuánto le incomodaba hablar públicamente de aquello—. Debéis haceros cargo de que sobre este conde corren informaciones confusas y contradictorias. Algunos creen que es un judío portugués, y otros que fue el hijo legítimo de Franz-Leopoldo, príncipe Ragoczy de Transilvania, ya que en alguna ocasión utilizó ese título.

—¿De veras?

—Desde luego. Lo confesó al príncipe Kart de Hesse, diciéndole que fue educado por el último duque de Medici.

—¡Bobadas!

—Ya, ya... Pero en Transilvania corren rumores sobre nobles que consiguen la inmortalidad bebiendo o bañándose en sangre humana. Aunque por lo que tengo entendido, Saint-Germain descubrió un método más refinado que el de los príncipes rumanos.

—¿Cuál, comisario? —insistió Bonaparte.

—Está bien, general: oí que durante sus prolongadas estancias en nuestra amada República se introducía en una pirámide durante tres días, y después salía de ella totalmente rejuvenecido.

—¡Pero si en Francia no hay pirámides!

—En eso os equivocáis, ciudadano Bonaparte —le atajó De Pontécoulant desafiante. Os equivocáis de plano. Venid a visitarme a mi despacho mañana y os mostraré dónde podéis encontrar pirámides en nuestra patria.

—Habéis bebido mucho, *monsieur.*

—Habéis preguntado mucho, general.

XVII

LAS VISTAS DE los jardines de las Tullerías desde el Pabellón de Flore eran magníficas aquella mañana de lunes. Los escuetos ventanales redondos de la buhardilla del otrora Palacio Real dejaban ver el fértil laberinto de fuentes y estatuas diseñado al gusto del decapitado rey Luis. El inmueble era soberbio. Aunque hacía tiempo que había dejado de ser residencia real, aún era perceptible toda su solemnidad y pompa, aparentemente tan contraria al espíritu popular de la Revolución.

En la sexta planta del edificio, en los pasillos que conducían a las dependencias del servicio cartográfico donde trabajaba De Pontécoulant, la actividad era la mínima que pudiera esperarse. ¿Por qué trabajar? El Directorio no iba a utilizar ninguno de sus mapas en campaña militar alguna.

Antes de entrar en el despacho de puerta más florida, Napoleón se deleitó echando una última ojeada al paisaje. El lugar era sencillamente embriagador, la encarnación misma del poder en la Tierra. Desde allí —rumió en un instante de ensoñación—, un buen estratega podría dominar el mundo civilizado. Un estratega... como él.

El taconeo constante de un funcionario le sacó de sus cavilaciones.

—Ciudadano Bonaparte, el comisario De Pontécoulant le aguarda en su despacho.

Napoleón se mordió la lengua para no contestar de mala gana al bedel. Él no era un ciudadano más; era general. Sin embargo, decidió seguirlo sin replicar.

De Pontécoulant, tocado por una peluca convenientemente empolvada y anudada con un lazo negro en el cogote, mostraba aún los síntomas de la resaca. Aunque ya no presentaba el mismo aspecto de truhán y juerguista de la noche anterior, su mirada enrojecida delataba sus excesos.

—¡Bonaparte! —exclamó desde el fondo de su despacho, atestado de grandes mapas de Francia colgados de las paredes—. Sois más puntual que la mayoría de soldados de nuestro valeroso ejército.

—No tenía nada mejor que hacer hoy, *monsieur*.

—¡Fantástico! —aplaudió divertido—. Entonces yo os entretendré.

En realidad, al corso no le gustaba nada aquella sabandija vestida de casaca fina y tirabuzones de seda. Le interesaba, eso sí, para sus propósitos, y le toleraba en tanto que podía dar buenas referencias de él al ministro Aubry o a Barras, a quien todos llamaban ya «el rey de la República». Pero Barras hacía tiempo que no ocultaba su predilección por Napoleón. A esas alturas, Bonaparte intuía que su futuro sólo se cocería allí, en las intrigas palaciegas, más que como héroe de una guerra a la que jamás le mandarían...

—Ibais a mostrarme dónde están las pirámides francesas, comisario. ¿Lo recordáis, verdad?

—¡Claro! —sonrió otra vez el tiralevitas—. Ese es un asunto poco conocido aquí, pero que me llamó la atención desde que me asignaron al departamento de topografía del Pabellón de Flore. Ayer me lo recordasteis al hablar del prófugo Saint-Germain.

—Una oportuna coincidencia, sin duda.

—Desde luego, general. Por cierto, ¿conocéis Autun?

De Pontécoulant abrió un cajoncito bajo su mesa de trabajo, extrajo un puntero y rodeó con un círculo un pequeño punto del mapa más cercano, situado poco más arriba de Lyón.

—No, señor.

—Pues ahí está la primera pirámide... En realidad sólo queda de ella un amasijo de piedras deformes, que pueden visitarse todavía si se toma la ruta hacia Vézelay o Dijon y se desciende después en paralelo al río Arroux.

De Pontécoulant le hablaba como si Bonaparte fuera a conducir de inmediato una expedición a la zona.

—Nosotros creemos que se levantó en tiempos de los romanos, que tal vez sirvió de tumba a algún patricio adinerado, pero nos ha sido imposible averiguar nada más. Hicimos algunas excavaciones. Se encargaron los responsables de caminos y puertos, sin éxito. No recuperaron ni una maldita moneda de plata. Nada.

—¿Y dónde decís que está, *monsieur?*

—Se encuentra a un kilómetro y medio aproximadamente de un monte llamado Briscou. No es difícil verla, porque originalmente debió tener diecisiete metros de lado por unos veintisiete de alto.

—Nada despreciable, en efecto. Es como una casa de diez pisos del centro de París.

—¿Y quién ha dicho que fuera despreciable, ciudadano Bonaparte?

El corso, hábil, devolvió rápidamente la conversación a su cauce.

—Y decidme, comisario: ¿encontrasteis alguna pista que vinculara esa pirámide al conde de Saint-Germain?

—Lamentablemente, no. Exploramos incluso un pozo natural que nace justo debajo de la pirámide en busca de alguna prueba de ritos extraños, o, quién sabe, incluso de un tesoro escondido por el conde. Y como os dije, no encontramos nada. Nada de nada.

—Naturalmente, deduzco que seguisteis buscándolo en otros lugares.

—En la aldea de Commelle, en Orry-la-Ville, descubrimos una nueva pirámide. Hasta a mí me pareció increíble que encontráramos dos pirámides antiguas en plena Francia. Afortunadamente, de ésta pudimos averiguar mucho más. Fue levantada en el siglo XIII como cámara sepulcral de una familia noble de la zona, pero cuando la visitaron nuestros hombres, no hallaron tampoco indicios de ningún uso reciente...

—Qué fatalidad —chascó la lengua Bonaparte, como si se solidarizara con aquel rastrero de De Pontécoulant.

—¿Sabéis algo, Bonaparte? Que en torno a ese período, entre 1100 y 1200 del calendario cristiano, fue cuando se levantaron mayor número de pirámides en Europa. Fue como si, además de las catedrales góticas, se hubiera puesto de moda levantar esa clase de construcciones.

—¿Moda, decís?

—No sabría qué otra palabra aplicar. De hecho, es el único sustantivo que tranquiliza mi curiosidad. Pensar que se levantaron pirámides por puro esnobismo estético y nada más.

Bonaparte torció el gesto antes de replicar.

—Pero, comisario, sabéis mejor que nadie que la Edad Media no fue un período de esnobs. Todo se hacía siguiendo una finalidad práctica. En el caso de las catedrales, fue para honrar a la Virgen. Pero, ¿y las pirámides?

De Pontécoulant sacudió la cabeza, sin poder detener la nueva pregunta del general.

—Me tenéis en ascuas, comisario. ¿Qué más encontrasteis en su investigación, *monsieur?*

—Una pirámide más. Quizá la más sorprendente de todas.

—¿De veras?

—La encontramos en una montaña cerca de Niza. O, mejor, encima mismo de la ciudad.

Al oír Niza, el corso prestó atención. Quizá no había sido tan mala idea perder aquella mañana en las Tullerías.

—¿Y por qué os interesó más que las otras?

—Sin duda por su situación privilegiada. La pirámide no es demasiado grande; originalmente no debía superar los nueve metros de altura, pero aún domina la bahía de la ciudad y tiene unas vistas envidiables del Mediterráneo. Si no fuera porque es, sin lugar a dudas, una pirámide, bien podría haber servido como base de un faro para nuestros barcos...

—Proseguid.

—Se accede a ella desde la aldea de Falicon, un poblacho de mala muerte colgado encima de un gran monte, el Chauve. Y está tan aislada que, cuando la localizamos, tuvimos que desbrozar una gran cantidad de matorral para dejarla otra vez visible.

—¿Vos en persona acudisteis a verla? —se extrañó Bonaparte. Era difícil imaginar a aquel barrigón ascendiendo otra cosa que las escaleras del café Procope o las de algún prostíbulo de moda.

—Bueno —sonrió orgulloso—, accedí a acompañar a la expedición cuando me hablaron de su factura impecable, y de que nadie había podido determinar si era griega, romana o egipcia.

—¡Egipcia! Exagera...

—No, no. Creedme. Aunque en el pueblo nadie conocía su existencia, encontramos un documento catastral del siglo XII que concedía su propiedad a cierto Ahmed, comerciante egipcio de telas apreciado en los contornos por sus importaciones de algodón. Además, hay un detalle toponímico curiosísimo: Falicon procede de la palabra francesa *faucon*, halcón, y este ave es fundamental en la iconografía egipcia. Horus, os lo recuerdo, general, era un dios con cabeza de halcón.

—Eso lo explicaría todo, ¿no lo cree, *monsieur* De Pontécoulant?

—¿Qué quiere decir?

Napoleón sonrió, enigmático.

—Muy fácil: que el tal Ahmed, nostálgico de las pirámides de su país, decidió hacerse una igual para enterrarse en Francia. Y buscó el lugar más adecuado posible para hacerlo.

—O quizá la heredó.

—¿La heredó?

—Bueno: Falicon es un pueblo que ya habitaron los romanos mucho tiempo antes. Allí quedan incluso los restos de un acueducto subterráneo de esa época —sentenció el funcionario.

—Pero los romanos no levantaban pirámides, *monsieur*.

—Eso no es cierto. En Roma, deberíais saberlo, puede verse aún la pirámide de Cayo Cestio, construida en tiempos de Augusto, cerca de la actual Puerta de San Pablo. Además, ¿qué sabéis vos de pirámides, general?

—No mucho —admitió Bonaparte, seco—, pero algo sí. Acabo de leer una curiosa obra, *Sethos ou vie tirée des monuments et anecdotes de l'ancienne Egypte*. ¿La conocéis?

—A la obra y al autor. Un cura, helenista notable, el abad de Terrasson.

—A mí me sorprendió. El abad de Terrason narra con detalle las pruebas iniciáticas a las que se sometió el rey Seti en la Gran Pirámide...

—Fantasea mucho, general. El buen abad jamás estuvo en Egipto.

—Pues parecía conocerlo todo acerca de Seti.

—¿Y quién de entre nosotros conoce lo suficiente el reinado de ese tal Seti para rebatirle? ¡Nadie, general!

Doulcet, visiblemente acalorado, se deshizo de su casaca dejándola caer sobre uno de los sofás de la estancia. Su camisa vainilla estaba empapada de sudor, pero el comisario trató de disimularlo prosiguiendo con su discurso.

—Por eso creo que vuestro buen abad lo inventó todo —dijo conteniendo la respiración—. No existieron nunca tales iniciaciones en la Gran Pirámide. Y de existir, me resulta muy difícil creer que el abad de Terrason hubiera podido saber nada acerca de ellas. No en vano, de celebrarse, debieron ser ceremonias secretas fuera del alcance de paganos y olvidadas mucho antes de que llegaran los primeros cristianos a Egipto.

—No puedo rebatir ese argumento, *monsieur* De Pontécoulant —respondió inesperadamente dócil Bonaparte—. Hoy me cabe la satisfacción de haber aprendido mucho de vos. Lástima que ninguna de nuestras lecturas, y mucho menos el señor abad y su libro sobre Seti, nos hayan ayudado a descifrar el misterio del conde de Saint-Germain...

—Vaya, ¿os retiráis ya, general?

—Debo hacerlo, *monsieur* comisario. Otras obligaciones me reclaman.

—¿La pirámide de Falicon, tal vez?

El corso rió ante la ocurrencia.

—Eso será cuando visite Niza, amigo Doulcet. Ya os mantendré informado, si fuera el caso.

XVIII

Luxor, II Década, Nonidi de Termidor [29]

El BIGOTILLO DE Jean-Baptiste se tambaleó graciosamente de lado a lado, como siempre que iba a decir algo solemne. El oficial se había dejado crecer aquel mostacho para superar su complejo de niño y sumar a sus recién estrenadas veintitrés primaveras otras cuatro o cinco más. Odiaba que le llamaran «criatura» o «jovencito» indistintamente, y en uno de sus frecuentes arrebatos de genio acababa de exigir a sus colegas que se dirigieran a él sólo por sus apellidos: Prosper Jollois. Nada de Jean-Baptiste.

—¡Qué fuerza tienen los siglos, barón! —exclamó al fin, sosteniendo un gran trozo de yeso policromado en sus manos—. Ayer entramos en una tumba real, recogimos esta piedra tallada hace treinta centurias, y hoy se deshace en nuestras manos como la arenisca...

—Es arenisca. ¿Qué esperaba?

La seca respuesta de Édouard de Villiers no le desanimó.

—¿Y eso no le dice nada sobre la fragilidad del hombre y sus obras?

—¡Ésta sí es buena! —gruñó el otro—. Además de filosofar, ¿ha hecho algo por reunir más información sobre nuestro guía de anteanoche, ese tal Mohammed? Ha tenido tiempo desde ayer.

El semblante suave del joven Prosper se endureció de golpe. Los seis años de diferencia que le separaban del barón De Villiers —un título hueco, sin fortuna detrás, aclaraba éste siempre a la

[29] 6 de agosto de 1799 según el calendario republicano. Año VII de la Revolución.

menor oportunidad— le situaban en franca desventaja. Aunque los dos tenían el grado de ingenieros y eran buenos amigos desde sus años en la Escuela Politécnica de París, Prosper solía terminar siempre bajo sus órdenes. Y aquélla no iba a ser una excepción.

—La verdad es que no he podido averiguar nada todavía, barón. El tal Mohammed no es de Luxor, ni de ésta ni de la otra orilla del río. Nadie lo conoce, y mucho menos han trabajado con él.

—¿Y por qué cree que nos llevó ayer al templo de Luxor y nos explicó tan amablemente de quién era la tumba que hemos descubierto? ¿Por fidelidad a Francia, tal vez?

—Admito que quizá quiso utilizarnos.

—Sí —suspiró el barón—. Yo también pensé en eso. Pero no alcanzo a entender para qué.

Prosper no respondió. Agachó la cabeza y siguió caminando hacia poniente.

Los dos ingenieros habían madrugado mucho. Querían llegar a la boca de la tumba situada tras las Colinas Libias que nacen al oeste de Biban el-Muluk. Su intención era comenzar a retirar cascotes de la entrada antes de que el sol estuviera demasiado alto y el calor les impidiera trabajar a descubierto. Con razón, las extraordinarias revelaciones de Mohammed en el templo habían renovado sus esperanzas de encontrar algo verdaderamente valioso en el lugar de reposo eterno del faraón Amenhotep.

—¿No le parece extraño que nadie conozca a ese guía y que, sin embargo, pareciera tan al corriente de nuestros movimientos?

—Sí lo es, barón —aceptó el joven Prosper—. Hasta llegué a pensar que podría ser un espía de Alí Bey.

La mención del perseguido cabecilla mameluco estremeció a Édouard.

—Por cierto, olvidé decirle que anoche murió Salaj.

La extraña concatenación de ideas —el recuerdo del turco asesino y la muerte del tal Salaj— terminó por sobresaltar al ingeniero.

—¿Salaj? ¿Nuestro aguador? ¿Está seguro?

—Completamente.

—¿Qué sucedió? Dígame. ¿Por qué nadie me ha informado antes?

—Tampoco conozco los detalles en profundidad, barón, pero parece que lo asesinó Omar Abiff con sus propias manos, delante de testigos, en el local de Hayyim. En cuanto a por qué nadie le informó, debo recordarle que al regresar al campamento usted mismo dio órdenes precisas de que le dejaran dormir hasta el amanecer.

—Ya, ya. ¿Y cuándo pasó eso?

—Justo mientras estábamos en el templo. Al parecer, estaban discutiendo sobre nuestro descubrimiento, cuando los ánimos se caldearon y Omar rajó el vientre del aguador.

—Pobre muchacho...

Édouard de Villiers ahogó un suspiro. Cada vez que alguien le mencionaba un asesinato reaccionaba siempre igual. No es que le asustaran los muertos; le aterraban los ajusticiados. Entre los sabios de la expedición de Bonaparte se especulaba a menudo con que el barón no había superado aún el trauma de haber escapado del Terror de Robespierre por los pelos.

—...Y dígame, Prosper, ¿no creerá que el asesinato tuvo algo que ver con esta tumba? No hace falta ni recordar que Omar es un conocido saqueador de antigüedades en toda la orilla este.

—He de admitir que la idea no se ha ido de mi cabeza en toda la noche —el bigotillo de Prosper volvió a columpiarse sobre su boca—. ¿Recuerda cuando entramos en la tumba por primera vez? Todo estaba revuelto. Había cascotes y restos de cerámica por todas partes, como si alguien se nos hubiera adelantado hacía poco y se hubiera llevado cualquier objeto de valor ante nuestras propias narices.

—Hasta la momia del rey.

—Cierto: hasta la momia.

El barón hizo memoria. En Versalles, junto a su padre, en el ministerio de Finanzas, aprendió que una atenta evaluación de las circunstancias que rodean un robo o una estafa, hecha a tiempo, puede ayudar a encontrar al culpable de casi cualquier atropello. En el caso de la tumba de Amenhotep, sus observaciones habían sido meticulosas en extremo. Entraron por una abertura practicada en el lado este de la colina y, tras descender cuatro tramos diferentes de escaleras, sorteando un peligroso pozo de casi cinco metros de profundidad, desembocaron en la sala del sarcófago. Todo allí había sido removido con anterioridad. Había fragmentos de vasijas, de yeso policromado desprendido por la humedad, y olía mal. El sarcófago de piedra había sido forzado y robado.

Entonces apenas dieron importancia al asunto, atribuyendo el desorden del sepulcro al saqueo a que debió de verse sometido en tiempos de los faraones. Pero ahora dudaba. En la cámara del ataúd de piedra, la tercera sala por orden dentro de la estructura de la tumba, lucía en una esquina un singular *ankh*. Esta cruz de los egipcios, cuyo brazo superior es como el ojal exageradamente grande de una aguja, había sido retocada hasta hacerla parecer un crucifijo cristiano. Alguien la había remozado, eliminando el agujero superior y simplificando sus trazos. Édouard barruntaba algo: ¿y si la tumba había sido saqueada en tiempos recientes? ¿Tal vez a manos de cristianos? ¿Y si Omar sabía de ella por algún confidente próximo y se adelantó a su expedición llevándose de ella lo poco de valor que aún podía contener?

—No hay forma de saber si esa cruz es antigua o reciente, barón. Quizá los cristianos copiaron ese símbolo a los egipcios hace siglos y, en consecuencia, la tumba fue profanada y olvidada antes de que nacieran nuestros tatarabuelos —terció Jean-Baptiste, tratando de quitarle importancia al descubrimiento.

—Cuidado con lo que dice, amigo. ¿Sabía que esa misma idea le costó la hoguera a Giordano Bruno? El buen monje creyó que los apóstoles copiaron el signo de la cruz de los egipcios, y así lo defendió hasta su muerte.

El joven ingeniero no respondió. Estaban llegando ya al terraplén donde se abría la entrada al mausoleo real. Ambos sabían que les aguardaba una jornada de duro trabajo.

—Prosper, debo preguntarle una cosa...

El tono del barón sonó repentinamente a confidencia.

—Dígame, Édouard.

—¿Recuerda lo que dijo Mohammed de Bonaparte?

—¿Se refiere a esa charada de que el general había venido a este país para seguir los pasos de Jesús en Egipto?

—Exacto —respondió seco el barón—. El nubio nos dijo algo de un elixir, y de que se ofrecía a llevarnos hasta su fuente...

De Villiers dudó un instante antes de proseguir.

—... Aunque nada sé yo del interés de nuestro general por estas cosas. ¿Y usted?

—Yo tampoco. Y dudo mucho que Girard[30] esté al corriente. Cada vez que llega a un templo, el muy imbécil sólo se preocupa de encontrar dónde se halla la mejor sombra para echarse a dormir. «El Nilo, el Nilo... Nos ordenaron estudiar el Nilo; no las ruinas.»

La tosca imitación del acento bretón del ciudadano Girard hizo sonreír al barón.

—Vale, vale, lo admito, Prosper. Girard es un idiota, pero Bonaparte no. Los dos sabemos que haría cualquier cosa por ganarse la confianza de los egipcios. En El Cairo se declaró musulmán, y hasta dictó proclamas en alabanza de Mahoma. Pero de ahí a justificar su campaña de Nazaret como una especie de viaje evangélico tras las huellas de Jesús, me parece excesivo.

—Mi buen amigo: sólo he hablado una vez con Bonaparte cara a cara...

[30] Se refiere a Pierre Simon Girard. Ingeniero de puentes y caminos bajo cuyo mando se hallaban Prosper Jollois y Villiers du Terrage durante la expedición al Alto Egipto del verano de 1799.

—¿De veras?

—... Fue en Toulon, antes de que zarpáramos rumbo a Malta, y luego a Egipto con la Armada de Oriente. ¿Y sabe usted? La verdad es que no me pareció ningún buen cristiano.

—Su familia es creyente. De la Córcega más católica.

—Júzguelo usted por sí mismo: era un espléndido domingo de floreal [31], y yo mismo fui testigo de cómo echaba con cajas destempladas al capellán del puerto, que le recriminaba no haber ido a escuchar misa con el resto de la tropa.

—Eso no quiere decir nada.

—Oh sí, sin duda. Si Bonaparte ha ido hasta Nazaret con el general Kléber, no ha sido para rezar en la casa de la Virgen, ni tampoco para buscar el taller de carpintero de José.

—¿Qué quiere insinuar ahora?

—Tal vez, que Mohammed no nos mintió después de todo. Y que Bonaparte tampoco dijo a sus soldados toda la verdad sobre sus intereses. Tal vez —subrayó con tono misterioso— que nuestro general está buscando la llave de la vida eterna, tal como los faraones siglos atrás.

De Villiers, instintivamente, miró en la misma dirección que su compañero. Habían llegado a la embocadura de la tumba de Amenhotep. El barón torció el gesto nada más verla: la improvisada puerta de tablas que habían instalado el día anterior para bloquear la entrada al mausoleo había sido forzada.

Algo crujió en su interior.

---

[31] Aproximadamente, mayo según el calendario republicano.

XIX

El Cairo, 4 Rabi I[32]

POCO MÁS DE cuatro jornadas de navegación emplearon Nadia y su tío Alí en alcanzar la ciudad de El Cairo. La Victoriosa —pues esto significa *Al Qahira* en árabe— terminó alzándose de buena mañana frente a ellos, mostrando las medialunas plateadas de sus infinitos minaretes.

Era difícil imaginar un espectáculo más soberbio que aquél: grandes barcazas de carga, rodeadas por un ejército de pequeñas falúas y lanchas de remo, avanzaban sin orden aparente en todos los sentidos. Hasta los más incrédulos debían admitir que Alá, en su infinita sabiduría, había bendecido aquel río disponiendo sobre él un orden invisible y misterioso, capaz incluso de regular un tráfico de enseres y personas tan endiablado como el suyo. El Creador, el Señor del Universo, se complacía en mostrar en esas pequeñas cosas la inmensidad de su poder.

«El Cairo ha cambiado mucho desde que llegaron los franceses», les advirtieron en su mismo barco. «Los extranjeros han transformado rápidamente *La madre de todas las ciudades* en un lugar distinto, y Dios, por alguna oscura razón, se lo ha permitido», añadieron.

A los Ben Rashid aquello les importaba bien poco. No habían llegado a la región del Delta por capricho o por fe, y los franceses, a decir verdad, les traían sin cuidado.

En su barcaza, una plataforma de troncos grandes en la que se

[32] 6 de agosto de 1799. Año 1214 después de la Hégira.

había plantado una lona enorme y parcheada que hacía las veces de vela, lo cierto es que casi no hablaron con nadie. La Perfecta se había cubierto la cabeza con el preceptivo velo que ordenaba el islam, y ambos no tuvieron demasiadas dificultades en hacerse pasar por un joven matrimonio del sur. Por supuesto, pagaron religiosamente el precio de los pasajes, rezaron las preceptivas cinco oraciones diarias mirando a La Meca y aguardaron impacientes a desembarcar en un pequeño muelle cercano al barrio de Giza, a eso de las ocho de la mañana.

El calor era bochornoso.

Lo primero que les llamó la atención fue la enorme cantidad de soldados que patrullaban las inmediaciones de las pirámides. Nunca habían visto tantos y tan bien pertrechados franceses juntos. Lo curioso es que allí apenas había nada que proteger, salvo arena y piedras, por lo que la presencia policial de europeos armados hasta los dientes se les hizo ridícula y misteriosa a la vez. Las malas lenguas rumoreaban que los extranjeros se estaban preparando para detener otro ataque de Murad Bey. Y con razón: sólo cinco días antes de su llegada, el temido Murad había escalado impunemente la Gran Pirámide para enviar desde su cima, gracias a un pequeño espejo de plata, mensajes en clave a Nefissa, una influyente dama de El Cairo a la que cortejaba. Cuando los franceses se dan cuenta, Murad ha huido ya hacia el oasis de El Fayyum, pero ha dejado en la ciudad la ambigua impresión de que los disturbios contra el ejército de ocupación galo pueden reiniciarse en cualquier momento...

—Creo que en el centro, lejos de las pirámides, estaremos más seguros. Al menos hasta que llegue el día...

La enigmática sonrisa de Alí sorprendió a La Perfecta.

—¿El día?

—Sí, Nadia. El momento en el que deberemos ir a Heliópolis para reclamar lo que pertenece a nuestro clan.

La mirada del nubio se cruzó por un momento con la de la lejana Esfinge. Clavada frente a la pirámide de Kefrén, su rostro eterno parecía desafiar a todo el que pretendiera arrancarle sus secretos. Desde el sucio callejón en el que se encontraban, la visión de la cabeza del coloso emergiendo de las arenas parecía el eco de un paisaje de otro mundo.

—Llevamos varios días juntos, y todavía no sé muy bien a qué te refieres, tío —se lamentó La Perfecta.

—¡Ah, Nadia! Lo que hemos venido a buscar es tan antiguo y ha sido protegido en tantos lugares sagrados distintos que hay que estar atentos a cualquier señal de los dioses. Quién sabe —añadió arcano, perdiendo su vista en el horizonte de arena que les rodeaba—: quizá ni siquiera nos haga falta salir de Giza para encontrar el secreto de la vida eterna.

La muchacha se encogió de hombros. Cada vez que su tío explicaba algo de su «misión», un mar de dudas se desbordaba en su interior. Ahora era incapaz de entender por qué la fórmula de la inmortalidad podía estar escondida en más de un lugar santo. En Edfú creyó entender que Heliópolis era la plaza a la que el pájaro *Bennu* regresaba periódicamente para recuperar su fuerza vital, renaciendo de sus propias cenizas, fortalecido y joven. Si sobre eso su tío parecía no tener dudas, entonces ¿por qué no emprendían ya camino de Heliópolis y le arracaban al Fénix el secreto de una vez por todas?

—Lo que dices es razonable —admitió el nubio al escuchar sus quejas—. Sin embargo, si hubieras estudiado a fondo, como yo, el antiguo cuento de Hordedef, sabrías por qué centros de poder tan distintos como Heliópolis y Giza pueden, indistintamente, guardar la fórmula.

—¿Hordedef?

—¿Lo ves? Tu falta de preparación te delata. Él fue uno de los hijos de Keops —el gigante de ébano sonrió con aire de superioridad—, y el suyo es uno de los relatos más conocidos de la época de los faraones.

La muchacha inclinó suavemente su cabeza, disponiéndose a escuchar:

—Durante el mandato de su padre, el príncipe Hordedef trató de averiguar para Keops cómo fue el especialísimo y secreto templo que el dios Toth construyó para guardar en él un cofre que contenía toda su sabiduría. Keops deseaba a toda costa imitar aquel templo perdido en la noche de los tiempos, pero no sabía a quién recurrir para cumplir su sueño. Nadie en todo el reino parecía conocer el paradero del Templo de Toth, ni por supuesto sus planos.

—¿Y eso lo averiguó Hordedef?

—Así es. El sagaz príncipe encontró a un anciano que recordaba aún ese secreto. Vivía en Sakkara, y con la información que le confió, el rey se apresuró a construir su ansiada réplica: la Gran Pirámide de Giza.

—Entiendo —los ojos de la bailarina brillaron—. Así que nuestra familia no sabe dónde se encuentra el cofre con la sabiduría de Toth... Si en el templo original o en la réplica de Keops.

—Esa es la pura verdad. Aunque el relato no dice nada al respecto, es probable que Keops desenterrara las ruinas del Templo de Toth y se apoderara del cofre que contenía su sabiduría. Después, pudo haberlo encerrado en su propia pirámide. Tal vez por eso los antiguos griegos creían equivocadamente que las pirámides de Giza las levantó el mismísimo Toth.

—¿Y quién podría hoy saber la verdad, después de todo el tiempo que ha pasado?

Alí sonrió otra vez ante la ingenuidad de Nadia:

—Sólo «los sabios azules». ¿Recuerdas lo que te dije de ellos? ¿Recuerdas cómo en Edfú te ilustré sobre su origen humilde y te expliqué que ellos fueron designados como los custodios del Secreto de la Vida desde la época misma de los dioses? Sin duda, sólo ellos saben hoy dónde está exactamente el lugar de Toth en Heliópolis, o, en su defecto, la cámara del cofre en la Gran Pirámide.

—¿Y por qué crees que nos dirán dónde está?

La enésima pregunta de La Perfecta flotó en el ambiente por

unos instantes. El nubio pareció meditarla con cuidado, y después, solemne, respondió sin titubear:

—En realidad, sólo esperan la llegada de alguien como tú para entregarnos el secreto.

—¿Como yo?

Las cejas de La Perfecta se arquearon de incredulidad.

—Si te consideras preparada, ha llegado el momento de que te sea revelada cuál es tu sagrada misión.

—Estoy preparada, tío.

—En ese caso —susurró—, sea.

Alí tiró de la mano de Nadia hacia el corazón de la muchedumbre. Al principio se desorientó, pero el espigado alminar de ladrillo de la mezquita del califa Al-Hakim le situó en seguida: su tío la arrastraba hacia la calle de Bayn al-Qasrayn, que significa «Entre palacios», bordeando lo poco que quedaba intacto de las viejas mansiones fatimíes que precedieron a la decadencia otomana.

La marea humana repugnó a la joven Ben Rashid. La sinfonía de olores, que mezclaba aromas de especias, el efluvio de los guisos callejeros y el hedor a estiércol de caballos y camellos se fundían allí con intensa desarmonía. Al Qasrayn, a diferencia de otros sectores próximos de El Cairo, no parecía haber entrado aún en las ordenanzas municipales de los franceses: seguía siendo una calle estrecha, mugrienta y putrefacta, poco acorde con su nombre, por la que todavía nadie había visto pasar un carro grande jamás.

Por fortuna, su paseo duró poco. En uno de los callejones laterales, tangencial a la arteria principal, detrás de una cortina de tela tiznada de inmundicia, se abría un patio insólitamente limpio y ordenado. Alí debía conocerlo a la perfección, pues en ningún momento se detuvo a preguntar a los transeúntes ni dudó en adentrarse en él.

La Perfecta, dócil, se dejó hacer.

Dos niños, agazapados en una esquina, jugaban a algo parecido al ajedrez. Al verles entrar, se levantaron de su escondite y cruzaron a grandes zancadas el patio. Instantes después, una gruesa mujer, de rostro amable y redondo, les salió al paso. Murmuró algo ininteligible y besó en una mejilla a Alí. La buena señora, presa de una inconfesable excitación, condujo deprisa a Nadia a un segundo recinto, al raso, más grande y perfumado de azahar, en el que un anciano con los ojos blancos parecía estar esperándola desde hacía un buen rato.

—¿Nadia? —susurró el ciego nada más sentir su presencia—. Eres tú, ¿verdad?

El venerable giró la cabeza exactamente hacia donde se encontraba la joven, pero no fijó su mirada en ninguna parte.

—No temas, por favor —prosiguió con una amplia sonrisa en los labios—. Siéntate cerca de mí, para que pueda tocarte. Hacía mucho que deseaba conocerte...

Nadia obedeció al punto. Aquel anciano, que debía rondar los setenta años, de barba blanca e hirsuta, cabello ralo y pómulos afilados, desprendía un extraño magnetismo. De su voz y sus gestos solemnes emanaba una profunda autoridad. La mujer, probablemente una de sus esposas, condujo a Nadia a su vera y la ayudó a sentarse sobre un cojín bordado con pedrería.

—Yo soy Ahmed —dijo al fin—, el gran Patriarca de los Ben Rashid. El guía espiritual del clan desde que Al Hussein confiara en mí esa tarea hace muchos, muchísimos años. Pero, claro, tú no me conoces.

—Alí me habló mucho de usted.

—Y te contaría también el sueño en el que un ángel de Dios me reveló que nuestra familia se levantaría al unísono para recuperar la fórmula del Sed. La fuente de la recuperación de la vida. ¿Verdad?

—Así ha sido.

Las manos sarmentosas y fuertes de Ahmed se estiraron hasta tomar las de Nadia. La Perfecta las notó cálidas y vigorosas.

—¿Y no te dijo por qué te ha traído ante mí?

—No.

—¿Ni te ha hablado del origen de nuestra familia? ¿Ni de por qué somos tan celosos preservando nuestro linaje?

—No.

—¿Ni tampoco te reveló las razones por las cuales te vendimos como sirvienta en Luxor y te encomendamos la vigilancia de Omar Abiff?

—No, maestro Ahmed.

El gesto del anciano se torció. Contrariado por la ignorancia de su invitada, el Patriarca de los Ben Rashid decidió instruir tan rápidamente como fuera posible a aquella nueva discípula. Él, como nadie, sabía lo mucho que urgía completar su formación y prepararla para el momento preciso. Para *El Tiempo* que estaba ya llegando.

—Tu madre, Sara, ¿la recuerdas aún?

Nadia abrió los ojos como platos.

—¿Mi madre? ¡Claro! Estuve con ella hasta que cumplí los trece años, cuando el clan me vendió a Hayyim.

—Pues bien, pequeña, escucha atentamente lo que he de decirte, porque de ello depende la misión que hoy te confiaré. No pierdas detalle, ni ignores aquello que no te guste o te contraríe...

—Sí, maestro.

Ahmed apretó con fuerza aquellas manos suaves antes de continuar.

—Tu madre, como tu abuela antes y tus antepasadas por línea materna desde sesenta generaciones atrás, perteneció a una casta de iniciadas en los secretos de Isis. Aunque era de origen semita, la familia accedió pronto a los más altos honores de los antiguos egipcios.

—¿Judíos? ¿Mi familia es de origen judío?

—Aguarda, Nadia —Ahmed la atajó—. Tu familia desciende, por línea directa y protegida, de Miriam, la madre del mesías de los cristianos. Ella visitó Egipto forzada por una severa persecución política emprendida contra su hijo recién nacido. La que estaba destinada por Dios a ser la madre del profeta de los cristianos se afincó en la vecindad de Heliópolis, que entonces era aún un próspero centro de sabiduría y conocimiento, y logró iniciarse en los ritos de Isis gracias a los signos celestiales que acompañaron su llegada.

—¿Signos celestiales?

—¡Oh, sí! Los egipcios somos, desde mucho antes de la aparición de los primeros faraones, unos hábiles astrólogos. Nosotros vimos en Yeshua y Miriam ciertos rasgos en sus cartas astrales que los convertían en elegidos de los dioses. Por eso nuestros antepasados accedieron gustosos a iniciarlos en los secretos más arcanos de la fe de Isis. En cierto modo, les estaban esperando desde hacía mucho, como quien espera el regreso de un lejano y perdido familiar. No olvides que Moisés, gran Patriarca de los judíos, había sido príncipe y sacerdote de Egipto y se había llevado con él parte de nuestra fe...

—¿Y en qué consistió la iniciación de Miriam, maestro?

Ahmed sonrió.

—En mostrar a la Sagrada Familia el funcionamiento de una muy poderosa ciencia de la inmortalidad —dijo solemne—. La joven Miriam asumió aquel saber como propio y lo transmitió a su hijo con la ayuda de los sacerdotes del Templo del *Bennu*. Pero Miriam también inculcó nuestra ciencia a algunos de sus otros descendientes.

—¿No fue Yeshua hijo único de Miriam?

—Oh no, nada de eso. Hasta sus discípulos hablaron en sus escritos de los hermanos y hermanas de Yeshua. Y fueron ellas las que recibieron la especialísima iniciación de Isis. Es más: a partir de Miriam esa iniciación fue aún más intensa que en la antigüedad, pues con la llegada de los romanos se temió que se perdiera para siempre. Los sabios que poseían el conocimiento de la vida lo habían logrado salvar de la rapacidad de faraones y sacerdotes, pero eran tan conscientes de que sobre ellos se cernía una época difícil, de grandes ambiciones, que decidieron proteger su secreto de forma muy especial...

Ahmed percibió la inquietud de Nadia en sus movimientos. Las manos de La Perfecta se agarraban con fuerza a las suyas, como si temiera caerse.

—Sí, pequeña: decidieron que el secreto sólo se transmitiría por la sangre. Los sabios establecieron que, en adelante, sólo la pertenencia a la familia de Miriam garantizaría el acceso pleno de sus mujeres a la ciencia secreta de la inmortalidad...Y aunque no siempre éstas decidieran ponerla en práctica o recibirla, la iniciación se transmitiría con eficacia.

—¿Y mi madre...?

—Tu madre, como casi todas tus predecesoras, no quisieron ejercer aquello para lo que habían sido predestinadas. Tampoco las circunstancias fueron las que ahora te rodean a ti, ni jamás habíamos sabido de que a tierras de Egipto, desde los tiempos de Yeshua, hubiera llegado nadie digno de recibir la iniciación de Isis y que reprodujera en un varón el rito que en su día devolvió la vida a Osiris...

La Perfecta se encogió de hombros.

—¿Quiere usted decir que, además de una nueva Isis, debe llegar un nuevo Osiris con el que reproducir la alta magia de los antiguos dioses?

—Algo parecido, Nadia.

—¿Y sabe ya quién es el Osiris al que se espera?

Ahmed se quedó en silencio durante un instante, meditando la respuesta. Después, acariciando la suave mano de La Perfecta, susurró su respuesta para que nadie más pudiera escucharle:

—Es Bunabart. El sultán venido del otro lado del mar...

XX

Luxor, orilla oeste

Aquellos ojillos pequeños y luminosos le detuvieron.

Jean-Baptiste —el primero que se decidió a entrar en la tumba de Amenhotep— supo en seguida a qué se estaba enfrentando. Y un terror seco se apoderó de él, paralizándolo de pies a cabeza. No era para menos: a pocos palmos, la silueta delgada de una cobra erguida, tensa, con los anillos del cuello hinchados, sus escamas romboidales relucientes como espejos y la lengua bífida silbante, le miraba con fiereza.

El barón no había entrado aún, por lo que la luz que se colaba en el interior de la tumba iluminaba bastante bien al reptil. Éste, tenso como la cuerda de un arco, se balanceaba casi imperceptiblemente sobre su panza, estudiando a su nueva víctima. De no ser por el brillo de su mirada, Jean-Baptiste Prosper Jollois podría haber creído que se trataba de una estatua. Pero no. Era como si aquel ofidio llevara horas aguardándole, planeando la forma más eficaz de darle muerte. El ingeniero lo leyó claramente en su gesto: en breve, cuando terminara de examinar al intruso, atacaría su flanco más desprotegido, inoculándole una muerte rápida en sus venas.

Jean-Baptiste no se atrevió siquiera a gritar. Si lo hacía, el áspid se lanzaría sobre su cuello y todo habría terminado demasiado deprisa.

Así, en cuclillas, con las manos apoyadas sobre el suelo calcáreo del mausoleo, no tenía escapatoria posible. El desenlace —de eso estaba seguro— era sólo cuestión de tiempo. Y muy poco.

La mente del ingeniero calculó lo peor: en los siguientes diez o doce segundos la cobra, cada vez más rígida e hipnótica, le vería parpadear o tragar saliva y aprovecharía la menor contracción muscular del ingeniero para saltar sobre él. Ahí sí gritaría; para entonces entraría corriendo el barón De Villiers, hasta ese momento distraído en la boca de la tumba buscando huellas de saqueadores, y contemplaría la aterradora escena dejada tras el ataque. Mientras, él, retorcido de dolor, apretándose el estómago con los puños, cerraría los ojos para siempre sin tiempo apenas para pensar en su madre, sus hermanas, su casa de veraneo en Aix-en-Provence o su perro Lucas.

Su vida se esfumaría en brazos del barón, y con ella todos sus sueños de grandeza y prosperidad.

El reptil bufó.

Su mirada se volvió más rígida si cabe, mientras su pequeña cabeza cuadrangular se inclinaba inesperadamente hacia atrás, como si tomara impulso para lo peor. Jean-Baptiste, impotente, creyó que su hora había llegado.

Sin embargo, la cobra se detuvo en seco.

—¡No se mueva, Prosper Jollois!

La voz familiar de Édouard de Villiers sonó nítida detrás de él. El reptil, confuso, no supo decidir a cuál de los dos blancos atacar.

—¡Sobre todo, no le quite la vista de encima! —insistió el barón.

Jean-Baptiste obedeció. No había acatado ninguna orden suya con tanto agrado en todo el tiempo que llevaban en Egipto. De pronto, con la eficacia de un cirujano, algo cortó el aire a la altura de su oído derecho. El sable de Édouard, brillante como un relámpago, segó de cuajo el cuello del reptil, que en silencio rodó sobre la piedra de la tumba, retorciéndose entre espasmos irregulares.

—¡Por Dios, barón! —se incorporó el ingeniero—. ¡Casi me corta usted la cabeza!

—¡Cállese!

Prosper Jollois hizo gesto de no comprender.

—¡Silencio! —repitió aquél en voz baja—. Sea quien fuere el que ha forzado la tumba de Amenhotep, debe estar aún dentro. Hay varios caballos ahí fuera, escondidos en un abrigo de roca. Y no son de nuestro ejército.

El joven ingeniero se estremeció. Aún palpitaban cerca de él las entrañas sanguinolentas del áspid, recordándole lo cerca que había estado de la muerte.

—¿Son... muchos?

—Seis o siete, por lo menos. ¿Trajo la carabina?

—No.

El barón hizo una mueca de desaprobación.

—¡Da igual! Hoy nos vamos a enterar de qué está ocurriendo aquí. Vamos a descender a la tumba, ¡y rápido!

—Pero, señor, ¿y si hay otras serpientes?

—Nos arriesgaremos.

Édouard de Villiers extrajo un par de velas de su casaca, que encendió de inmediato. Su luz, escasísima frente a las tinieblas que se abrían ante ellos, se agitó como si dudara de mantenerse encendida. Pero aguantó.

El barón estaba en lo cierto: más allá de los dos primeros tramos de escaleras, al fondo de un tétrico pasillo sembrado de escenas incomprensibles, se adivinaba un bisbiseo. En un principio fue poco más que un rumor. Un ruido profundo, que emergía de las entrañas de la tierra y que erizó los cabellos de Jean-Baptiste.

Ninguno de los dos articuló palabra. Descendieron cautelosamente, tratando de no remover los escombros que salpicaban el lugar. Figuras humanas con rostro de perro, cortesanos vestidos con transparencias de una exquisitez indescriptible y aves con las alas desplegadas parecían no quitarles ojo de encima.

—Escuche —susurró el barón—. ¿Lo oye?

Prosper Jollois se adelantó hasta alcanzar la situación de su superior. Habían bajado otros dos tramos más de escaleras, y al fondo, de lo que parecía una sala mayor emergía un ruido sordo acompañado de un tenue resplandor. Los ingenieros soplaron las velas y avanzaron los seis pasos que les separaban del final del corredor.

Allá dentro la humedad casi se podía cortar con la espada. Al cabo, Jean-Baptiste tiró de las ropas del barón y se le acercó para cuchichearle algo:

—Esto no me gusta —masculló—. Si son seis y nos descubren, no saldremos vivos de aquí.

Édouard ignoró la advertencia y, despegándose del aliento de su compañero, estiró prudentemente la cabeza para asomarse al interior de la sala contigua.

Durante unos momentos, no reaccionó.

Al fondo de una estancia dividida en dos niveles, y flanqueada por seis columnas bellamente adornadas con nuevas figuras y jeroglíficos, se levantaba un sarcófago detrás del cual se adivinaba un trono de madera en el que se sentaba —Édouard dudó espantado— ¡una momia!

La luz era pobre; apenas una docena de lámparas de aceite alumbraban toda la estancia. Pero pese a todo, en medio del recinto, frente a la inmóvil silueta del entronizado, distinguió el rostro familiar y bien arreglado de Omar ben Abiff.

—¡Omar...! —susurró satisfecho.

Ahora no tenía dudas: había sorprendido al mayor traficante de reliquias del sur de Egipto con las manos en la masa, en el interior de una propiedad francesa. En cuanto le denunciara al general Desaix, le detendrían y le enviarían a El Cairo para juzgarle.

Pero algo en su actitud escamó al barón. Omar no parecía interesado en rebuscar entre los cascotes y desperdicios de la tumba. Y tampoco su extravagante cuadrilla, un grupo de seres, mitad humanos mitad animales, que le rodeaban mientras Omar recitaba una extraña salmodia:

—¡Oh, Osiris! —coreaban.

No cometí iniquidad contra los hombres.
No maltraté a las gentes.
No cometí pecados en el Lugar de la Verdad.
No traté de conocer lo que no se debe conocer.
No blasfemé contra Dios.
No obligué a nadie a pasar hambre.
No hice llorar.
No maté.
No ordené matar...

El barón reculó. Dos de los fantasmas, con cabezas de chacal y halcón, se habían dado la vuelta en medio de la ceremonia para tomar una gran balanza de cobre que descansaba contra una de las paredes del recinto, muy cerca de donde estaban ellos. Mientras la instalaban, Omar, extasiado, continuaba recitando, con el brazo izquierdo sobre el plexo solar, su monótona letanía.

—... No disminuí las ofrendas a los templos.
No manché los panes de los dioses.
No fui pederasta.
No forniqué en los lugares santos del dios de mi ciudad.
No cacé en los cañaverales de los dioses.
No pesqué en sus lagunas.
No opuse diques contra las aguas.
No me opuse a ninguna procesión.
¡Soy puro! ¡Soy puro! ¡Soy puro!

Édouard, que comprendía bastante bien aquella especie de oración recitada en árabe, dejó pasar un tiempo prudencial antes de volver a asomarse. «Chacal» y «Halcón» deberían haber montado ya la balanza unos pasos por delante de él. Y así, mientras dos mujeres maquilladas como nunca había visto en Egipto hacían sonar sus sistros, una neblina de incienso ácido les envolvió en cuestión de segundos.

De repente, el «Chacal» habló. Su voz, vagamente familiar, muy grave, atronó la sala:

—Tú, que has superado el implacable juicio de los cuarenta y dos asesores de los muertos, que has sido capaz de declararte inocente de los cuarenta y dos pecados fundamentales del verdadero creyente, ¿te someterás ahora al veredicto de la balanza?

—Sí. Me someteré —respondió Omar, al que su piel negra y perfumada con aceite de sándalo le brilló como la plata.

—En ese caso, debes saber que si superas el juicio y tu corazón pesa menos que la sagrada pluma de la diosa Maat, reina de la Verdad, accederás a los misterios de la vida eterna. Si no, tu *Ka* y tu *Ba* serán engullidos por Ammit, el terrible monstruo de cabeza de cocodrilo que devorará tu existencia y te condenará a la desaparición absoluta.

—Acepto.

¿Ka? ¿Ba?

Édouard se frotó los ojos, irritados por el incienso, antes de explicar a Jean-Baptiste lo que estaba sucediendo allá adentro. Apenas podía creer que el temido Omar no hubiera entrado en aquella tumba para destrozarla o desposeerla de sus escasos tesoros. Y mucho menos que participara en aquel ritual y jurara no haber matado ni pecado. En cuanto a aquella jerga exótica, a duras penas creía identificarla con la idea que los antiguos egipcios tenían del alma.

El «Halcón» se inclinó ceremoniosamente sobre uno de los platos de la balanza, colocando sobre él un frasco de alabastro de pequeño tamaño.

—Aquí está *Ib*. Tu corazón —dijo.

—Y aquí *Shes maat*. El espíritu de la justicia —remató el «Chacal», depositando un cuenco opaco en el otro plato.

Una tercera criatura, con cuerpo de hombre y cabeza de pájaro, provisto de un pico largo y afilado, se adelantó al grupo y, frente a la balanza, exclamó:

—Sea, pues, como quieres. Yo, Toth, Aquel que se creó a sí

mismo, al que nadie dio a luz, Aquel que calcula desde el cielo y es capaz de contar las estrellas y llamarlas a todas por su nombre, inscribiré para la eternidad el resultado de este juicio severísimo.

—Amén.

Mientras los sistros inundaban la estancia de un sonido silbante que a Jean-Baptiste le recordó los bufidos de la cobra, la balanza comenzó a hacer su trabajo. El joven ingeniero, sobrecogido por los ecos de aquel ritual, se acurrucó en la parte de atrás del corredor, mientras el barón, excitado, no perdía de vista la operación.

La báscula titubeó. Se inclinó alternativamente a favor de cada uno de los platos para, *in extremis,* flotar ecuánime entre ambos. Si los viejos ensalmos no mentían, Omar era ya un *Maat kheru,* un justo y justificado ante Dios. El reo, al conocer el implacable veredicto de la balanza, respiró aliviado.

—Hemos cumplido con todo lo que ordena *Reu Un Pert Em Hru*[33] —dijo Toth—. Hemos seguido escrupulosamente los dictados de los antiguos conjuros. Ahora, Omar, si Maat cumple con su justicia, deberá entregarte el mismo secreto que reveló al dueño de esta tumba, el gran Amenhotep III.

—La fórmula de la vida.

Édouard se sobresaltó. La nueva frase del «Chacal» le recordó a alguien... Pero aguardó.

—¡Oh, Osiris! —exclamó éste mientras se tanteaba la base de su cabeza lobuna—, ahora que ya hemos concluido el ritual, guíanos hasta el hombre que ha de recibir tu secreto.

Y dicho esto, se arrancó la testa. Depositó la máscara en el suelo con cuidado y estrechó a Omar ben Abiff con un abrazo intenso.

—¡Mohammed! —exclamó feliz el saqueador—. Gracias por indicarme el camino.

El barón, atónito, descubrió que su guía de Luxor era quien se

[33] Literalmente: *Libro de lo que vendrá algún día.*

escondía bajo la cabeza del «Chacal». Y lo que era peor: que trabajaba codo con codo con Omar ben Abiff.

—No tienes por qué agradecérmelo —le dijo a éste—. Es mi sagrada misión guiarte hacia el éxito, y con ello a los verdaderos fieles del Sol que custodian el secreto.

Omar sujetó a Mohammed por el antebrazo, mientras éste arqueaba su inconfundible ceja negra hacia el centro de la frente.

—Después de la fuga de Nadia, creí que habíamos perdido a la intermediaria para conseguir la fórmula.

—No. Aún nos queda Bonaparte. Si él es el imán que esperamos, si lo que anuncian los profetas shiíes es correcto, sólo cuando le encuentres y le obligues a pasar por este mismo ritual tendremos lo que buscamos.

—Que así sea, Mohammed ben Rashid.

El guía clavó sus ojos en el saqueador.

—No me llames así —respondió con evidente disgusto—. Hace mucho que dejé el clan, cuando descubrí que nadie de mi familia me conduciría a la Luz. Que el culto que profesaban estaba basado en una vetusta religión estelar incapaz de mantener y proteger el secreto de la vida que un día poseyeron.

—¿Y lo hará Bonaparte cuando lo reciba?

—Ése es su destino.

Édouard y Jean-Baptiste abandonaron la tumba a toda velocidad, tanteando suelo y paredes para deshacer el camino. Estaban alterados. Habían escuchado lo suficiente para comprender, aún a medias, lo que estaba sucediendo bajo sus mismos bigotes. Alguien en el sur del país preparaba una emboscada al general en jefe de la expedición. Alguien —y eso lo sabían bien— capaz de todo por una absurda superstición egipcia.

Debían hacer algo. Quizá hacer llegar un mensaje a Bonaparte. Y pronto.

XXI

*N*APOLEÓN NO ACABABA *de entender muy bien qué le estaba sucediendo. Él, joven general de expediente intachable, se había dejado arrastrar hasta Nazaret para celebrar un cónclave con unos nómadas del desierto que parecían salidos de un cuento de* Las mil y una noches. *Y lo que era aún peor, había permitido de buen grado que éstos le suministraran una especie de «fármaco de la memoria». Una droga de consecuencias imprevisibles que bien podría acabar con su vida.*

Pero no. Sus efectos, extraordinariamente lúcidos, le habían devuelto los recuerdos de sus primeros años como oficial en París.

Poco a poco, el corso comenzaba a entender qué hacía allí, tan lejos de su país, sumergido en un mundo de creencias tan diferentes a las suyas. Al revivir con aquella inesperada intensidad tantos personajes y circunstancias, se iba haciendo consciente de que detrás de todo aquello se escondía una misión, un sino inevitable.

Un astrólogo, un destino escrito en alguna parte, un misterioso conde inmortal, la existencia de una pirámide perdida en Niza a semejanza de la que ahora le albergaba en sus tripas... ¿Debía aceptar que todos ellos eran hilos sueltos de una misma madeja? Napoleón, embriagado de sensaciones nuevas, empezaba a creerlo posible. Pero, ¿formaban ellos parte del tapiz de su propio destino? ¿O era mucho suponer, a aquellas alturas, que tanto aquella droga de «los sabios azules» como el cofre de granito en el que ahora descansaba tenían un mismo propósito? ¿Tal vez, incluso, un mismo origen?

El corso, tendido cuan largo era en el fondo del frío tanque de la Cámara del Rey de la Gran Pirámide, meditó en silencio sobre aquello.

Una vez más, no pudo evitar recordar algo: una visita discreta que efectuó a un viejo restaurante parisino al poco de dejar los despachos del funcionario Doulcet de Pontécoulant...

Bonaventure Guyon no supo resistirse al seductor tintineo de unas monedas de plata. Y Bonaparte, astuto, se aprovechó de su mezquindad lo mejor que supo.

Aun cuando la economía del general no estaba para esos dispendios, su generosa retribución al mago le arrancó una pista postrera, tal vez fundamental para el rompecabezas en que parecía haberse convertido su porvenir.

Según admitió el «profesor de matemáticas celestes» en un arrebato de entusiasmo, al huidizo conde de Saint-Germain le gustaba frecuentar cierto restaurante de la ciudad, donde solía citar a sus amistades más íntimas. Si alguna vez se le escapó una revelación sobre su origen o el de la misteriosa fórmula de la vida que tantos le atribuían, tuvo que ser tras esas cuatro paredes.

—Pregunte por ahí —dijo el astrólogo, señalando vagamente un rincón de París, más allá de las ventanas de su buhardilla—. Quizá sepan decirle algo. Yo le daré la dirección; pero no mencione que se la he dado.

Napoleón asintió. No tenía tiempo que perder, así que al poco de abandonar la consulta descendió hacia el Sena, rumbo a su nuevo objetivo.

El local al que le envió Guyon, sito en el número 51 de la oscura rue de Montmorency, resultó ser un lugar gris y de paredes tan abombadas que parecían a punto de reventar. De cuatro plantas y una buhardilla picuda, el inmueble era, pese a su aspecto depauperado, el mejor de toda la calle.

El corso tardó un buen rato en localizarlo. Próximo a la céntrica rue Saint Martin, en pleno barrio del Temple, Montmorency no dejaba de ser un callejón sin vida comercial de ninguna clase y de escaso *glamour* para un hombre que, en época prerrevolucionaria, presumía de conde y derrochaba su fortuna en las cortes de media Europa. Pero una vez en ella, de pie frente a la fachada del restaurante en cuestión, el joven general creyó comprender la sutileza de la elección de Saint-Germain.

En efecto: talladas en la fachada, en piedra viva, unas grandes letras anunciaban que aquel era el Auberge Nicolas Flamel, «la casa más antigua de París». Allá donde mirara había un medallón de piedra en altorrelieve, desprovisto hacía mucho tiempo dc sus coloridos esmaltes. Figuras de ángeles y profetas emergían por todas partes, dando al conjunto un aspecto grotesco.

Y, tal como le había dicho el profesor Bonaventure, las tres puertas de la calle daban paso a un recoleto restaurante.

Bonaparte sonrió para sus adentros. Si la memoria no le fallaba, el tal Flamel al que estaba dedicado el edificio no había sido sino un celebérrimo alquimista parisino del siglo XV, impresor y copista, de quien se decía que había obtenido la piedra filosofal en compañía de su esposa, la bella y no menos famosa Pernelle. Saint-Germain, naturalmente, debía conocer aquella historia al dedillo. No en vano, para muchos iniciados, la piedra filosofal era sinónimo de árbol de la vida o de elixir de la eterna juventud.

—¡Pero eso son bobadas! ¡La piedra filosofal no existe más que en los delirios de los locos!

La señora Nerval, una oronda y charlatana mujerona del Aude, viuda del antiguo dueño del negocio, se rió de la ocurrencia de su nuevo huésped mientras le servía un magnífico *saumon roti et ses lentilles aux lard* y una espléndida jarra de cerveza.

—Muchos creyeron que la piedra existió realmente... —protestó el corso sin demasiada convicción, mientras invitaba a la cocinera a que se sentara a la mesa. Estaban solos. Era el día libre del servicio.

—¡Oh, vamos, ciudadano general! Con la Revolución todas esas supercherías quedaron atrás. Eso son cosas de curas.

—No, no me entienda mal, señora... Si yo no digo que crea en ellas. Le pregunto por pura curiosidad.

—Ya veo —sonrió picarona—. Usted lo dice por lo que ha visto grabado en la fachada, ¿verdad?

Napoleón asintió por cortesía. En realidad, la parte frontal del restaurante le había parecido tan negra desde afuera que ni se le había ocurrido pensar que hubiera algo que leer en ella. Mientras empezaba a dar cuenta del rosado filete de salmón, su anfitriona, evidentemente satisfecha por la conversación de su inesperado cliente, prosiguió:

—Debe usted saber que esta casa fue levantada por un mago, ese tal Nicolas Flamel que da nombre al local. ¡Otro loco!... Ya sabe: el hombre era un ricachón de los de antes, y se entretuvo en levantar varias casas por todo París a las que llenó de estatuas y símbolos extraños. Ésta es la única que queda en pie. La más sólida. Y es de 1407. La fecha está sobre el dintel.

—¿Sobre el dintel?

—Sí. No me puedo creer que no la haya visto, general.

—Pues no, señora.

—Es como una oración. En realidad, si alguien le quitara el «amén» y borrara lo del «padrenuestro» y el «avemaría», podría hasta pasar por un edicto de la Junta Revolucionaria...

Madame Nerval se rió abiertamente de su propia ocurrencia ante la mirada sorprendida del general.

—¿Se sabe usted la frase del dintel?

—¡De memoria!: «Nosotros, hombres y mujeres trabajadores, vivimos en la parte delantera de esta casa que fue hecha en el año de gracia de 1407. Cada uno de nosotros tiene la obligación de decir todos los días un Padrenuestro y un Avemaría pidiendo a Dios que por su gracia perdone a los pobres pecadores difuntos. Amén.»

—Impresionante. La recita de carrerilla.

—Sí —sonrió eufórica—. Mi marido halagaba más mi memoria que mi cocina.

—Seguro que es capaz de recordar a casi todos sus clientes habituales...

Napoleón, poco a poco, comenzaba a cercar el terreno que le interesaba. *Madame* Nerval asintió confiada.

—En ese caso, seguro que se acuerda usted de haber visto por aquí a cierto conde de Saint-Germain...

—¡Saint-Germain! —el rostro de la posadera se iluminó como si, de pronto, hubiera recordado a un remoto familiar—. ¡Pues claro! ¿Era también amigo suyo, general?

—Desde luego —mintió.

—El conde, por supuesto, venía mucho por aquí. Se hizo muy amigo de mi marido, y con frecuencia utilizaba nuestro restaurante como si fuera su salón de té, para recibir a sus amistades. ¡Un honor!

—¿De veras?

—Sí, sí. El pobre siempre tenía su casa en obras, y recurría a nosotros para que le ayudáramos. Nunca tuvimos ningún problema con él o con sus invitados, aunque algunos hablaban de tonterías. Pero el conde era todo un caballero. Educado, galante...

El tono de voz de *madame* Nerval reflejaba cierta nostalgia. El corso la invitó a tomar un trago del seco vino de la casa, y ésta, de dos tientos, apuró un par de copas, una detrás de la otra.

—¿Y qué clase de amigos solían venir a verle?

—¡Oh, *monsieur!* —respondió cantarina—. De muchas clases. Los había ilustrados y humildes. Soldados y hombres de alcurnia. Hasta clérigos y obispos vimos desfilar por aquí.

—Y, claro, hablaban de política, supongo.

—No, no. Nada de eso. No dejaban de hablar de Egipto. ¿Conoce usted algo de Egipto, general?

Bonaparte asintió.

—He leído mucho sobre ese país. Pero son tantas las cosas

que se dicen de él que no imagino bien de qué podía hablar el conde...

—Eso también puedo decírselo yo. De pirámides. Era su tema favorito.

—¿Y ya está?

—Bueno —la señora Nerval se sirvió su tercera copa de vino—, no sólo de ellas. Un día se pasaron toda la noche cotorreando del viaje de cierto Paul Lucas a Turquía, hace ahora unos ochenta años, y de cómo un derviche le había confesado haberse encontrado con Nicolas Flamel en persona, en India...

—¿Flamel? —saltó el corso—. ¿Vivo? ¡Pero si levantó esta casa en 1407!

—Y *murió* diez años después, sí. Lo que le digo, ¡todos locos!

La cocinera, no obstante, torció el gesto al pronunciar el verbo morir. Como si éste no terminara de resultarle apropiado para la ocasión.

—Pero eso es imposible.

—Eso creía también yo, ciudadano general, pero mi marido estaba convencido de que todo era verdad. Y fíjese qué cosas decían: según ese tal Paul Lucas, Flamel había dado órdenes para que le enterraran en la iglesia de Santiago, cerca de aquí, y colocaran sobre su lápida una pequeña pirámide. Saint-Germain, que conocía el cuento, explicó que en esa operación estaba el secreto de su regreso a la vida...

—¿Y cómo podía Flamel saber de aquello?

—Mi marido decía que porque conocía la magia egipcia. ¡Oh, vamos! Usted, que parece haber leído tanto, ¿no conoce el famoso *Libro de las figuras jeroglíficas*[34] de Flamel?

Napoleón sacudió la cabeza en sentido negativo.

---

[34] La última edición de este célebre tratado de Nicolas Flamel fue publicada en español por Ediciones Obelisco en 1996.

—Pues en él se habla de la magia inscrita en ciertas imágenes, y cómo a través de ellas, conociendo ciertas fórmulas de «lectura», puede accederse a la sabiduría de los antepasados. Para mí es un galimatías, pero Flamel, según dijo Saint-Germain en esta misma mesa, «leyó» en imágenes egipcias la vía de la devolución de la vida a aquellos difuntos que fueran limpios de corazón.

—¿Le explicó eso a ustedes?

Los ojos del corso se clavaron en la mirada húmeda y vagamente alcoholizada de *madame* Nerval.

—Recuerdo que nos puso una condición antes de hacerlo: que le ayudáramos a restaurar en Francia la verdadera fe de los egipcios.

—¿La verdadera fe de los egipcios? ¿Y qué diablos es eso?

—¿El conde no le habló de ella? ¡Qué extraño! ¿Y tampoco le confesó su obsesión por Marcilio Ficino?

—Jamás oí hablar de él, *madame*. ¿Quién es?

—Oh, mi ignorante general —rió—. Ficino nació en Italia en la misma época que Flamel, y según nos explicó el conde, trabajó a las órdenes del mecenas Cosimo de Medici, siendo el responsable de reunir a todos los humanistas de la época bajo un mismo techo. ¡Aquella academia improvisada puso en marcha el Renacimiento, *monsieur!*

Bonaparte dio un respingo. Incrédulo, le costaba creer que aquella cocinera de aspecto desastrado hablara como si tal cosa de conceptos que, a la vista estaba, debían quedarle grandes.

—Y dígame, *madame* Nerval, ¿qué tiene que ver el tal Ficino con la restauración de la religión egipcia y con nuestro común amigo el conde de Saint-Germain?

—¡Mucho! Ficino tradujo importantes textos al latín de origen arcano. Elevó el gusto por lo egipcio entre sus semejantes, y se dio cuenta de la enorme influencia que ese pueblo tenía en nuestra historia y nuestra religión...

—¿Y Saint-Germain?

—Él sólo siguió sus pasos para dar con el secreto de la vida y protegerlo. Encontró pirámides en Europa levantadas a escala de la Gran Pirámide egipcia, y durante años buscó con ahínco a los parientes de quienes las levantaron. Estaba convencido de que ellos debían guardar parte de los saberes arcanos que le obsesionaban...

—¿Y los localizó?

Madame Nerval acomodó sus gruesos codos sobre el mantel de lino, y apoyando su barbilla en las manos, respondió con tono autosuficiente:

—Por supuesto. Los amigos del conde podían estar locos, pero él no. Siempre hacía las cosas por algo. ¿A quiénes cree usted que citaba aquí? ¿A burócratas en busca de baile?

Un extraño escalofrío recorrió a Bonaparte.

—¿Quiere decir que...?

—Que quienes invitaba aquí eran parientes de esos constructores, sí.

Napoleón guardó un instante de silencio. Una pregunta, sólo una, se le había quedado atragantada al oír aquello. Con esfuerzo, tragó saliva y la soltó:

—¿...Y conoció usted a alguno de ellos, señora?

—A varios. Pero nadie como Nicodemo Buqtur, tataranieto, o qué sé yo, de un tal Ahmed Buqtur, el hombre que levantó en Niza la mayor y más perfecta de esas pirámides. Él vino, claro está, de Egipto, y presumía de ser el mejor amigo del conde.

—¿Buqtur...?

Napoleón repitió aquel apellido un par de veces más. Pero lo cierto es que en aquella tarde de 1795, del año III *de la Revolución, difícilmente podía decirle nada. En cuanto al nombre de pila, Nicodemo, de pronto recordó dónde lo había visto por primera vez: en el evangelio de Juan. Allí se dice que junto a José de Arimatea, Nicodemo fue el único que se acercó al cadáver de Jesús y lo embalsamó con áloe y mirra. En cierta mane-*

ra, fue el responsable de su purificación y de prepararlo para su regreso a la vida.

Cuán necios aquellos que aún creen que nuestra existencia carnal no está planificada desde el nacimiento hasta la muerte, incluso en los más nimios detalles... Cuán necios aquellos que, aun habiéndose enfrentado a los avatares de la vida, todavía creen en la casualidad.

XXII

Nazaret

El contacto brusco con el agua helada le devolvió a la realidad. El más talludo de los beduinos de turbante azul, Tagar, el de los ojos de obsidiana, le zarandeó sin contemplaciones después de echarle el contenido de la cubeta por encima de los hombros. Su intención era buena: quería que su invitado recobrara poco a poco el movimiento en piernas y brazos.

Balasán, adusto, lo contempló con la misma atención con la que un padre vigila el gateo de su retoño. Murmuró a sus ayudantes que el extranjero parecía haber superado el primer juicio de Maat con éxito, recuperando los recuerdos que le habían traído a la tierra sagrada de Egipto. Y, por primera vez, sonrió complacido.

Bonaparte no prestó atención a las palabras del imán, que retumbaron en su cabeza incomprensibles. Todavía algo desconcertado, tardó unos segundos más en ponerse en pie. Aunque pensaba que todo había sido un sueño, el corso buscó a su intérprete con la mirada.

—Elías —le murmuró—. Tú eres un Buqtur, ¿verdad?

El copto, extrañado por la reacción del general, que aún tenía el rostro desencajado y tiritaba, asintió sin abrir la boca. Los beduinos, aunque no alcanzaban a comprender la jerga que utilizaban sus anfitriones, se miraron satisfechos.

—Tú has pactado este encuentro con estos hombres del desierto... —continuó el corso con un hilo de voz—. Conocías lo que iban a hacerme. Dime entonces: ¿para quién trabajas, Elías?

—Sólo os sirvo a vos, general...

Mientras trataba de secarse, moviendo alternativamente piernas y brazos, Napoleón desarmó a su traductor con aquella mirada severa e iracunda que había visto tantas veces en El Cairo. Y pese a que sabía que el corso estaba aún débil y deshidratado, un escalofrío recorrió a Buqtur de arriba abajo.

—¡No me mientas, Elías! ¿A quién sirves? —repitió.

—... A vos y también al Señor que está en los cielos y todo lo ve.

—En el sueño que estos hombres me han proporcionado he visto cosas que te incumben, Elías.

—¿Cosas? —el copto hizo ademán de no entender.

—Verdades que explican algunas de tus aptitudes. Por ejemplo: nunca me dijiste cómo habías aprendido francés...

—En mi familia se hablaba su idioma desde hace años, general. Fuimos un clan de comerciantes, y teníamos barcos que constantemente salían de Alejandría hacia Grecia, Italia y Francia para vender y cambiar mercancías. Aprendí francés de mis antepasados.

—¿Alguno llegó a vivir en Niza?

Buqtur se encogió de hombros, como si no supiera a qué lugar se estaba refiriendo su general. Pero éste no le dio ocasión de justificarse.

—Está bien, Elías. Te lo preguntaré de otra forma: ¿quién es Nicodemo Buqtur?

El traductor, que estaba junto al viejo imán «azul» Balasán, se levantó de un salto de su esterilla.

—¿Cómo sabéis...?

—¡Respóndeme, Elías! —el corso alzó la voz de nuevo—. ¿Quién es Nicodemo Buqtur?

—Es el hermano mayor de mi madre.

—Háblame de él —ordenó.

El intérprete, súbitamente abatido, dudó por un momento qué decir. Aunque su general estuviera aún bajo los efectos de la droga de los beduinos, parecía extraordinariamente lúcido y decía cosas que de ninguna manera podía saber de él o de su familia.

Finalmente, sin hacerse esperar mucho, se sinceró:

—Mi tío, señor, lleva muchos años viviendo en Francia. Hace sólo unos meses regresó a Egipto y nos habló de los preparativos de vuestra expedición. Él estuvo en Toulon cuando zarpasteis al frente de vuestra flota, y aunque el destino de vuestro ejército era entonces un secreto muy bien guardado, una indiscreción de una de las damas de compañía de Josefina, vuestra esposa, le reveló el fin último de la misión...

—Continúa.

—Nicodemo, al igual que el resto de nuestra familia, llevaba toda la vida esperando algo así.

—No te entiendo...

—Verá, señor: desde hace generaciones, estábamos seguros de que un hombre de un país del león como Francia [35] llegaría a Egipto para restaurarnos nuestro antiguo esplendor. Aquel que nos robaron romanos, cristianos y musulmanes. Por eso, y utilizando todos los medios imaginables, nos pusimos en contacto con estos «sabios azules» guardianes de la más pura tradición, en la certeza de que ellos comprenderían también la importancia de esta visita que se avecinaba. De hecho, les facilitamos todos los datos que reunimos sobre vos: vuestra carta astral, que elaboramos con la información recogida en Francia por Nicodemo, y cualquier dato por insignificante que fuera de vuestra vida... para convencerles de que erais el esperado.

—¿El esperado?

—El elegido...

Napoleón, desconcertado por aquella especie de operación encubierta fraguada a sus espaldas, meditó aquello durante un instante.

—¿Les vendió Bonaventure Guyon mi carta astral?

---

[35] Francia, desde el punto de vista estrictamente astrológico, es del signo de Leo.

Buqtur asintió:

—Y le pagamos generosamente.

—¿Y cómo estimaron ustedes que llegaría yo a Nazaret?

—Oh no, no. Eso fue cosa del destino. Un signo providencial más que no ha hecho sino facilitar este encuentro con «los sabios azules».

—Te lo preguntaré otra vez, Elías, y te ruego que me respondas en nombre de la fidelidad que me debes —el corso, grave, clavó su mirada en los negros ojos del intérprete—: ¿a quién sirves?

La perilla finamente recortada del copto se encogió, mientras se mordía su labio inferior. Al corso no se le escapó aquel gesto de nerviosismo.

—Señor: sólo debo obediencia a vos y a mi clan —dijo al fin.

—¿A tu clan?

—Somos una antiquísima familia egipcia, de raigambre ancestral. Desde hace siglos, formamos parte de una hermandad de discípulos del Sol, que creen en un único Dios hacedor de todo y que desea restaurar el orden religioso correcto en la tierra de nuestros antepasados.

—¿Orden correcto?

—Sí, señor. Un orden que acepta que somos carne y espíritu, que tenemos una esencia que nos hace inmortales, pero que muchos renunciamos a ella por ignorancia o por pecado. Si vos, por la gracia de estos sabios del desierto, recuperáis la fórmula que hizo grandes a los faraones que gobernaron este país, comprenderéis el profundo calado de nuestra fe y descubriréis la gran verdad...

—¿Qué gran verdad, Elías?

—Que la muerte no existe. Que todos somos mucho más que carne. Somos energía divina que no se destruye, sólo cambia de estado. Dios nos dotó a todos de un alma inmortal, colocándola en un cuerpo mortal, y nos invitó a sublimar esa materia haciéndola eterna...

Napoleón contempló a los tres beduinos que los miraban con cara de comprender lo que decían.

—Pregúntales entonces cuándo y dónde me van a entregar esa fórmula, Elías. Si con ella logramos devolver el orden a Egipto y me demuestras que la muerte no existe, olvidaré que me ocultaste la existencia de tu hermandad...

El copto obedeció al punto. Balasán escuchó atentamente su traducción y sonrió.

—Será antes de que el sultán cumpla la edad del Sed —dijo—. Y en la Gran Pirámide, la primera máquina de la vida eterna...

—¿La primera? —Napoleón se sobresaltó— ¿Eso significa que existen otras?

El imán balanceó la cabeza con un gesto gracioso.

—Eso —respondió cuando terminó de entender la frase del corso— debería preguntárselo a la familia Buqtur, que protegió otra de esas máquinas en el país del que viene...

—¡Falicon!

Qué ironía.

Había tenido que reunir una flota de más de trescientas embarcaciones, cruzar de lado a lado el Mediterráneo y desplegar entre Egipto y Tierra Santa a más de treinta mil hombres, para descubrir que la respuesta a su angustia vital estaba a pocos kilómetros de Niza, casi frente a frente con su isla natal.

El corso, con la espalda entumecida por el contacto con la lisa superficie del sarcófago, sintió un extraño alivio. Como si su cuerpo fuera haciéndose más y más ligero y nada pudiera alterar su serena y recién estrenada visión de los acontecimientos.

Lo que no sabía —aunque comenzaba a intuirlo— era que el irreversible proceso de «pesaje del alma» había comenzado ya. Sólo faltaba que Toth calibrara la balanza y determinara qué hacer con su espíritu...

XXIII

El Cairo, 7 Misra [36]

Los servicios secretos de Marcos VIII, mucho más lentos que los del invasor francés y menos resolutivos que los del enemigo mameluco, comenzaron a trabajar a toda máquina después de incendiarse la biblioteca de la comunidad. Jamás el padre Felipe, un sesentón de rostro cetrino y desconfiado, de pequeña estatura y frente aplastada, había gozado de tantos poderes para llevar a cabo una investigación interna.

Felipe no tenía buena fama entre el clero regular. Era el encargado de la seguridad de las sedes pontificias, y con frecuencia se había visto obligado a utilizar métodos violentos para sofocar problemas. Incluso los relacionados con política eclesiástica. Fuera de ese círculo, tenía el dudoso honor de ser el único copto al que varios líderes musulmanes habían puesto precio a su cabeza, sobre todo después de que se supiera que había utilizado sus influencias sobre los franceses para alertarles sobre un par de intentonas golpistas contra Napoleón.

Marcos VIII confiaba en él, pero fray Felipe nunca supo cuánto hasta ese verano. De hecho, jamás el Santo Padre había perfilado una de sus misiones con tanta meticulosidad como aquélla. Su nuevo encargo era el esclarecimiento de los hechos que habían rodeado la muerte de Cirilo de Bolonia y la orden de apresar a sus presuntos asesinos antes de que lo hicieran los franceses.

Al recibir las instrucciones papales, Felipe se frotó sus manos

[36] 11 de agosto de 1799 según el calendario copto.

amarillas con evidente satisfacción: las nuevas órdenes le convertían en uno de los hombres más poderosos de la comunidad. Por primera vez en treinta años de servicio tenía carta blanca —absolutamente blanca— para llegar al fondo de aquel incómodo misterio.

Pronto le quedó claro que Marcos VIII estaba obsesionado con la idea del crimen. Quería asegurarse de que los homicidas no habían tenido acceso al libro perdido de san Marcos, ni habían transmitido su contenido a terceros. Aunque Takla, el ayudante del finado, aseguraba que ni él ni su maestro habían hablado jamás con nadie ajeno a la cúpula copta, y que la única copia obraba en poder del Patriarca, tanto éste como sus asesores necesitaban estar completamente seguros de ello.

También era un misterio aquella enigmática frase del evangelio de Juan escrita en una de las paredes de la biblioteca. «... Uno, si no nace de nuevo, no podrá ver el reino de Dios.» ¿A cuento de qué la copiaría Cirilo? ¿O tal vez no fue él, sino su verdugo, en un acto de suprema perversidad?

El octavo de los Marcos, solícito, facilitó al padre Felipe toda la documentación del caso, y con ella algunas pistas decisivas para que desarrollara su trabajo. Por ejemplo, le entregó la Biblia recuperada del incendio de la biblioteca, que resultó estar llena de anotaciones en los márgenes. «Estúdiela con cuidado», le ordenó, «pues en ella encontrará en qué se encontraba trabajando el padre Cirilo cuando desapareció». Asimismo, le invitó a que hiciera una averiguación extra: que determinara si existía aún un negocio de telas en El Cairo, o en las proximidades de Heliópolis, regentado por una familia que se llamara Ben Rashid. Su nombre, asociado al valioso texto del evangelista, figuraba en los escritos que había traducido el monje de Bolonia.

Si tenía éxito y localizaba pronto a los Ben Rashid, no debería precipitarse: vigilaría de cerca sus pasos y trataría de averiguar qué se propusieron eliminando a Cirilo antes de darles caza. El Patriarca estaba convencido de que ese clan era el único que tenía un móvil suficientemente fuerte como para acabar con su traductor, ya que, de creer al evangelista, sus remotos antepasados fueron los depositarios de un secreto místico que transmitieron al mismísimo Jesucristo, pero cuya naturaleza a buen seguro preferirían no ver en manos de la Iglesia copta.

Felipe comprendió la gravedad del asunto a la primera. Pidió que se le habilitase un amplio salón en la buhardilla de la mansión rosa adosada a la iglesia de Al-Moallaka, y ordenó que se instalaran en su interior grandes mesas de madera sobre las que colocó mapas detalladísimos de las barriadas más importantes de El Cairo. Le gustaba aquel lugar. Sus celosías de madera garantizaban la intimidad de su equipo, pero no le impedían fisgar en las calles aledañas siempre que necesitara distraerse.

El trabajo comenzó de inmediato. Sus mejores hombres —un pequeño grupo de trece religiosos de procedencias dispares, generalmente conversos católicos de aspecto poco sospechoso— comenzaron a peinar aquella misma tarde El Cairo y todas sus pequeñas aldeas en cuarenta kilómetros a la redonda. Muchos tuvieron que disfrazarse con ropas y turbantes de estilo mameluco para hacer su trabajo sin ser molestados. A fin de cuentas, los coptos seguían siendo los parias de Egipto. Una minoría bien arraigada pero molesta para la ortodoxia islámica.

La mansión rosa centralizó toda la información recogida por los trece espías, que de inmediato pasaba a manos de un selecto grupo de analistas que la archivaba según su importancia. De hecho, al tercer día los esfuerzos de los encargados de rastrear el sector oriental de la ciudad se vieron por fin coronados por el éxito. El hallazgo se produjo cuando el padre Felipe había perdido ya casi todas las esperanzas de encontrar a un solo Ben Rashid en el distrito centro de la ciudad.

Su mapa correspondiente a la barriada más populosa de El Cairo estaba casi completamente cubierto de cruces, indicando qué edificios habían sido ya investigados. Apenas quedaban un centenar de grandes fincas por rastrear, y eran tan antiguas que ni siquiera los grandes catastros realizados en los primeros años de gobierno otomano las contemplaban. Pero Dios premia a los pacientes, y tal como sospechaba el iluminado patriarca Marcos, a mediodía del sábado 6 Misra finalmente localizaron un caserón a nombre de una vieja familia local llamada Ben Rashid, justo en las inmediaciones del barrio de Bayn al-Qasrayn.

Fray Felipe no dudó en concentrar en aquel lugar todos sus esfuerzos.

Desde la calle, la propiedad de los Ben Rashid engañaba: su puerta de acceso apenas permitía el paso de un caballo, pero en el interior la finca ocupaba una extensión similar al perímetro de la Gran Pirámide. Un grueso muro de ladrillo aislaba el inmueble del exterior, y tras él una barrera de arbustos y zarzas convertían el lugar en prácticamente inexpugnable.

Los agentes del padre Felipe no fueron capaces de determinar la existencia de otras vías de paso a la finca, pero sí observaron que a su alrededor se desarrollaba una actividad frenética. Hombres y mujeres entraban y salían a deshoras, rumbo a los rincones más insospechados de la ciudad. Cargaban cueros en el distrito cercano a la ciudadela de Saladino, intercambiaban caballos junto al camino de Sakkara, o se aprovisionaban de grandes cantidades de trigo en la barriada mameluca de Bulak. De hecho, aunque parecían estar preparándose para un traslado o un largo viaje, los dueños de la finca no cesaban de recibir nuevos huéspedes a cada rato.

Los últimos en llegar, de los que supieron por los rumores de la vecindad, habían sido el Patriarca del clan, el vidente Ahmed, y su séquito. Era raro que un místico accediera a abandonar su poblado y se adentrara en la gran ciudad, así que al padre Felipe y a sus analistas no se les escapó que allí dentro se estaba fraguando algo de la máxima importancia. Pero ¿qué?

La rechoncha silueta del jefe de los servicios secretos coptos atravesó el norte de la ciudad de buena mañana. Pese a que era domingo, día santo, debía rendir cuentas al Patriarca de todos sus descubrimientos. Gracias a Dios, estaba relativamente satisfecho por los hallazgos de su equipo, pero deseaba conversar en privado con Marcos VIII sobre los resultados de su otra línea de investigación: la Biblia del padre Cirilo. La había entregado a un tercer y también selecto grupo de estudiosos del cenáculo de San Macario, que habían estado escrutándola día y noche durante las últimas setenta y dos horas, realizando algunos descubrimientos ciertamente significativos.

Tras apurar un tazón de leche caliente con azafrán que le ofreció uno de los secretarios de Su Santidad, Felipe, sentado ya frente a Marcos, no quiso impacientarle más:

—Santo Padre —dijo como si se le iluminara aquella cara de luna—, ya sabemos qué pretendía hacer Cirilo antes de morir.

El Patriarca, que apuraba otro tazón, limpió las gotas de leche que habían caído en su barba con un pañuelo se seda, y se le quedó mirando.

—¿De veras?

—Sí. Examinaba en los evangelios la pasión y muerte de Nuestro Señor, estableciendo comparaciones con el mito egipcio de Osiris.

—¿Y para qué diablos iba a hacer una cosa de ese tipo?

El sesentón sonrió complacido.

—No es difícil de imaginar, Santidad. Después de lo que hablasteis sobre la llegada de un *Tiempo* en el que sería posible resucitar a un hombre, probablemente se sumergió en el estudio de los últimos momentos de Jesús para descubrir qué preparativos serían necesarios, llegado el momento...

—¿Preparativos?

—Por las notas que aparecen junto a diversos pasajes bíblicos, al parecer Cirilo creía seriamente en la necesidad de purificarse antes de morir. Y decidió estudiar a fondo lo que hizo Jesús, tal vez para imitarle.

—Explíquemelo.

—Es sencillo, Santidad: la pasión de Nuestro Señor comienza con su entrada triunfal en Jerusalén a lomos de un pollino. La ciudad le recibe con hojas de palma en las manos. Ahí dio inicio el calvario de Jesús y el hecho terminó inspirando una de nuestras celebraciones religiosas más importantes.

—¿Y bien?

—En realidad, ese pasaje tiene un trasfondo profundamente egipcio. Jesús cabalga sobre un pollino, al igual que Horus, en el templo de Edfú, lo hace sobre la espalda de Set. Este dios egipcio del mal es representado en muchos lugares como un hombre con cabeza de asno... ¿Me seguís?...

El Patriarca asintió.

—...Además, las hojas de palma se empleaban en muchas fiestas paganas para purificar el aire que debía respirar la divinidad, ya que se suponía que ahuyentaban a la oscuridad.

Marcos VIII se mesó las barbas impertérrito, sin abrir la boca.

—¿No lo entendéis aún, Santidad? Jesús sobre el pollino, a ojos de un antiguo egipcio, simbolizaría el triunfo de la luz sobre la oscuridad. El oscuro dios Set era representado con cabeza de asno —insistió—. Cuando los evangelistas escribieron este relato, y san Marcos fue el primero en hacerlo, ¡estaban rememorando una ceremonia egipcia ancestral!

—Casualidad.

—¿Y es también casualidad que Jesús, en la última cena, diga que su cuerpo y su sangre serán representadas por el pan y el vino, tal como Osiris había hecho milenios atrás? Cirilo, en uno de los márgenes del capítulo 14 de Marcos, escribe una oración egipcia a Osiris que dice: «Tú eres el padre y la madre de los hombres; viven de tu soplo, comen de la carne de tu cuerpo.»

—Tampoco me impresiona, padre Felipe.

El rostro solemne del Patriarca seguía tieso como el de una cariátide griega.

—En sus notas, Cirilo de Bolonia hace otras consideraciones peculiares: dice que para lograr la resurrección, antes hay que purificarse. Los egipcios creían que el faraón lo hacía tras encontrarse con Ra en el lago sagrado. En su orilla, el dios Toth le lavaba los pies preparándolo así para regresar a la vida. Jesús también creyó en ese rito, y lavó los pies a sus discípulos durante la última cena, preparándoles para su resurrección. ¿Lo veis ya, Santo Padre? ¡Jesús era un iniciado en los misterios de Osiris!

—¿Y quiere usted decir que resucitó gracias a alguna clase de magia egipcia, tal vez?

El modo en que el Patriarca formuló su pregunta sonó a acusación. Fue como si acabara de dictar sentencia a muerte a un hereje.

—No lo digo yo, lo dice Cirilo.

—¿Y cómo pudo un hombre pío como él deducir semejante cosa?

—De nuevo gracias a los paralelismos evangélicos con el mito de Osiris, Santidad. Marcos explica claramente que fueron tres mujeres las que descubrieron el sepulcro vacío de Jesús e iniciaron su búsqueda. En Egipto, es la diosa Isis, a la que muy a menudo se representaba acompañada por sus hermanas Anukis y Satis, quien busca desesperadamente el cuerpo de Osiris. En la tradición egipcia, Isis descubre finalmente que el sarcófago con el cuerpo de su esposo cayó bajo un árbol y sus raíces lo cubrieron. El tronco fue tallado y colocado como columna en un palacio, pero la diosa recuperó el tronco, lo abrió, rescató de su interior el cuerpo de Osiris, lo envolvió en una sábana y lo perfumó antes de volver a enterrarlo.

—¿Y...?

—¿No advertís que exactamente eso mismo hizo José de Arimatea al descolgar a Jesús de un madero, envolverlo en un sudario y depositarlo perfumado en su nueva tumba antes de que resucitara?

—Entonces, Cirilo...

—Estoy convencido de que Cirilo pretendió seguir el mismo ritual de purificación que durante siglos siguieron los adoradores de Isis. Llegó a la conclusión de que para alcanzar la inmortalidad debía morir primero como Nuestro Señor; escribió aquella enigmática frase de Juan en la pared, y decidió probar suerte.

—¿Probar suerte?

—Entre las cubiertas de la Biblia que recuperamos en la biblioteca hemos encontrado algunos apuntes astrológicos interesantes. Son hojas llenas de cálculos precisos, realizados por alguna mente bien entrenada en esa clase de ciencia. Lo que sugieren, sin género de dudas, es que Cirilo creía que la configuración astrológica que precedió a la resurrección de Nuestro Señor se iba a repetir en estas mismas fechas. Y si estaba tan convencido de ello, ¿tan raro os parece que intentara emular a Jesucristo en su momento más glorioso? ¿No probaríais incluso vos la efectividad de la formula de la vida?

—¿Y lo pudo hacer en solitario?

Felipe miró al Santo Padre con expresión malévola, como si en su respuesta se encerrara la clave para resolver aquel enigma.

—Evidentemente, no —dijo.

XXIV

AL MEDIODÍA DE aquel domingo 7 Misra, fiesta de la Anunciación del nacimiento de la Virgen María, el panorama de noticias incompletas y rumores a medio cocinar que destilaba la finca de los Ben Rashid cambió de pronto.

El grueso guardián árabe que protegía siempre la puerta del lugar abrió la plancha reforzada de la entrada a una insólita pareja. Lo que tenían de extraño era que, a diferencia de cuantos les habían precedido en esas jornadas, abandonaban el recinto sin paquetes o mercancías de ninguna clase. Además, iban ataviados con calzado cómodo y dos grandes cueros llenos de agua, como si se dispusieran a adentrarse en el desierto.

Jorge y Andrés —los responsables de la vigilancia a esa hora, apostados unos metros más allá, junto a un almacén de chatarras— no los habían visto nunca por allí. Él era un tipo enorme, forzudo y de piel negra. Ella, aunque tostada también, parecía delicada y hermosa. Pese a que un velo la cubría de arriba abajo, no podía disimular una silueta bella y bien proporcionada, y unos brazos frágiles y de aspecto suave. Debían de haber llegado durante alguno de los cambios de turno de los vigilantes, y su presencia les había pasado desapercibida a todos hasta ese momento.

Nada más salir, los nuevos huéspedes de los Ben Rashid enfilaron el concurrido Bayn al-Qasrayn perdiéndose entre la multitud. Jorge, el más veterano de los espías del padre Felipe, no lo dudó ni un segundo: se deslizó desde su observatorio en la misma dirección que ellos, con intención de no perderles de vista.

La pareja atravesó el centro de El Cairo y puso rumbo hacia la periferia. No pararon a comer, ni se detuvieron en ninguno de los negocios que la familia regentaba en la ciudad, todos ellos ya cuidadosamente censados y vigilados por los hombres de Marcos VIII. Tampoco observaron las preceptivas pausas para la oración que establece el Corán, y evitaron acercarse demasiado a cualquiera de las muchas mezquitas que les salieron al paso. Sin embargo, a mitad de camino, el forzudo y la mujer hicieron un alto frente a un pequeño callejón en el que Jorge no había reparado jamás.

Éste no tendría más de un metro de ancho, era estrecho y largo, y desembocaba en una ridícula plazuela ocupada por un único establecimiento. Los nubios debían conocerlo bien, porque no dudaron en enfilar aquel miserable corredor y adentrarse detrás de las telas que guarecían su fachada.

Jorge aguardó durante casi media hora, de pie, merodeando entre puestos de frutas y aguadores con sus tinajas de líquido fresco, a que salieran... Memorizó los nombres de las calles, escritos con tiza en cada esquina, en árabe y en francés, y calculó para distraerse el número de viandantes que pasarían frente a aquel callejón cada hora. Pero el tiempo pronto empezó a correr inexorable y la espera se hizo insufrible. ¿Y si le habían dado esquinazo? ¿Y si la tienda en la que habían entrado sus «objetivos» tenía otra salida que él desconocía? ¿O es que, acaso, terminaba allí su viaje? Y en ese caso, ¿cuál era el propósito último de aquellos dos peculiares peregrinos?

Extrañado por no ver a nadie más entrar y salir por aquel minúsculo embudo de ladrillos, Jorge se decidió finalmente a atravesarlo. ¿Qué podía perder? Nadie allí le conocía, y, si las cosas se le ponían feas, siempre le quedaría el recurso de hacerse pasar por un ciudadano despistado en busca de algún lugar donde comer algo.

El establecimiento era muy diferente de todo lo que había visto en El Cairo. Nada más entrar, se percibía en su interior una atmósfera densa y oscura, apenas quebrada por la luz de tres o cuatro faroles de cobre anárquicamente distribuidos por el suelo. Unas gruesas cortinas de lana separaban la plazoleta del interior, y el suelo estaba sembrado de alfombras multicolores muy sucias y una colección de pufs y mesitas bajas llenas de restos de té solidificados. Hacía frío. Un frío extraño, duro, que contrastaba con la elevada temperatura del exterior.

—¿Hay alguien? —preguntó Jorge en voz alta, mientras sorteaba aquel caos de cojines y mesas.

Al fin, detrás de un mostrador escondido al fondo del establecimiento, un hombre de mediana edad que se presentó como Jalil le saludó cortésmente. Tenía el rostro cuidadosamente rasurado, limpio, lo que extrañó no poco al espía copto.

—*Ahlan wa Sahlan*[37]. ¿En qué puedo ayudarle, amigo? —dijo en perfecto árabe.

Jorge dudó, a lo que el tendero, que cubría su galabeya con una magnífica abaya o capa de color verde, prosiguió:

—¿Mal de amores, tal vez? ¿O lo suyo es un problema de salud? ¿Ciática? ¿Pérdida de cabello? —Jalil arqueó su frente despejada bajo el turbante, y escrutó a su cliente con gesto profesional—. No será impotencia, ¿verdad, señor?

El copto, sorprendido por tanta locuacidad, acertó a balbucir algo inteligible:

—¿Es... es usted médico?

—No, amigo. Soy Jalil, el brujo más trabajador y constante de la ciudad —dijo con ritintín—. Si usted busca remedio para cualquier problema, ha venido a parar al lugar indicado.

—En realidad... —titubeó—. Lo que busco es a unos amigos.

—También puedo ayudarle en eso.

Jalil sonrió de oreja a oreja, rebuscando algo en un aparador tan negro y avejentado que Jorge no lo había visto hasta ese mismo momento:

---

[37] Sed bienvenido.

—Soy un experto en el viejo arte de buscar personas desaparecidas. Existe un antiguo conjuro egipcio que nos dirá rápidamente dónde están sus amigos. Y, además, es muy económico.

—¡No, no! —Jorge agitó su cabeza desaprobando aquello—. Se trata de dos amigos que han estado aquí hace un rato...

Jalil dejó de revolver en su colección de frascos y ungüentos, y se giró hacia su cliente desdibujando poco a poco su sonrisa:

—¿Se refiere a los dos nubios que me han visitado poco antes de llegar usted?

—Sí, esos mismos.

—Bueno —suspiró—. Nunca doy información sobre mis clientes, pero éstos eran verdaderamente especiales. He de confesarle que hacía años que no tenía una conversación tan interesante sobre magia, *¡Allahu akbar!*[38].

—¿De veras?

Jorge abrió los ojos de par en par. Estaba de suerte. Si el brujo Jalil era de lengua fácil, como parecía, iba a obtener más información de la que esperaba. Fray Felipe estaría satisfecho de su gestión.

—Desde luego. Me preguntaron por la clase de hechizos de amor y de fertilidad que conocía. Naturalmente, les expliqué que esa clase de trabajos son los más difíciles y costosos que existen. Hay que saber muy bien qué plantas usar, recogerlas en el momento preciso, triturarlas de manera muy concreta, añadir aceite sólo cuando se debe, destilar óleos de las raspas de pescados muy difíciles de conseguir, y, sobre todo, hay que estar atento a las fases de la luna... Pero ¿sabe lo mejor de todo? ¡Que ellos ya estaban al corriente de todo eso!

—También son magos... —mintió Jorge para seguir tirando de Jalil.

—Y muy buenos, sin duda. Tiene suerte de ser su amigo. Ima-

[38] ¡Alá es grande!

gínese: ¡hasta conocían el método del escarabajo para enamorar a una mujer!

—¿El método del escarabajo?

—Ya veo que usted no es de la *familia*. Está bien: en realidad esa técnica es muy poco popular —Jalil volvió a lucir una amplia sonrisa en su rostro—. Requiere coger un escarabajo pequeño que todavía no haya desarrollado sus cuernos, e introducirlo en leche de una vaca negra desde la mañana hasta la tarde. Después se sacará su cadáver a la luz, se colocará arena sobre su panza y se le ahumará con incienso. Al día siguiente se cortará su cuerpo en rodajas utilizando un gran cuchillo de bronce, se cocerá con vino y pepitas de manzana a las que se añadirá el orín del brujo y se mezclarán algunas gotas con un licor que se dará a beber a la mujer deseada... No falla nunca.

—Ya —Jorge disimuló como pudo su repugnancia.

—También me confirmaron lo que muchos creen ya por aquí...

—No le entiendo, ¿a qué se refiere?

—¡A los franceses, hombre! Parece que no sólo se han traído soldados a Egipto, sino también a sus propios sabios y brujos.

—¿Ah, sí?

—Y, al parecer, son muy poderosos. Para que vea: sus amigos querían saber cómo neutralizar sus poderes y acercarse a ellos sin resultar agredidos. Y me pagaron bien por mi consejo.

Jorge silbó de admiración, disimulando su profunda convicción de que aquellas historias árabes no eran más que supercherías propias de salvajes. Pero dejó que Jalil se explayara:

—Sin embargo, lo que buscaban era algo muy complejo, que naturalmente requería del asesoramiento de alguien tan experto como yo.

—¡*Al Hamdu li-lah*[39], Jalil! —replicó el copto ceremonioso—.

[39] Alabado sea Dios.

Su fama traspasa todas las fronteras, desde Nubia hasta el Delta. Por eso vinieron a consultarle mis amigos.

—¡Por las barbas del Profeta! ¡Por supuesto!

—No lo dudé ni un instante.

—Sin embargo, lo que *realmente* querían iba más allá de mis capacidades —el tendero enfatizó misterioso sus palabras—. Porque si la magia para enamorar a una mujer es algo bien estudiado y fácil, no lo es tanto la magia para enamorar a un hombre.

—¿A un hombre?

—Eso he dicho, amigo —Jalil torció el gesto, haciendo ahora una mueca nueva—. Pero esa información cuesta.

Jorge hizo ademán de comprender, y depositó una brillante moneda de plata sobre la mesa. Los ojos del tendero chispearon un segundo antes de hacer desaparecer el óbolo por debajo del mostrador:

—Para lograr el prodigio de poseer a un hombre hay antes que demostrar verdadero amor. Ese es el secreto. Amor verdadero como el que Isis demostró a Osiris, hasta el punto de ir a buscarlo al mundo de los muertos y traérselo de él para resucitarlo después.

—¿Y eso es todo lo que les ha enseñado?

—Eso... y el uso de perfumes e infusiones que podrían predisponer al varón a un viaje de esa naturaleza.

—Ya veo. ¿Y sabría decirme, Jalil, hacia dónde han partido?

—Por supuesto. Salieron por detrás de este edificio, cruzando el patio que tiene frente a usted, hacia Azbakiya. Tenían bastante interés por llegar lo antes posible hasta allí.

—¿Azbakiya? ¿El cuartel general de los soldados franceses?

Jalil asintió con mirada divertida.

—Y adivine qué, amigo mío —dijo.

El copto se encogió de hombros.

—Querían entrevistarse nada menos que con el sultán Bunabart.

—¿Con Bonaparte? ¿Con Napoleón Bonaparte? ¿Está seguro de lo que dice?

—Sí. Jalil nunca miente. Además, le daré un consejo *mágico* gratis: si pregunta allá por Bunabart, seguro que los encontrará.

La risotada que soltó el brujo le desarmó. Jorge dio algo más de *bakhshish*[40] al amable tendero, y abandonó precipitadamente su tienda rumbo al despacho del padre Felipe.

[40] Propina.

XXV

—DESEAMOS HABLAR CON el general Bonaparte —oyó decir a un árabe rapado, de aspecto fornido, que se había situado a pocos pasos de su visera. Le acompañaba una mujer con el rostro cubierto, que no dijo ni palabra.

El soldado de guardia, apostado en la garita de identificación junto al portón del destacamento, receló. Casi ningún musulmán pronunciaba bien el nombre de su superior, y mucho menos sabía enunciar correctamente su rango militar. Pero aquellos dos se salían de la norma.

—¿Y quién desea verlo? —preguntó sin titubear, casi sin moverse.

—Alí ben Rashid y su sobrina Nadia. Hemos venido desde Luxor sólo para entrevistarnos con él. Se trata de un asunto de la máxima importancia.

—¿De qué importancia exactamente? —interrogó el militar.

—Conocemos la identidad de los espías que vuestro general está buscando.

—¿De veras? —sonrió irónico.

—Sí. De veras.

—En ese caso, veré lo que puedo hacer. Llamaré al capitán de guardia para que hable con ustedes.

Hacía menos de veinticuatro horas que el corso había regresado de las desérticas y aburridas playas de Abukir. Eufórico pero agotado, Bonaparte saboreaba al fin las mieles del triunfo sobre las tropas otomanas.

Recostado sobre el diván de su despacho-dormitorio en el tercer piso de palacio, imaginaba qué nombre dar a aquel Septidi de Termidor de la Década I[41], la fecha de la victoria. Su valiente general Murat, en una carga de caballería que estaba seguro iba a pasar a la historia, había arrancado con su propio sable dos dedos de la mano derecha al bajá Mustafá, el comandante enemigo, hundiendo en el más profundo de los desconciertos a sus tropas. Los hombres del mutilado, sobrecogidos ante el inesperado ímpetu de los franceses, huyeron en tropel hacia el mar, ahogándose antes de alcanzar los barcos que les habían traído a la costa egipcia.

Aquel era exactamente el triunfo que el corso necesitaba. El golpe de gracia que justificaría ante el Directorio de París que su año en Egipto y Tierra Santa no había sido un despropósito militar sin precedentes.

Hasta el general Kléber se había emocionado viendo la hazaña de Murat y la pericia de Napoleón en la distribución de sus hombres. «¡Es usted grande como el mundo!», le dijo el espigado Auguste sacudiéndole por las charreteras en medio del campo de batalla. Kléber era un tipo enorme y cada vez que hacía algo parecido, el corso se sentía como un muñeco en manos de su titiritero. «¡Nazaret le ha traído la suerte que merece, Bonaparte!», le zarandeó un poco más, mientras no perdía de vista el Ojo de Horus que el corso había llevado colgado del cuello durante todas las operaciones militares. Kléber, observador minucioso donde los hubiera, se lo había visto por primera vez después de su breve acampada en Nazaret, deduciendo rápidamente que su general debía de haber recibido el sagrado *wadjet* de manos de algún importante sabio local.

[41] 25 de julio de 1799 según el calendario revolucionario.

Napoleón, sereno, limpio y afeitado después del breve combate, recordó aquel gesto con inquietud: ¿y si Auguste tenía razón? ¿Y si la suerte, la *baraka,* ya estaba con él, y la cercanía del Sed, la ceremonia que le daría la fuerza de los antiguos señores de Egipto y que le había prometido el sabio Balasán en Nazaret, le estaba brindando ya las primeras victorias? En ese caso, ¿necesitaba realmente continuar en Egipto esperando un rito que tal vez no llegara nunca? ¿O, como empezaba ya a estimar, podría lanzarse definitivamente a la conquista de Europa? ¿No le convertían sus triunfos en un nuevo mito viviente, como Alejandro?

La puerta de su despacho se abrió sin previo aviso.

—Con su permiso, mi general.

El capitán de servicio, un mocetón de La Rochelle sólo dos promociones más joven que él, le sacó de sus grandilocuentes cavilaciones.

—Adelante, Montignac. ¿Qué ocurre?

—Ha llegado un despacho urgente del general Desaix desde el Alto Nilo, mi general.

—¿Y de qué se trata?

—Dos de los miembros de la Comisión Científica, los ingenieros Villiers y Prosper Jollois, aseguran que se está fraguando un complot para obligarle a pasar por alguna clase de ritual. Temen que vuestra excelencia pueda caer en manos de alguna poderosa secta local y que perdamos el control del país...

Napoleón miró a su capitán con gesto incrédulo, sonriendo por tan oportuna coincidencia. El corso solía interpretar aquellas sincronicidades como gestos amables del destino.

—¿Eso dicen? —sonrió pícaro.

—Sí, mi general.

—¿Y usted, capitán, lo cree posible?

Jean-Paul Montignac tragó saliva, como si su gesto pudiera ayudarle a encontrar la respuesta más adecuada.

—... Realmente, no, mi general —titubeó.

—¡Pues claro que no! —la estrepitosa carcajada del corso devolvió la calma al mensajero—. ¡Parece mentira que mis propios hombres se dejen embaucar por esas cosas! ¡Una secta local! ¡Memeces, capitán!

—Hay otro asunto del que debo informaros, mi general: dos egipcios se han identificado hace un rato en la puerta principal de palacio, solicitando audiencia con vuestra excelencia.

El corso, que jugueteaba casi sin querer con el poderoso amuleto lapislázuli de Balasán, se guardó el *wadjet* en el pecho mudando su humor en un abrir y cerrar de ojos.

—¿Dos egipcios? ¿Quiere decir dos ciudadanos de a pie, capitán?

—Eso parece.

—¿Y qué quieren?

—Dicen tener información sobre los espías que mandó apresar antes de marchar a Abukir.

—¿Y por qué no se la facilitan a la policía? Ellos les pagarán la recompensa... si la merecen.

El capitán dudó un instante si insistir o no:

—No quieren dinero, mi general —dijo al fin—. Pero han pedido que le diga que conocen la fraternidad a la que pertenecen esos espías, e insisten mucho en que sólo vuestra excelencia sabrá valorar la información en su justa medida.

Bonaparte levantó su perfil afilado hacia el capitán Montignac, firme aún a pocos pasos de él.

—¿Han mencionado que los espías pertenecen a una fraternidad?

—Sí, mi general.

—Está bien, capitán. En ese caso, les recibiré. Ordene que me sirvan una copa del mejor vino que tengamos en bodega, y hágales subir a estas estancias dentro de media hora.

El corso no podía disimularlo: estaba de buen talante aquella mañana. Por primera vez en muchos meses tenía el tiempo suficiente para regocijarse de sus triunfos y para mostrar su magnanimidad con el pueblo que administraba. ¿Por qué, entonces, no recibir a aquellos informantes y llevar personalmente esa investigación? A fin de cuentas, una buena charla le distraería de la amarga sensación de sentirse tan atrapado en Egipto como un ratón en su cepo.

Aun cuando el almirante británico Nelson había destrozado su flota hacía ya más de un año, cortándole prácticamente toda comunicación con Francia, su reciente éxito militar contra los mamelucos le había insuflado unos ánimos que no recordaba haber tenido nunca. Su ejército llevaba meses fabricándose sus propias municiones; no quedaba un solo uniforme limpio y decoroso en toda la tropa... pero él era ya todo un triunfador. Vencer a los turcos era como vencer a Gran Bretaña.

La única mácula en sus optimistas pensamientos matutinos era la del eterno problema de las mujeres. El vino, un excelente tinto de Burdeos servido templado, anestesió en parte sus preocupaciones. En el fondo, la situación le irritaba: mientras las noticias más serias de la metrópoli tardaban meses en llegar, las infidelidades de Josefina con algunos de los más destacados miembros del Directorio corrían como la pólvora desde el Delta hasta Asuán. Nadie sabía cómo demonios los rumores podían cruzar el Mediterráneo a tanta velocidad. Al corso, además, le consumía imaginar a su esposa ofreciendo su cuerpo ardiente y voluptuoso a aquellos politicastros gañanes de París. ¿Acaso temía quedarse viuda y sin protectores tan pronto? ¿Tan torpe soldado le creía?

Para olvidar aquellas afrentas, Bonaparte había buscado por todo Egipto hembras con las que desfogar su ira, pero siempre acababa mal con ellas. Las francesas —muchas de ellas polizonas en su propia flota, esposas o novias de oficiales— se le estaban acabando ya, y casi todas las candidatas de buen ver se negaban sistemáticamente a sus descarados propósitos.

Pauline Fourès, mujer de uno de sus tenientes más respetables, era la excepción, y, a la vez, la que más dolores de cabeza le proporcionaba. Era una rubia morbosa y dulce, pero tremendamente ambiciosa. Todo El Cairo, incluyendo los «topos» británicos, la llamaban *La Cleopatra.* ¿Qué podía hacer para frenar las persistentes habladurías de que era Pauline la que mandaba realmente en Egipto? ¿Despreciarla? ¿O bastaba con sustituirla por otra mujer igualmente seductora? Y en ese caso, ¿cuál?

Cuando el capitán Montignac regresó a sus aposentos acompañado por los dos egipcios que pedían despachar con él, la belleza de Nadia le dio una pista que no esperaba...

—Esta sí que es una nueva y bonita casualidad —susurró al verla.

La sorpresa del corso estaba más que justificada. Ni aunque la hubieran ensayado mil veces, su entrada no podría haber resultado más efectista: el nubio que la acompañaba, que se presentó como Alí, desenvolvió a Nadia de su velo como quien abre un regalo de Navidad ante un niño. Al hacerlo, el cabello azabache de la bailarina se desplomó sobre sus hombros, mientras su ajustado vestido dejaba entrever un talle excepcionalmente fino. No eran horas para ir vestida así, ni tampoco para que el general del ejército de ocupación se entretuviera en el juego de la seducción. Pero a quién le importaba.

—General: hemos insistido en verle porque debemos advertirle de algo muy serio —dijo la mujer con voz de terciopelo nada más desprenderse del velo. Una fragancia a flor de loto inundó súbitamente el despacho-dormitorio del corso.

—¿Advertirme de qué?

—Que está rodeado de traidores.

Napoleón, impresionado por el fuego que emanaba de Nadia y aquel perfume exótico y sensual, le sonrió como si perdonara su impertinencia.

—Eso no es nuevo, *mademoiselle.* A César lo mató su propio hijo en Roma. Todos los grandes hombres están rodeados de ellos. Se esconden en todas partes. Son un mal necesario, del que los más inteligentes pueden servirse en no pocas ocasiones.

—Pero debe usted guardarse las espaldas. Los tiene más cerca de lo que cree.

—Me importuna, *mademoiselle* —murmuró—. No la conozco. Y además, si me he dignado a recibirles es porque la guardia me informó de que cuentan con una información que preciso. ¿Me equivoco?

—No. En verdad que no, señor. Los traidores de los que hablamos son hombres de su confianza que le han ocultado el paradero de los espías que tanto busca.

—¿Los conocen ustedes?

—Desde luego, general. En el desierto los llaman «los sabios azules». Pero no son espías que trabajen para ninguna nación o ejército. De hecho, no tienen tierras propias ni intereses que defender. Están muy por encima de esas necesidades tan mundanas y rara vez se dejan ver por los no iniciados... Sin embargo, podemos confirmarle que «los sabios azules» llegaron a El Cairo en fechas muy recientes.

—¡«Los sabios azules»!

El gesto del corso brilló.

—Díganme: ¿qué más saben de ellos? Pese a que di una orden de búsqueda y captura, no ha habido forma de dar con ninguno...

—Antes debería preguntarse para qué los precisa, general.

El comentario deslizado por Ali le despistó.

—¿Qué quiere usted decir?

—No sé si nos creerá, señor, pero «los sabios azules» pertenecen a una hermandad que sólo se manifiesta una vez cada mil o dos mil años. Y cada vez que lo hace es para buscar a un hombre digno de recibir su conocimiento, que ayude a cambiar la faz del mundo. Ese saber —añadió misterioso— lleva implícitas ciertas ventajas muy codiciadas, entre ellas el acceso a la vida eterna. Encontrarse con «los azules» es casi una garantía de que se le va a entregar ese secreto.

—¿Y cómo pueden estar tan seguros de ello?

—Porque nuestra familia fue honrada con ese saber hace mucho tiempo, general. Por eso, y porque un día conocimos el poder que custodian y transmiten, sabemos que habrá traidores que querrán robarle el derecho que tiene usted a recibir su sagrada iniciación. Nosotros, señor, creemos que es usted el nuevo elegido por la comunidad de «los azules».

—Esta mañana he recibido un mensaje de mis hombres en Tebas advirtiéndome de la existencia del complot de una secta de fanáticos para controlar mi ejército. ¿Cómo sé que no pertenecen ustedes a ese grupo?

Jean-Paul Montignac miró cómplice al corso, pero no articuló palabra.

—¿Le dice algo la expresión «*El Tiempo* ha llegado»?

El rostro del corso se ensombreció. ¿Dónde había leído algo como aquello? Alí aguardó impaciente la respuesta.

Bonaparte tardó sólo un segundo en recordarlo: un informe de su policía, redactado días atrás a raíz de un misterioso incendio en el barrio copto de la ciudad, recogía exactamente esa expresión. Dos de los frailes interrogados por el caso sugerían que la existencia de un antiguo manuscrito que hablaba de la llegada de «El Tiempo» podía haber sido la causa de la muerte o desaparición de un viejo sabio copto. El informe señalaba a «los sabios azules» como posibles responsables de aquello.

—Algo he oído, en efecto —admitió al fin el general—. Pero no sé qué quiere decir.

—Ese *Tiempo* se refiere a un momento muy próximo en el que la sabiduría de «los azules» se entregará sin reservas a alguien destinado a cambiar el rumbo del mundo. Y usted debe estar preparado para ello.

—¿Preparado?

—Sí —insistió Alí—. Nadia ha venido para ayudarle.

—¿Nadia?

La mirada pícara de Bonaparte hizo sonreír al capitán Montignac, que adivinó los pensamientos libidinosos de su general.

—En ese caso —continuó—, ¿no creen que deberían dejarnos a solas...?

XXVI

ELÍAS ABRIÓ EXTRAÑADO la puerta de su dormitorio, situado en el tercer piso de un descuidado inmueble adosado al cuartel de Azbakiya. Napoleón le había dado el día libre, y él había hecho ya planes para pasarlo primero durmiendo y luego, después de que bajaran el sol y los calores, en el bazar de Jan el Jalili, bebiendo té con menta y deambulando por sus siempre animadas callejuelas. Lo que en modo alguno esperaba era que alguien aporreara su puerta a las diez y media de la mañana.

—Es un mensaje urgente para usted.

Dos guardias, mosquete al hombro, le tendieron un sobre blanco y alargado, cerrado con una gruesa gota de lacre. Sin mediar otra palabra, ambos aguardaron a que el somnoliento copto lo abriera.

—¿Qué es esto? —masculló, clavando su mirada en el indescifrable sello grabado en el centro del lacre.

—Son instrucciones, señor —dijo marcial el más alto de los *dragones*—. Debe vestirse y acompañarnos de inmediato.

Aturdido, Buqtur pidió a los soldados que esperaran unos minutos. Tomó el envío entre sus manos aún adormecidas y empujó la puerta tras de sí, rasgándolo sentado sobre la cama.

Un naipe, diferente a cuantos había visto en toda su vida, cayó de su interior.

Nada más verlo, el copto se despertó de golpe. No tenía ninguna duda de que sólo alguien como Auguste Kléber podía haberle enviado un mensaje así, pero una mueca de preocupación

XX. La résurrection

acompañó a su deducción. El general sólo recurría a esa clase de artificios para comunicarse con los miembros del *Taller* en situaciones de extrema urgencia. O, al menos, eso tenía entendido...

¿Qué podría querer decirle Kléber con aquella críptica carta? La visión de un ángel llamando a la vida a tres momias inoculó en el copto una extraña sensación de apremio. Tres difuntos envueltos en sus vendas parecían emerger de un mismo sarcófago, firmes, como obedeciendo una orden misteriosa que les impelía a la acción. ¿Era eso lo que Kléber esperaba de él? ¿Que finalmente cumpliera con la misión para la que el *Taller* llevaba preparándole casi un año?

Pronto saldría de dudas.

Tras lavarse precipitadamente la cara y ordenarse las crestas de su cabello desordenado, Elías se enfundó unos pantalones bombachos de campaña y una blusa de algodón blanco, y se cubrió su atuendo con una galabeya oscura. No sabía bien qué esperaba Kléber de él, y prefería estar preparado para todo. Incluso para salir de viaje de inmediato.

Los *dragones* escoltaron a Buqtur hasta un pequeño edificio situado a tres manzanas escasas del palacio-cuartel de Napoleón. El copto conocía bien el lugar. Había sido citado allí en otras ocasiones, aunque las continuas ausencias de Bonaparte, al que siempre acompañaba fuera de El Cairo, le obligaban a espaciar sus comparecencias más de lo deseado.

Los soldados se detuvieron en el umbral de una puerta de madera coronada por un friso rectangular, que él atravesó sin rechistar. Sus goznes separaban el mundo exterior del *Het nub,* o Salón de Oro, donde se tomaban todas y cada una de las decisiones importantes del *Taller.* Pero una vez dentro, a Buqtur le extrañó la oscuridad que reinaba en el recinto. Nunca lo había visto así, tan mortecino. Tan cargado de polvo e incienso.

La sala del *Taller,* un habitáculo rectangular al que habían pintado el techo de azul celeste, salpicándolo con un mar de estrellas de cinco puntas, se encontraba al fondo del oscuro pasillo frente al que le habían dejado los militares. Una orden inesperada le confirmó que no estaba solo:

—¡Adelántese por favor, hermano Elías!

La familiar voz de Gaspard Monge, matemático cascarrabias con cara de caballo, ex ministro de Marina y presidente del Instituto de Egipto fundado meses atrás por el propio Napoleón, serenó algo sus ánimos. Monge siempre había sido cordial con él. A su perspicacia en el reclutamiento de profesores debía su entrada al servicio de Bonaparte, así como su ingreso como miembro de pleno derecho de aquella cofradía. Durante sus primeros meses en Egipto, que Monge y él compartieron con especial intensidad, el buen Gaspard le había llenado la cabeza con maravillosas descripciones de Francia. «Sólo las pirámides glorifican más tu país que el mío», le confesaba a menudo con sorna.

Buqtur caminó sin pensárselo hasta el centro de la sala, tenuemente iluminada por una linterna abierta en el techo. Allí, en efecto, le aguardaba su anfitrión, cubierto con el hábito de las ceremonias solemnes, y con una pregunta en la garganta que le dispararía a bocajarro nada más verle la cara:

—Bien, Elías. Ayer usted llegó de Abukir en compañía de nuestro general Bonaparte, ¿verdad?

Monsieur Gaspard, secretario también del *Taller,* estaba sentado en un extremo de la sala frente a un enorme cuaderno de actas. Tenía delante una mesita de roble sobre la que apoyaba el tintero y una pequeña colección de plumas y lápices. A su alrededor, las siluetas pardas de otras seis personas, todas en pie, parecían espíritus que escrutaban con atención al recién llegado.

—¿Qué... qué es esto? —protestó tibio el copto, nada más percatarse de la encerrona.

—Por favor, *frater* Buqtur, respóndanos: ¿estuvo hasta ayer con Bonaparte? ¿Sí o no?

Elías asintió a aquella nueva voz con la cabeza.

—¿Y le oyó decir que pensaba abandonar Egipto en secreto?

La insólita pregunta, formulada por una de aquellas sombras, alta como una torre, sin duda la del general Kléber, le paralizó.

—No... —respondió alarmado—. ¿Cómo pueden siquiera sospechar que Bonaparte vaya a abandonar a su ejército después del glorioso triunfo de Abukir?

Kléber, que en ningún momento abandonó la penumbra en la que se cobijaba, extendió su largo brazo hacia otro de los presentes.

—Hermano Murat: explíqueselo usted —ordenó.

Una nueva silueta, igualmente alta y robusta, se adelantó hasta el centro del suelo ajedrezado del *Taller*. Era Joachin Murat, el héroe que había consumado el milagro de hacer huir a los turcos apenas unos días antes sin perder ni uno solo de sus escuadrones. Buqtur sonrió nervioso al verle acercarse. El bravo general parecía totalmente restablecido del fragor del combate, y sus pelos ensortijados y sus gruesas patillas habían recuperado su brillo habitual.

—Tenemos buenas razones para creer que Napoleón nos dejará en breve, *frater* Elías —dijo con tono apesadumbrado—. Cuando él me nombró general de división en las playas del Delta, durante nuestra victoriosa batalla de Abukir, murmuró algo acerca de que pronto abandonaría Egipto. Que Francia le necesitaba con urgencia mucho más que este país. Y hemos sabido que, en secreto, ya ha dado las órdenes precisas para que en el puerto de Alejandría se aprovisionen y armen dos fragatas... ¿Imagina lo que eso significaría?

El copto no respondió.

—Yo se lo diré: que el plan de iniciar a Bonaparte en nuestra venerable Logia de Menfis y de prepararle para recibir la fórmula que en Nazaret le prometieron «los sabios azules» puede fracasar por completo.

—Pero... ¡no es posible! —protestó Elías—. Mañana es el día elegido. Ellos lo fijaron así.

Al oír aquello, otra de las sombras que asistían a la reunión dio un paso adelante, dejando que la luz iluminara su rostro.

—Hermano Elías —dijo con voz quebrada—. Tú eres el único de nosotros que has visto de cerca el rostro de «los azules». Y gracias a ti, el general Bonaparte se entrevistó con ellos en Nazaret hace algunos meses.

El intérprete asintió.

—Eres copto de origen y de religión. ¿No es cierto?

—Sí.

—¿Y tienes idea de por qué «los azules» eligieron *precisamente* el día de mañana para iniciar a Bonaparte?

Elías Buqtur no identificó esta vez a quien le interrogaba. Debía de ser nuevo en el *Taller*. Se trataba de un anciano de aspecto severo y ademanes inquisitivos, a quien no había visto jamás por allí.

—No tienes por qué responder —le dijo—. En el fondo, sabemos que todo se debe a una cuestión astrológica. Mañana, al amanecer, las estrellas de Leo ascenderán por «el lugar de la resurrección» en el este, y el pájaro *Bennu*, que los antiguos egipcios identificaban como la constelación del Fénix, marcará el sur. ¿Sabes lo que significa la expresión *El Tiempo*?

—¿Es necesario que responda? —sacudió la cabeza.

El anciano torció el gesto, contrariado.

—Si realmente eres copto, deberías hacerlo. Ningún cristiano verdadero debería desconocer esto que te digo.

—Quise ser sacerdote —admitió—, pero mi padre me disuadió, y estudié otras cosas. Como francés, por ejemplo.

—Pues en honor a tu temprana vocación, deberías al menos saber que fue san Marcos el primero que habló de ese *Tiempo*. Un período de revelación, en el que grandes secretos serían revelados a los hombres.

Elías no se amedrentó por la velada acusación de su nuevo *frater:*

—Está bien, hermano: jamás perdí la vocación de servir a Dios, si es a eso a lo que se refiere. Gracias a ella, mi tío Nicodemo me inició en los arcanos de la masonería, y me habló de la llegada del *Tiempo* que tanto parece preocuparle. Pero de él aprendí también que no basta con que llegue ese *Tiempo* —el copto tragó saliva, dándose un segundo para atraer la atención de sus interlocutores—. Hermanos: para que la revelación esperada se produzca deben darse otras circunstancias muy particulares.

—¿Qué circunstancias?

—Durante mi corta estancia en Nazaret con «los sabios azules» y nuestro general Bonaparte aprendí que, además de un elegido, uno que debe cumplir treinta años, se necesita también una mujer que esté legitimada para engendrar a aquel que abra el cofre de Toth, en el que el dios de la sabiduría encerró los secretos de la vida y la muerte. «Los azules» recuperaron ese saber de un antiguo relato egipcio, de los tiempos del rey Keops.

—Conoces bien los signos.

—¿Y ustedes? ¿Los conocen ustedes?

Auguste Kléber, con su porte de gigante, cubierto por un sayón negro e investido como Gran Isiarca de la Logia, quiso tranquilizar al intérprete de Bonaparte.

—Sí. Los franceses también conocemos los signos, Elías. Y en realidad, nosotros, los que venimos de Occidente, llevamos mucho tiempo preparándonos para este momento. Quizá tú no lo sepas pero en Europa la hermandad de los masones libres lleva siglos iniciando a sus neófitos con rituales que simulan la muerte y la resurrección del cuerpo. Sabíamos que esos ritos procedían de Egipto, y estábamos seguros de que todos ellos tenían una base real, que la resurrección física podía alcanzarse. Y con ella, naturalmente, la inmortalidad.

—Y así debe ser —respondió Buqtur.

—Nos ha sido de gran ayuda, Elías —la voz de Murat sonó más solemne que de costumbre—. Nuestros hermanos masones de Niza acertaron al ponernos en contacto con usted, y usted ha hecho bien su trabajo. Pero creemos que ha llegado el momento de la verdad.

—¿El momento de la verdad?

—Sí, Elías. El momento en que la fórmula de la inmortalidad debe sernos trasvasada.

—Eso no depende de mí —protestó—. Es cosa de «los sabios azules». Son ellos los que dispondrán el lugar y la hora de entregar ese secreto.

Murat, de rasgos finos y afilados, sujetó al copto por los hombros.

—Pero no hay tiempo que perder. No somos ya los únicos en esta carrera...

—¿Qué quiere decir, *frater* Joachin?

—Esta misma mañana, dos discípulos del clan de los Ben Rashid han pedido audiencia con Bonaparte. Dos hombres del Patriarca copto les han seguido hasta Azbakiya y les han oído decir que tenían noticias sobre el paradero de los espías que nuestro ejército busca. Ya lo sabe: el eufemismo que nos ha servido para dar la orden de captura de «los sabios azules», que sabemos se encuentran desde hace días en la ciudad. ¿Es usted consciente de lo que esto significa?

La barbita aguda de Elías Buqtur se encogió, mientras un gesto de incredulidad se dibujaba en su rostro.

—¿Y cómo saben ustedes que el P...?

El anciano que había hablado antes con él no le dejó terminar la frase. Dio un paso al frente, colocándose de nuevo muy cerca del centro del damero donde estaba el intérprete y le agarró también por los brazos.

—¡Mírame, Elías! —le ordenó, tirando de sus mangas hacia abajo—. ¿No reconoces mi autoridad? Soy Teodoro, secretario y ayudante de cámara de Su Santidad Marcos VIII. Y ha sido la Máxima Autoridad la que me ha enviado aquí con ustedes, para ayudarles a recuperar lo que, legítimamente, pertenece a nuestra antigua y sagrada Iglesia.

—¿Y por qué habríais de aliaros con los franceses, padre Teodoro?

—¡Oh, vamos Elías! No es con los franceses en general con los que nuestra Santa Iglesia se ha aliado, ni siquiera con Napoleón, que sólo es la pieza elegida por la Providencia para recibir el secreto de la vida de sus verdaderos guardianes. Nuestro pacto, *frater* Elías, es con los hermanos europeos que profesan un emergente culto de luz, gemelo a nuestro cristianismo...

Buqtur receló:

—Y por esa misma razón ¿creéis de veras que los Ben Rashid, los seguidores de Set y de las Sombras, van a conseguir que Napoleón, que todos sabemos se cree investido de los atributos de un héroe solar, casi de un mesías a la altura de Nuestro Señor Jesucristo, se alíe con ellos y les ayude a obtener la fórmula del Sed?

—Tenemos razones para temer algo así —interrumpió Kléber.

—¿Razones? ¿Qué razones?

—Uno de los Ben Rashid que se ha entrevistado con Napoleón es una mujer llamada Nadia. Nuestro hermano Mohammed, a quien usted no conoce aún, pero que también acaba de llegar de Luxor y es miembro de nuestra Logia en representación de una poderosa y antigua facción de adoradores de la Luz del sur de Egipto, podrá explicarle quién cree él que es verdaderamente esa mujer.

—¿Mohammed...?

Antes de que pudiera terminar su pregunta, otra de las sombras que rodeaban el suelo de damero del *Taller* avanzó hacia la zona iluminada. Al echar su capuchón hacia atrás, dejó al descubierto un rostro redondeado y de agradables facciones, inequívocamente modelado Nilo arriba. Una enorme ceja negra penduleó sobre sus ojos antes de comenzar a hablar:

—Mi nombre es Mohammed ben Rashid, *frater*.

Aquel nubio bien proporcionado, cubierto por un sayón idéntico al del Gran Isiarca Kléber, saludó amistosamente a Elías, esta vez colocándole la mano en el pecho.

—Nadia pertenece a mi propia familia —reveló sin el más mínimo asomo de emoción en sus palabras—, y conozco bien sus capacidades. Ella creció ignorante de los preceptos setianos hasta hace bien poco, trabajando como esclava del cabecilla de un clan de saqueadores de tumbas en Luxor que merodeaba cerca de una vieja tumba en la que su familia creía que podían esconderse pistas para recuperar la fórmula de la vida. De hecho, su propio clan la vendió a ese ladrón, para tenerlo vigilado desde dentro de su propia casa.

—¿Y cómo puede alguien así representar una amenaza?

Mohammed sonrió enigmático:

—Ella se fugó hace pocas fechas de la casa del saqueador y fue ayudada por Alí, el maestro de magos de su clan... de mi clan. Creemos que la puso al corriente de su verdadero poder y la ha preparado para combatir contra nosotros en esta carrera por la inmortalidad.

—¿Y el ladrón?

—El ladrón, *frater* Elías, no era un simple saqueador de tumbas. En realidad es otro poderoso mago egipcio, adscrito al culto solar y afín a la causa de esta logia y de la Iglesia copta. Él, Omar ben Abiff, se reveló como mi maestro hace ya años.

—¿Tu maestro?

—No espero que lo comprendas, Elías. Pero yo, que crecí en el seno de la familia de Nadia, que ha conservado hasta la fecha las enseñanzas fundamentales de los antiguos adoradores de estrellas egipcios, que conozco a fondo los secretos de la construcción de templos que imitan las constelaciones del cielo, descubrí que mi camino y el de mi clan estaban equivocados. Que jamás llegaría a la fórmula de la vida por el sendero de la noche, y sí, en cambio, por el de la Luz. Por el del Sol.

—¿Has...? ¿Has traicionado a tu propia familia?

—Sí. Pero a cambio me he convertido en un buscador de la Verdad —sentenció.

—¿Cómo puedes estar seguro de que el tuyo es el camino de la Verdad?

El apuesto nubio agradeció, en el fondo, aquella pregunta. La curiosidad de Buqtur le iba a permitir aclarar algo que no había tenido aún la ocasión de explicar al resto de miembros de la logia.

—Muy fácil, *frater* Elías —sonrió—. Omar me mostró en la tumba de Amenhotep, la que tanto temían los setianos que exploráramos, cómo funciona el ritual de la vida. Primero se pesa el alma del aspirante; de esta forma los dioses se aseguran de la limpieza de intenciones del candidato a inmortal. Y luego, mediante la intervención de la energía de Isis se consigue obrar el milagro. Si Nadia no hubiera huido y su familia la hubiera protegido de inmediato, en esa misma tumba nos habría entregado su hálito divino.

—¿Quieres decir que...?

—¿Nadia? —sonrió—. Sí, *frater*. Ella es, en efecto, la heredera directa de una saga nacida de la mismísima diosa Isis. Sólo esa mujer puede conciliar y convocar al poder de la vida eterna si encuentra al nuevo Osiris que canalice su magia. De hecho, la única vía para adelantarnos a ella es que lo encontremos antes nosotros y promovamos con él el sagrado ritual de la vida.

Elías, aunque había comprendido la insinuación, quiso asegurarse.

—¿Te refieres a... Napoleón? —preguntó.

—En efecto. A Napoleón en persona.

Joachin Murat se acercó de nuevo al centro del damero, entre los dos hermanos de la Logia de Menfis.

—¿Comprende ahora la gravedad de los hechos, Elías? Si Nadia consigue ganarse la confianza de nuestro general, será ella quien le guíe al lugar de la iniciación y quien obtenga de «los sabios azules» la legitimidad de la fórmula de la vida. Y nosotros, los solares, quedaremos fuera del reparto del secreto que vinimos a recuperar a Egipto.

—¿Únicamente ella puede arrebatarnos el secreto?

Murat y Mohammed ben Rashid intercambiaron una mirada preocupada.

—Eso creemos.

—¿Eso creen? ¿No están seguros?

El padre Teodoro, muy serio, fue quien tomó la palabra esta vez.

—Verás, Elías... Si nuestra logia ha podido saber con certeza que éste es *El Tiempo* en el que podremos acceder a los secretos de la vida eterna, ha sido gracias a la providencial aparición de un texto escrito hace dieciocho siglos por el propio san Marcos.

El intérprete de Bonaparte soltó un bufido de admiración, pero permitió que Teodoro prosiguiera.

—Fue encontrado hace un año en Alejandría y enviado por nuestro amado Santo Padre al monasterio de Santa Catalina, en el Sinaí, para que fuera traducido. San Marcos había empleado una clase de griego oscuro, lleno de arcaísmos, que hacía el texto casi ininteligible.

—¿Y se tradujo?

—Sí. Pero, desgraciadamente, el responsable de su traducción desapareció hace unos días en misteriosas circunstancias. Lo hemos buscado por todas partes, y aunque todos los indicios apuntan a que pudo haber sido asesinado por los adoradores de las sombras, no estamos del todo seguros.

—¿Y por qué habrían de hacer algo así? —se asustó Buqtur.

—Creemos que los setianos están deseosos de monopolizar el secreto de la vida que el apóstol Marcos descubrió en Egipto mientras seguía los pasos de Nuestro Señor en estas tierras. Quién sabe. Tal vez —prosiguió Teodoro— Cirilo descubriera por él mismo la fuente de la vida, y decidiera alcanzarla individualmente traicionando a nuestra Iglesia. Los setianos podrían haberlo averiguado y lo mataron para arrebatarle sus conocimientos. O tal vez fray Cirilo creyera haber descubierto el secreto y se inmolara accidentalmente tratando de repetir el ritual... Sea como fuere, este sabio copto es un cabo suelto que nos preocupa.

—Ya veo. Lo que no acierto a comprender es qué es lo que esperan ustedes ahora de mí.

El secretario de Su Santidad sonrió ante aquel Buqtur preocupado.

—Muy fácil, *frater* Elías: que mañana conduzcas a Bonaparte a la Gran Pirámide, le lleves a la sala del sarcófago y dejes que la entrega de la fórmula se consume bajo tu estricto control. Estamos seguros de que los mismos sabios con los que parlamentaste en Nazaret meses atrás aparecerán de nuevo para ejecutar el sagrado rito de Isis.

El copto devolvió la sonrisa a Teodoro, mientras buscaba entre las sombras la silueta gigante del Gran Isiarca.

—Ahora, maestro, comprendo el significado de la carta de tarot con la que he sido convocado.

Auguste Kléber, maestro de los códigos simbólicos, asintió complacido. Aun así, antes de completar su reverencia a Buqtur, deslizó una suave pregunta más:

—¿Sabes por qué recurro tan a menudo a ese tarot egipcio, *frater* Elías?

El intérprete no respondió.

—Porque dicen que las cartas del tarot no son sino una copia del libro que contiene ese cofre de Toth que debe ahora abrírsenos tras siglos de larga espera.

—¿Y quién dice eso?

—En Europa, los gitanos. Cuando llegaron los primeros a Francia se hacían llamar «egipcios», y aunque carecían de carrera o profesión conocida, eran grandes maestros en el arte de interpretar estos naipes. Uno de sus favoritos era el que hoy te he enviado: la carta de la resurrección.

—... Que es justo lo que buscamos.

—Así es, Elías. Así es.

XXVII

Horas antes de la llegada de Bonaparte a Giza

BALASÁN TREPÓ HASTA la cima del conjunto rocoso de Maadi arrastrando su pierna izquierda con dificultad. La artrosis se estaba adueñando poco a poco de sus extremidades inferiores, y sabía que pronto estaría paralizado, postrado en algún camastro en medio del desierto y lejos de sus momentos de gloria al frente de «los guardianes azules».

Desde allá arriba, el soberbio espectáculo le distrajo de tan funestas cavilaciones: los setenta y tres metros de largo de la Esfinge de Giza, con su orgullosa cabeza clavada sobre unos hombros ya casi inexistentes, se perfilaban como piezas de una frágil miniatura. A su lado, impresionantes de veras, tres montañas artificiales de proporciones ciclópeas proyectaban sus sombras picudas contra el suelo, ridiculizando al coloso de piedra.

—Dios es grande —murmuró emocionado.

El imán estaba a sólo unos cientos de metros al sur de las pirámides de Giza, muy cerca del cementerio árabe de Al-Ahram, que significa precisamente «de las pirámides». Y por primera vez en toda su vida era consciente de que la visión de que disfrutaba era sólo el pálido reflejo del paraíso que le esperaba.

El anciano «azul» había pedido a sus dos asistentes que le dejaran solo unos instantes. Necesitaba acercarse a aquellos templos majestuosos en silencio y oración. Debía prepararse para lo que, inevitablemente, estaba a punto de suceder en aquel lugar.

Balasán merodeaba por Giza desde las cinco de la mañana. Había visto amanecer sentado en los amplios lomos de la Esfinge, comprobando con expectación que el cielo había completado correctamente su ciclo. El león de piedra tallado por los remotos habitantes de Egipto mantenía siempre los ojos abiertos. Los siglos habían desdibujado hacía tiempo sus pupilas azules, pero seguía siendo el vigilante perfecto: sereno y fiero a la vez, diseñado para no inmutarse por nada o por nadie.

Paradójicamente, aquella madrugada Balasán había creído percibir cierta emoción a sus espaldas. Fue como si la Esfinge se conmoviera al ver desaparecer junto al sol las ocho estrellas de la constelación del León mayor; su *alter ego* celestial. El anciano observó aquel signo y lo guardó para sí, sin decir nada.

Era casi mediodía, y quedaba poco para que todo se precipitara según lo previsto.

Desde su atalaya, Balasán echó un último vistazo a la egregia testuz faraónica pegada al cuerpo del más noble de los felinos y bajó tan aprisa como pudo al campamento de sus fieles. Ninguno de ellos había pernoctado jamás en una ciudad y tampoco deseaban hacerlo ahora, así que habían aprovechado una depresión entre las dunas para instalar siete tiendas beduinas grandes, alfombradas con suaves mantas de lana. En el desierto nadie les molestaría.

La tienda principal se encontraba muy cerca de los riscos de Maadi, lejos de las rutas de las patrullas francesas. Balasán, que acababa de iniciar el descenso renqueando, se descolgó con precaución por el sinuoso sendero que nacía a pocos pasos de su jaima. Atravesó después el campamento sin detenerse, y penetró en el interior oscuro de la tienda dejando que las lonas de la puerta la cerrasen casi por completo. Estaba impaciente por compartir su último descubrimiento con el invitado que le había acompañado hasta allá.

—Has tenido suerte, anciano —sonrió—. Mucha suerte.

La figura humana acurrucada al fondo de la carpa no movió un músculo. El guía espiritual de «los sabios azules», sudoroso y cansado por el esfuerzo, se dirigió directamente hacia ella, inclinándose a su vera con respeto, mientras le susurraba algo al oído:

—*El Tiempo* que esperábamos ha llegado ya —dijo—. Todas las estrellas se han alineado según lo previsto. Los signos son propicios... Sin embargo —titubeó—, han pasado ya nueve días desde que te uniste a nosotros y seguimos sin saber si tu mente ha recordado ya lo que te pasó...

El invitado de Balasán no pestañeó. Estaba arrodillado, con la mirada perdida entre los pliegues de la lona que le cubría, con expresión vacía.

—Cada nuevo augurio es positivo —insistió Balasán en sus susurros—. Las estrellas por un lado, el regreso del pájaro *Bennu* por otro... ¿Aún no lo entiendes?

El imán «azul» pronunció aquella última frase con una cadencia especial, casi como si salmodiara algún oscuro hechizo. Y algún efecto provocó, porque la arrugada frente de su invitado, ataviado con las mismas túnicas índigo que sus anfitriones, se arqueó de repente.

Balasán observó satisfecho el mohín, y aguardó mientras plegaba sus piernas junto a aquel hombre.

—Recuerdo... —murmuró de improviso el penitente—. Recuerdo una luz... Sí: un fuego grande y purificador.

—Muy bien —aplaudió el imán—. ¿Y qué más?

—Sentí... Sentí que había llegado mi momento. Que pronto me reuniría con Dios, y que nada de lo que había estado haciendo hasta ese momento tenía ya importancia. Nada me dolía o molestaba. Estaba sereno y lúcido. Nunca me había encontrado tan bien.

—Prosigue.

El huésped bajó la mirada al suelo, buscando con sus ojos húmedos el rostro de Balasán. Tenía las huellas de la edad y del agotamiento marcadas en las bolsas oscuras que adornaban sus pómulos. Los labios secos del varón volvieron a moverse:

—Cuando vi que el calor de aquel fuego comenzaba a devorar mis carnes y el crepitar de sus llamas me había ya ensordecido, entonces escuché un batir de alas. Jamás, en todos los días de mi vida, había escuchado algo semejante. Aquello me llenó de emoción, y llegué a olvidarme de que el fuego iba a consumir mi vida en pocos segundos. Pero entonces... —el anciano dudó un instante antes de continuar—. Entonces, llegó la oscuridad. Tal vez la muerte. Y me dejé caer en el suelo, embriagado por aquel estado maravilloso de paz.

Balasán sonrió.

—¿Lo ves ya? —dijo cantarín—. El pájaro *Bennu* regresó. Lo que escuchaste fue su aleteo al resurgir de las cenizas y llamas que te rodeaban.

—No lo entiendo.

—Los de tu estirpe lo llaman Espíritu Santo. Pero en realidad es una fuerza dadora de vida que te preservó de morir. Lo único que hicimos fue rescatar tu cuerpo de entre las llamas, cumpliendo el mandato supremo del *Bennu*.

—¿Y por qué? ¿Por qué, Balasán? ¿Por qué me sacaste de aquel dulce destino y me devolviste al mundo? —una lágrima rodó por la mejilla cuarteada del anciano, que sentía de veras no haber muerto en medio de tanta dulzura.

—Porque debes contemplar lo que hoy sucederá en Giza. Espero, además, que comprendas que aunque venimos de tradiciones tan distintas, en el fondo somos iguales —dijo, acariciando la cabeza de su huésped, todavía con las rodillas hincadas en las alfombras de la jaima.

—¿Iguales? ¿En qué somos iguales?

—En la fe. Los dos sabemos que la muerte absoluta no existe. Que Dios creó al ser humano de materia y espíritu, haciendo a este último inmortal. Y lo hizo así para que actuáramos como intermediarios entre Él y la Tierra.

—No sé adónde pretendes llevarme ahora, Balasán. Las fuerzas me han abandonado y no creo que pueda seguirte a ninguna parte.

—Antes de que te rindas, deseo mostrarte algo que los antiguos cristianos que habitaron Egipto sabían muy bien: que cada hombre tiene dentro de sí, a escala, todos los atributos de Dios. Que él, aunque no lo quiera ni sepa verlo, es inmortal en sí. Sin necesidad de fórmulas de ninguna clase.

El huésped de Balasán se estiró por primera vez y se incorporó. Un sutil rayo de luz iluminó parcialmente una cabeza casi rala, moteada por algunos cabellos blancos desordenados.

—¡Pero existe una fórmula! —protestó el anciano, reuniendo fuerzas de donde no había más que cansancio—. ¡Yo la puse a prueba!

—Sí. Efectivamente existe.

—¡Y ustedes la protegen con celo!

—Sí. Lo hacemos.

—¿Y por qué en vez de rescatarme de una muerte segura no le robaron el manuscrito de san Marcos al Santo Padre de los coptos, protegiendo así ese secreto de ustedes?

Balasán no perdió la paciencia. Nunca lo hacía.

—Padre Cirilo de Bolonia —era la primera vez que el imán «azul» le llamaba por su nombre en los días que llevaban juntos—: ¿de veras crees que el evangelista Marcos encriptó en su texto el secreto de la vida eterna?

—Naturalmente. Yo soy la prueba viviente de ello....

Balasán le dejó continuar.

—... Yo fui quien prendió fuego a la biblioteca; quien grabó las palabras del evangelio de Juan que hablan de nacer de nuevo en esta existencia antes de viajar al Reino de Dios, y siguiendo las instrucciones de san Marcos... ¡sigo vivo!

—Por suerte.

—¿Por suerte?

—Sí. Porque nosotros, aquellos a los que en el desierto llaman «los sabios azules», estábamos en El Cairo pendientes de cualquier signo extraordinario relacionado con la fórmula de la vida. Al llegar a la ciudad supimos de tu existencia, del trabajo que habías hecho con el texto de Marcos, y comprendimos que debíamos intervenir.

—¿Son ustedes ángeles, acaso?

—Algo así. Los franceses nos llaman espías porque saben que tenemos informadores en todas partes. Incluida tu Iglesia, padre Cirilo.

—¿Y qué hacen aquí?

—Cada treinta años, con la llegada de un nuevo pájaro *Bennu* a esta región del Nilo, regresamos para vigilarle y protegerle. Es una tradición que conservamos algunas tribus beduinas desde hace más de seis mil años. El hecho de que escucharas ese batir de alas en tu trance de muerte no hace sino confirmar que estamos en El *Tiempo* del *Bennu*.

—*¿El Tiempo?* ¿Te refieres al mismo que san Marcos anuncia en su escrito?

—El mismo —sonrió de nuevo, ante un fraile cada vez más eufórico—. Además de regresar el pájaro *Bennu,* las estrellas están ya alineadas con Giza como no lo han estado en siglos, y puede dar comienzo el rito. El mismo rito que practicó Yeshua y se llevó tiempo atrás a Nazaret.

—Entonces, ¡san Marcos tenía razón! ¡Jesús descubrió el secreto de la resurrección en Egipto!

Balasán observó condescendiente a Cirilo.

—No te equivoques, tu Marcos no averiguó todo lo que aprendió Yeshua en el Templo del *Bennu*. Recuerda que cuando el evangelista llegó a la ciudad en ruinas del ave fénix, el sumo sacerdote Neb Sen, aquel que había iniciado a Yeshua en los secretos de la resurrección, había muerto hacía mucho.

Un escalofrío recorrió el espinazo de fray Cirilo. Aquel extraño individuo hablaba como si tuviera delante las páginas de *De los últimos días del Señor en la Tierra* y pudiera recitarlas de memoria.

—¿Te sorprende que conozca la existencia de Neb Sen, padre Cirilo?

—No, no —sacudió la cabeza, tratando de disimular su azoramiento—. En realidad pensaba en la insólita paradoja del sacerdote que protege el secreto de la resurrección y, sin embargo, muere. ¿No crees?

—No hay tal paradoja para quienes comprenden la esencia de la enseñanza egipcia.

Cirilo, convaleciente aún de las quemaduras que habían hecho mella en su cuerpo, había hablado en otras ocasiones con Balasán, pero nunca en aquellos términos. Durante los días precedentes, siempre a la caída del sol, aquel anciano con cara de palo se aproximaba a su lecho y se interesaba por su estado de salud. De hecho, tenía la impresión de que los ungüentos que le habían aplicado, y las infusiones que le obligaron a beber sus beduinos, le habían mantenido aletargado artificialmente hasta ese momento, y que la visita de Balasán a mediodía no era una simple cortesía.

—¿Esencia egipcia? ¿A qué te refieres exactamente, Balasán?

—A que la resurrección es, a los ojos de los que están en el secreto, un estado mental que se produce en vida. Resucitan aquellos que descubren que el hombre tiene esencia inmortal. Que perder el cuerpo es sólo un paso más en el aprendizaje del alma. La resurrección, querido amigo, es sólo un cambio de conciencia...

—¿Y nada más?

—Para la mayoría, sí. Sin embargo, existe una estirpe especial de humanos que han logrado dominar temporalmente a la muerte y han descubierto cómo sortearla o regresar de ella con nuevos bríos. Yeshua fue uno de ellos. Neb Sen lo supo nada más verle, y por eso pidió permiso a sus padres para prepararle en el secreto de la vida de que gozaron algunos reyes de Egipto. Durante varios días, el sumo sacerdote de Heliópolis lo alimentó y adiestró para su iniciación. Le enseñó que todos los humanos tenemos una esencia mortal y otra perenne. Que esta última está formada por el *Ba* o alma y el *Ka* o cuerpo astral, un ser interior capaz de abandonar nuestro ser aparente, hecho de pura energía. Y que ese *Ka,* bien entrenado, puede dominarse y enviarse a donde se quiera. Incluso al reino de los muertos. Eso aprendió el joven Yeshua.

Cirilo no replicó.

—¿Recuerdas la resurrección de Lázaro?

—Claro —asintió el viejo copto, que no dejaba de asombrarse del conocimiento que aquel beduino tenía de las tradiciones cristianas—. Murió muy joven en Betania y Jesús lo sacó de su tumba a la orden de «Levántate y anda».

—Lázaro, en efecto, llevaba cuatro días muerto cuando Yeshua lo resucitó. Egipcios y judíos sabemos que al cuarto día el *Ba* se desprende definitivamente del cuerpo y el *Ka* languidece y muere para siempre. Pues bien, Yeshua, ya iniciado por Neb Sen, supo cómo enviar su propio *Ka* para parlamentar con el *Ka* de Lázaro. Éste reconoció su autoridad y devolvió el hálito vital al cuerpo del difunto, obedeciendo las órdenes de tu Mesías.

—¿Y tú, Balasán, también dominas ese efecto?

El imán asintió ante la mirada perpleja de Cirilo.

—Hoy —añadió— aprenderás a hacerlo también tú. Si Elías Buqtur cumple con su parte, todo estará dispuesto para iniciar al nuevo Osiris en el secreto de la vida.

—¿Elías Buqtur? —la voz de fray Cirilo tembló ligeramente—. ¿Te refieres al sobrino del general Tadrus? ¿Al traductor copto que reclutaron los franceses nada más llegar a Egipto?

—Buqtur nos traerá a Napoleón —dijo Balasán convencido—. Si él es el elegido, será sometido a un juicio divino que determinará la pureza de su alma. Si lo supera, su parte inmortal, su *Ba,* accederá a los secretos de la vida eterna y los transmitirá a su cuerpo.

—¿Y qué ocurrirá después?

—Nadie lo sabe. La ceremonia que tendrá lugar en la Gran Pirámide no garantiza que su cuerpo sea inmortal; sólo su memoria y su destino.

—¿Y Jesús? ¿Qué pasó con Jesús? Él sí superó todas esas pruebas...

—Si has leído atentamente tu Biblia, después de que Yeshua resucitara de entre los muertos no fue reconocido *a priori* por sus discípulos. El Rabí tuvo que presentarse de nuevo a los más allegados, ya que su apariencia no era exactamente la misma. Era su cuerpo energético, su *Ka,* el que se manifestó radiante a sus discípulos.

—¿Y eso ocurrirá con Napoleón?

—Tal vez. Por eso estaremos ahí para comprobarlo.

Cirilo se alarmó.

—¿Ahí? ¿Dónde?

—Ya lo he dicho: en la cámara real de la Gran Pirámide.

—¿Y cómo llegaremos hasta allá? Yo estoy tullido, cansado y con la espalda encogida, y tú tienes una pierna agarrotada. Jamás lograremos entrar en los estrechos corredores de esa montaña de piedra.

—Nuestros cuerpos, no, Cirilo. Pero sí lo harán nuestros *Kas*.

XXVIII

JAMÁS HABÍA VISTO una mujer tan bella.

Apenas se desnudó, el aroma a loto que impregnaba su piel se extendió por toda la habitación, inundándola y haciendo temblar hasta la última víscera del corso. Nadia, ajena a la tormenta que estaba provocando, parecía sumida en un éxtasis profundo. Desde el primer momento, apenas se hubo cerrado la puerta de la estancia de Bonaparte dejándola a solas con él, fue ella la que tomó la iniciativa. Le bastó cerrar los ojos con fuerza, respirar hondo un par de veces y volver a abrirlos, esta vez llenos de un fuego que el corso no había visto en su vida. Al general aquello le divirtió. No era corriente que una mujer, y menos aún una árabe, tuviera tanta soltura en presencia de un varón al que no había visto nunca.

¿O quizá no era así?

El corso, sobrecogido, observó sin pestañear cómo Nadia fue desprendiéndose de cada una de las capas de tela que la cubrían, mientras ejecutaba una danza al son de una música inaudible. Vio también cómo caminaba descalza hasta su lecho, tendiéndose cuan larga era sobre él y ofreciéndole sin pudor un paraíso de placeres que casi había olvidado desde su última batalla. El cuerpo de la nubia era perfecto: sus senos firmes y apretados daban volumen a un torso flexible, moreno, que Napoleón imaginó cuidado por todo un harén de esclavas. ¿De dónde había salido aquella criatura? ¿Cómo es que nadie le había hablado antes de ella?

Cual una experta odalisca, Nadia se contorneó sobre el colchón mirándole con aquellos ojos de cobra imposibles de evitar.

—¿Sabías que el sexo es la más poderosa y antigua de las energías? —susurró mientras deshacía la cama con sus largas piernas. Evidentemente, no esperaba una respuesta—. Actúa como un imán. Si sus polos están a la distancia adecuada, la fuerza que generan es inmensa. Pero si se tocan, toda esa tensión creadora desaparece.

Bonaparte estaba atónito. No entendía muy bien lo que aquella nubia quería decirle, pero tampoco le preocupaba demasiado. Le sobraba su levita, y la camisa había comenzado a empapársele de sudor frío. Sentía que debía hacer o decir algo si no quería perder definitivamente el control de la situación; así que terminó expresando el primer pensamiento coherente que le pasó por la cabeza:

—Aún no me has dicho quién desea traicionarme... —dijo.

—No.

—Ni qué sabes de la fraternidad de «los sabios azules».

—Tampoco.

—Ni me has explicado por qué te preocupas de mi seguridad.

Nadia volvió a negar con la cabeza.

—Ahora no es eso lo más importante —respondió La Perfecta.

—¿Ah, no?

—No, general. Lo que he venido a mostrarte es algo más místico, más trascendente que todo eso. Hoy es el día en el que, por fin, deberás aceptar tu destino y entregarte a él sin reparos.

—¿Mi destino?

Napoleón, desprovisto ya de su casaca militar, había decidido pasar a la acción. Estaba tan embriagado por los sensuales movimientos de aquella mujer que casi no se había dado cuenta de que caminaba directamente hacia ella.

—En la antigüedad, cuando los dioses gobernaban este país, miles de años antes de que nacieran Julio César o Alejandro y los extranjeros ambicionaran sus riquezas, las reinas sólo se unían en matrimonio con los dioses. Fue su manera de crear una estirpe de hombres de sangre azul, mitad humanos mitad divinos, robando así a los de arriba su don más preciado: la inmortalidad. Sin embargo —la bella prosiguió—, aquello abrió una herida en el corazón de los hombres que muy pocos supieron cicatrizar...

—No sé de qué hablas.

—De la separación entre espíritu y materia, general. De cómo fue creado el primer ser humano con esa herida partiéndole por la mitad, y cómo desde entonces cada uno de nosotros ha buscado, consciente o inconscientemente, unir esos dos trozos a toda costa.

—¿Y a quién importa eso?

Napoleón se había sentado ya junto al regazo de Nadia, observando sin tapujos su desbordante belleza. La Perfecta había depilado cuidadosamente todo su cuerpo, sumergiéndolo en un mar de aromas que, percibidos tan de cerca, casi le hacen perder el sentido. Pero se guardó de tocarla. Sus palabras silbaban junto a él como el amenazador siseo de una serpiente:

—Debería importarte a ti, general —dijo, señalándole con su índice—. En el pasado más remoto de mi pueblo, la diosa Isis se unió al dios Osiris para crear un nuevo rey de Egipto que tuviera esos dos polos unidos. Que comprendiera que materia y espíritu forman parte de una misma esencia. Aquella sagrada unión de la que nacería el rey Horus se consumó, paradójicamente, después de que Osiris muriera a manos de su hermano Set. Isis persiguió su alma hasta el país de los muertos, la rescató de las tinieblas y logró que la semilla osiriana penetrara en sus carnes, fecundándola.

—Un hermoso mito. «Los sabios azules» me hablaron de él en Nazaret.

—¿De veras?

La Perfecta pareció dudar por primera vez. Napoleón lo notó, y aprovechó para tratar de hacerse con la situación:

—Sí. También dijeron que Jesús estudió aquel relato, logrando acceder a la fórmula mágica con la que la diosa más querida en Egipto obró su prodigio. Por eso consumó la resurrección cuando le llegó la hora, y consiguió con ella la inmortalidad. ¿O no es verdad que el mesías de los judíos no volvió a morir tras su regreso a la vida...?

—Si ya sabes eso, entonces, Napoleón, supongo que estás preparado.

—¿Preparado? ¿Para qué?

Sentado ya en la misma cama que Nadia, el corso dudó un segundo si extender o no su brazo izquierdo hacia La Perfecta. Finalmente dejó que su mano se posara distraídamente sobre una de sus caderas. El tacto cálido de aquella piel cuidada le hechizó.

—Preparado para recibir el secreto que hizo de Jesús grande entre los grandes.

—¿Y me lo darás tú?

—Sí. Yo.

—¿Y cómo se supone que vas a transmitírmelo?

Nadia se escurrió bajo la poderosa mano del corso, y se sentó sobre sus rodillas:

—Primero, naturalmente, desvelándote el misterio del *Hebsed.*

—¿El *Hebsed?* También «los azules» me hablaron de él. Los faraones se sometían a ese ritual cada treinta años.

—Que son, exactamente, los que tú cumplirás dentro de tres días —le atajó ella.

—Cierto —sonrió embobado.

—Ningún pagano ha sabido nunca qué ocurría durante aquellos cultos. Lo único que el pueblo veía, cuando el *Hebsed* se celebraba en los albores de nuestra historia, era al faraón adentrándose en los corredores de su pirámide para salir de ella rejuvenecido. Lo que nadie sospechaba es que el rito tenía que ver con la energía sexual.

—¿La energía sexual?

El corso se mordió el labio inferior, disimulando su excitación.

—Todo cuanto nos rodea es energía, general. Pero ninguna es

tan poderosa como la que genera el deseo. Dominar el instinto y manipularlo convenientemente puede hacer que nuestro cuerpo se regenere, que el pelo cano se oscurezca o que las fuerzas regresen a donde se habían perdido... Llevado a sus últimos extremos, el rito podía matar, como le sucedió a Osiris, y devolver la vida, como también el dios experimentó.

Nadia tomó las manos del corso, calientes y húmedas.

—Tu Biblia ya dice que en tiempos del rey David, cuando éste era muy viejo, se le hacía dormir con una joven virgen al lado. Los judíos que le obligaron a semejante cosa procedían de Egipto, donde habían oído rumores de cómo el aliento de una joven podía insuflarle parte de su vitalidad.

—Estupideces.

—No tanto como crees, general —dijo muy seria La Perfecta—. En Persia también se creía lo mismo. Lo que no sabían es que, en efecto, la presencia de una joven activaba ciertas secreciones hormonales en el anciano que le rejuvenecían. Tú mismo, ahora, las estás experimentando.

Aquella mujer tenía razón. El desbordante deseo que el corso sentía por aquella hermosa hembra le estaba haciendo hervir la sangre. Todo comenzaba a dar vueltas a su alrededor, como si las paredes enteladas circundantes hubieran ganado en intensidad y los colores de sus sábanas despidieran luz propia.

—Concéntrate en lo que sientes —ordenaba—. Sé consciente de cómo la materia pierde consistencia y acaricias un estado diferente al que te domina. No es guerra. No es estrategia. No es matemática. Ni política... Es como abrir una puerta sutil que está dentro de ti.

Napoleón se agarraba a las firmes manos de la nubia como un marino a punto de marearse. Sus ojos de cobra estaban cerca, muy cerca, clavados con una extraña fiereza en los suyos.

—Cuando sientas la puerta, cuando el deseo te haga perder de vista el horizonte... ¡crúzala!

La última instrucción de La Perfecta sonó como un eco lejano en la cabeza del corso. Era demasiado tarde para darse cuenta de que acababa de caer desplomado sobre aquel cuerpo perfumado con algún extraño aroma embriagador y dulce.

Nadia alzó la vista al cielo y dio gracias a Isis por aquella providencial ayuda. El corso estaba por fin en sus manos.

Al igual que Osiris muerto en las de la diosa...

XXIX

III Década, Quintidi de Termidor [42]. A primera hora de la mañana

Al verle, ninguno de los soldados de guardia le detuvo. Subió corriendo los tres pisos que le separaban de las estancias de Bonaparte, y ante la puerta misma del dormitorio intercambió algunas impresiones con el capitán Montignac, asistente del corso.

—El general ha pasado muy mala noche —dijo nada más verle.

—¿Mala noche?

—Sí, señor Buqtur. Tuvo pesadillas. Le sentó mal la cena y sufrió mareos. Por suerte, ahora ya no tiene fiebre.

El intérprete copto interrogó al capitán con gesto preocupado:

—¿Hay alguien con él, atendiéndole?

—Ha estado toda la noche con una mujer. Ella se encargó de todo, y el general ordenó que la obedeciéramos. Pidió paños húmedos y agua caliente, y lo cuidó hasta hace una hora más o menos, en que lo dejó durmiendo y se marchó con un familiar.

—¿Una mujer?

—Y muy hermosa, por cierto —sonrió el capitán, pícaro.

—¿Sabe cómo se llamaba?

—Claro, señor: Nadia ben Rashid.

Fue como si Buqtur recibiera una coz en el estómago. Un golpe seco, violento, que sólo él acusó. Si lo que Montignac decía era cierto, la peor enemiga del *Taller* había pasado la noche con el corso, teniéndolo desfallecido en sus brazos durante más horas

---

[42] 12 de agosto de 1799 según el calendario republicano.

de las que quería imaginar. Todos los controles de la logia habían fallado estrepitosamente a escasas horas del triunfo.

Elías trató de disimular el efecto de aquella revelación, y preguntó al capitán de guardia si sería procedente despertar al corso. Había un asunto de la máxima importancia que debía comunicarle.

—Pase si quiere. No creo que duerma mucho tiempo más —dijo.

Napoleón, en efecto, estaba incorporado en su cama. Lucía una toalla alrededor de la cabeza y sus ojos reflejaban un tremendo agotamiento.

—¡Buqtur! —exclamó nada más verle cruzar la puerta—. Creí que te había dado el día libre.

—Eso fue ayer, señor.

—¿Ayer? ¿Tanto tiempo he pasado en la cama?

—Y bien acompañado, tengo entendido —dijo cínico el intérprete.

—No lo recuerdo muy bien, Elías. He pasado una noche de perros. Era como si algo dentro de mí luchara por dejar mi cuerpo... Mi cabeza daba vueltas y más vueltas. Por suerte, una mujer me ayudó.

—¿Qué sabéis de ella, general?

—Prácticamente nada, Elías. Pero dijo que conocía a «los sabios azules» y decidí interrogarla.

—¡Vaya! Pues precisamente de ellos quería hablaros.

—¿Ah, sí?

El corso se espabiló, y abandonó su lecho en dirección a una bañera que ya humeaba sin dejar de sostener la toalla contra su cráneo. Bonaparte era un obseso de la higiene.

—Esta tarde deberíamos emprender camino hacia Giza, señor. Si no tenéis inconveniente, podemos organizar una pequeña expedición al desierto y llegar a las pirámides antes del ocaso.

—¿Y eso por qué?

—¿No lo recordáis ya? Faltan *exactamente* tres días para vuestro trigésimo cumpleaños. En Nazaret, «los sabios azules» os citaron hoy en la Gran Pirámide para haceros entrega de la fórmula de la vida. ¡Hoy es el día de la revelación, señor!

El corso se quedó pensativo un instante. Elías tenía razón. Había estado con él en aquella reunión con el sabio Balasán y su séquito, y había escuchado tan perfectamente como él su inaplazable convocatoria. Es cierto que tal vez esa fecha podría haberle sorprendido en el Delta, o combatiendo a los últimos mamelucos en el desierto, pero no. Estaba en El Cairo, a pocas horas de las pirámides, y con tiempo suficiente para acercarse hasta ellas.

—Está bien —dijo al fin—. Ordenaré a Kléber que prepare una escolta. Saldremos a mediodía.

—Bien, señor. El general Kléber es una magnífica elección. «Los azules» aprobarían esa decisión. Tiene la bendición necesaria de los dioses para serviros de escolta, siempre que se mantenga a una distancia prudencial de vos.

—Pues sea.

Y diciendo aquello, se quitó su bata de seda y, desnudo como vino al mundo, se sumergió en su baño aromático.

El viaje hasta Giza se hizo a bordo de una enorme barcaza, engalanada con la bandera tricolor de la República. Al subir a bordo, Napoleón recordó lo vanos que habían sido sus esfuerzos por implantar aquella enseña entre los egipcios. Éstos rechazaban todo lo que oliera a infiel, incluyendo las festividades republicanas y los pomposos desfiles galos.

Sobre la cubierta aguardaban el general Kléber, una escolta de veinticinco hombres con sus mosquetes cargados, Elías Buqtur, el capitán de la embarcación y cuatro asnos con sus alforjas cargadas de agua y víveres.

Atento, el capitán informó al corso que atravesarían El Cairo navegando plácidamente entre los antiguos canales de regadío del Nilo hasta alcanzar Giza. El desbordamiento anual de sus aguas permitía en esas fechas una experiencia única: parte de la ciudad se convertía en una especie de Venecia oriental, inundando casas, mezquitas, calles y almacenes. No importaba. Para los egipcios, aquello llevaba siglos siendo señal de bendición y de fertilidad. El país tenía garantizado otro año de abundantes cosechas y riqueza. Incluso —advirtió— no sería extraño encontrar en el camino a muchas familias cairotas celebrando en los tejados de sus casas que las sagradas aguas del Nilo habían anegado todo cuanto poseían.

—Si me lo permitís, debo haceros una pregunta, mi general.

Auguste Kléber había esperado a que el responsable del barco terminara con sus ceremoniosas explicaciones antes de dirigirse, a solas, a Bonaparte.

—Os escucho, Auguste.

—Habéis aceptado someteros a un ritual mágico, cuyo alcance último desconocemos todos nosotros. Vamos a cruzar una zona potencialmente hostil, y no quisiera que nos viéramos envueltos en una emboscada. Además, sabéis tan bien como yo que la magia de este pueblo es poderosa. Muy poderosa.

—No debéis preocuparos por eso. Voy protegido.

—Eso precisamente quería preguntaros: ¿es ese talismán que lleváis colgado del cuello toda vuestra protección?

El corso bajó la mirada hasta su pecho, viendo que el *wadjet,* u Ojo de Horus que colgaba del cuello, era perfectamente visible.

—Así es. ¿Os extraña precisamente a vos, general?

Kléber no supo responder.

—¿No formáis parte de la misma logia masónica en la que mi padre y mi hermano mayor, José, fueron iniciados? ¿No sois vosotros los que creéis en el poder de los talismanes, y confiáis a ellos vuestra seguridad personal?

—Sí. Eso es cierto.

—¿Entonces de qué os extrañáis? Un Ojo de Horus como éste se colocaba siempre en el cuello de los faraones antes de iniciar su camino al más allá.

El gigante Auguste se alarmó.

—¿Qué queréis decir con eso? ¿Que vais a colocaros en peligro de muerte?

—Quien muere vive para siempre, Auguste. Quien se aferra a esta vida, muere eternamente.

—No os comprendo.

—Fue lo que me mostraron «los azules», Auguste. Tampoco yo alcanzo a comprenderlo del todo. Quizá hoy...

—Permitidme que desconfíe, mi general —dijo Kléber, mientras perdía su mirada en la espuma que formaba la quilla de la barcaza en su avance—. En Europa conocemos algunos casos de personas que alcanzaron la inmortalidad, como Nicolas Flamel o el conde de Saint-Germain...

—Conozco esos relatos.

—...Y nunca se dijo que hubieran tenido que morir para vivir.

—Pero en París se rumoreaba que, al menos Saint-Germain, acudía a una pirámide de la Costa Azul para regenerarse. Tal vez sea eso lo que hoy me muestren. Tal vez, querido Auguste, hoy accedamos a alguna antigua ciencia de la vida que ponga a nuestros pies algo mucho más valioso que el poder o el dinero.

La mirada del corso relampagueaba de emoción.

—¿Y si ello implicara que tuvierais que permanecer en Egipto?

Al oír aquello, Napoleón se escamó:

—¿Qué insinuáis? Estoy en Egipto por mi voluntad. Si debo permanecer aquí, lo haré. Si tuviera que abandonar esta tierra después de más de un año en ella, lo haría.

El gigante no preguntó más. Los dos permanecieron callados durante un buen rato, sin que tampoco Elías o ninguno de los miembros de la tripulación se atrevieran a acercárseles. El corso hundió sus pensamientos en la extraña noche que había pasado con Nadia. No recordaba haberla poseído, pero tampoco no haberlo hecho. Sus recuerdos se reducían a colores, olores y un sabor dulzón y espeso que aún tenía en la boca. Jamás le había ocurrido una cosa así. Nunca había estado en la misma cama con una mujer sin haberla hecho suya. ¿Tendría tiempo de volver a verla?

La navegación fue plácida y se desarrolló sin contratiempos. Llegaron a Giza sobre las cuatro y media de la tarde, a tiempo de ver cómo el disco solar iba cayendo poco a poco hacia el oeste, en dirección al desierto más profundo, por detrás de la pirámide más pequeña del lugar.

—¡Bienvenidos a Rostau! —exclamó Elías nada más poner pie en la arena, a apenas ochocientos metros de la meseta sobre la que se alzaban las pirámides.

—¿Bienvenidos a... qué?

—A Rostau, mi general —respondió a Bonaparte—. Así llamaban los antiguos egipcios a este lugar. Significa El Reino de Osiris porque creían que era la copia terrestre del Lugar del Más Allá a donde van las almas de los muertos.

—¿Copia terrestre?

—Los egipcios, señor, creían que su tierra nació como un reflejo del paraíso. Cada cosa que ellos levantaron sobre el suelo era para imitar algo que estaba en ese reino del más allá. Y estas pirámides son el mejor ejemplo de ese deseo.

A Napoleón le extrañó no ver a nadie en toda la meseta. Instintivamente vinieron a su memoria las imágenes de una Nazaret desolada, vacía, en la que aparecieron misteriosamente, sin cabalgaduras ni equipaje, «los sabios azules». Pero no estaban allí. Ni se veía un alma cruzar aquel desierto plano y ocre en diez kilómetros a la redonda.

El capitán, con ayuda de algunos soldados, procedió a instalar un raquítico puente de tablas cerca de la proa de la barcaza, por donde desembarcaron los animales. No había mucho que temer allí. Sin árboles ni casas cerca, era prácticamente imposible que un ejército hostil se escondiera. A no ser, claro, que estuviera agazapado detrás de alguna de aquellas pirámides.

Media hora más tarde, habían alcanzado la base de la Gran Pirámide, y seguían sin ver a nadie en los alrededores. La colosal Esfinge, enterrada hasta la mitad del pecho, con sólo los lomos al descubierto, había quedado atrás con su impertérrita mirada vigilando el este. Tampoco en sus inmediaciones encontraron a nadie.

Tras rodear la mayor y más perfecta de aquellas montañas artificiales y alcanzar su cara norte, Buqtur ordenó que el convoy se detuviera.

—Es una obra de titanes —dijo, mirando a Napoleón absorto.

—Se entra por este lado, ¿verdad?

Buqtur sonrió. El corso tenía buena memoria. Había visitado por primera y última vez la pirámide hacía ya casi un año, exactamente después de derrotar a los mamelucos en la que él mismo bautizaría como Batalla de las Pirámides.

—Así es, general. Hay dos entradas en este lado: una, la original, está a la altura de la decimoquinta hilera de bloques. Otra, abierta por el califa Al Mamún para saquear sus tesoros, se encuentra un poco más abajo, en la quinta hilera.

—Parece vacía.

—Sí. Lo parece.

Kléber localizó rápidamente los dos huecos en la colosal pared caliza del monumento a los que se refería el intérprete. Envió una avanzadilla para que exploraran las dos bocas y se aseguraran de que no había nadie en ellas, e informó cumplidamente del resultado al corso.

A las seis de la tarde, con el sol muy bajo y la luz diurna mitigada, Napoleón, Kléber y Buqtur tomaron la decisión de entrar. Habían esperado un tiempo prudencial por si se aproximaba algún comité de «los sabios azules», como en Nazaret, pero nadie parecía interesado aquel día en pisar Giza. El corso y su fiel intérprete no querían mostrar su decepción, y, forzando su entusiasmo, animaron al gigante a que tomara algunas antorchas y les acompañara hasta el vientre del monumento. Auguste aceptó encantado.

—La entrada original a la pirámide era un pasadizo de ciento ochenta metros de largo, de apenas metro y medio de alto y poco más de uno de ancho —explicó Buqtur antes de comenzar a trepar, mirando con lástima la estatura del gigante—. Creo que la abertura de Al Mamún será más cómoda y rápida para acceder a las cámaras interiores.

El alivio de Auguste Kléber duró poco. Tras encaramarse por encima de unas piedras lisas como espejos, situadas en la base del monumento, los tres accedieron al interior de un pasadizo en el que el gigante rozaba peligrosamente el techo. Los tres encendieron casi de inmediato sus respectivas antorchas, provocando una estampida de murciélagos que casi les tumbó en el suelo. Un olor ácido, insoportable, provocado por las deyecciones de miles de estos mamíferos voladores, les apestó sin contemplaciones.

—Todos los corredores aquí dentro tienen un ángulo de veintiséis grados de inclinación —comentó Elías al alcanzar el final del pasillo de Al Mamún—. Están hechos de roca pulida, así que deberéis cuidaros de no resbalar.

El corso adelantó su antorcha por el hueco que se abría ante ellos. Un camino oscuro como boca de lobo, cuadrado y estrecho como una chimenea, ascendía hacia el infinito, perdiéndose pirámide adentro. Sintió un temblor extraño, mitad terror mitad excitación, que le animó a ponerse en cuclillas y adaptarse a las escuetas dimensiones de aquel canal.

—¿Tienes idea de por qué han fallado esta vez a su cita «los sabios azules», Elías? —soltó a quemarropa, nada más comenzar su ascenso.

—Tal vez nos esperen allá arriba, señor.

El eco de Buqtur trepó a toda velocidad por aquel infecto pasadizo inclinado. Kléber, que cerraba el grupo, maldecía en voz baja a los antiguos arquitectos de aquella especie de broma pesada. Elías, mientras tanto, continuaba hablando, tal vez para mitigar la opresiva sensación de saberse rodeado por tres millones de piedras pesadas, macizas y oscuras:

—Algunos creen que la pirámide imitaba el recorrido que las almas deben hacer en su ruta al más allá. Dicen que dejaban solo al faraón aquí dentro para que recorriera a oscuras estos pasajes, y fuera acostumbrándose a lo que le esperaría al morir...

—¿Solo?

—Sí, general. Que es exactamente lo que «los azules» esperan de vos.

El corso, con la antorcha sujeta entre sus mandíbulas, apretó el ritmo de ascensión, ignorando aquel último comentario. Casi sin darse cuenta, el opresivo corredor terminó bruscamente, dejándole sobre un suelo plano. La llama de la tea creció, indicándole que el techo también había desaparecido. Se había elevado lo suficiente como para permitirle estar de pie.

Animado por el hallazgo, tendió la mano a Buqtur y al gigante, que agradecieron también salir de aquella especie de ratonera. Sin embargo, cuando juntaron sus antorchas para examinar el lugar en el que se encontraban, los dos franceses soltaron un bufido de admiración.

No era para menos. Frente a ellos, como por arte de magia, se alzaba una bóveda de casi nueve metros de altura, a dos aguas, y extraordinariamente empinada. Bajo ella, delante de los extremos de sus botas, nacía otro estrecho corredor, y encima de éste otra rampa, «a cielo abierto», trepaba en ángulo hasta una puerta elevada que apenas se adivinaba a la luz del fuego.

—La estancia más sagrada está allá arriba —dijo Elías.

Aquel lugar parecía el interior de un enorme mecanismo de relojería. No había ni un adorno, ni un jeroglífico sobre sus paredes, nada de nada. Cada pocos pasos, un pequeño nicho, de uso inextricable, se hundía unos centímetros en el suelo. Y gravitando sobre ellos, como los voladizos de un tejado, siete cornisas de gran longitud atravesaban de parte a parte el recinto.

—Subamos, pues.

Napoleón parecía extasiado. Había olvidado a «los sabios azules», e incluso Buqtur dudaba que recordara qué era lo que había venido a buscar aquí dentro. Las tripas de la pirámide le habían hechizado.

—¿Qué hay allá arriba, Elías? —preguntó ya a media rampa.

—La cámara real, mi general.

—¿Cámara real?

—Sí. La que alberga el sarcófago del faraón.

—¿Estuvo enterrado alguien en este laberinto?

—No lo sabemos a ciencia cierta. Nunca se encontró ninguna momia. Ni cuando Al Mamún profanó la pirámide y entró aquí por primera vez, habló de cuerpo alguno o de tesoros. El lugar estaba como ahora.

—¡Suban!

El gigante resbaló un par de veces antes de descubrir cómo había de colocar sus botas sobre aquella superficie pulida para no caer. Una vez entrenado, ascendió como un gato hasta la cumbre, y tras recorrer otro pasillo de escasa altura, accedió a la cámara de la que hablaba Buqtur.

En verdad, aquella habitación era aún más impresionante que el resto. Sus paredes eran más oscuras, pero los gránulos de mica y feldespato de las paredes relumbraban como diamantes a la luz de las teas. El recinto era un salón de unos diez metros de largo por cinco de ancho, con grandes losas en suelo, paredes y techo, pulidas extraordinariamente. Y en el fondo, un sarcófago rosado, roto en una de sus esquinas y sin tapa, aguardaba olvidado por los siglos.

—El lugar de iniciación —murmuró Elías—. El eje de la celebración del rito Sed.

—...Y vacío —añadió el corso.

—Sí. Vacío.

—¿Y por qué crees que nadie nos ha esperado aquí, Elías?

El copto, que pese a su galabeya había arruinado definitivamente su blusa de algodón con el polvo y el estiércol de murciélago, respondió sin vacilar:

—Es fácil, general. En realidad, el convocado sois vos. Si así lo deseáis, aquí recibiréis la iniciación, pero deberá ser sin nuestra presencia. En la soledad que le garantiza el lugar.

Buqtur tragó saliva y miró muy serio al corso:

—Ha llegado el momento de dejaros solo, general. Nosotros sobramos en la ceremonia que ha de venir. Además, antes de revelaros lo que vos tanto anheláis, debéis vaciar vuestra alma y dejársela pesar al eterno celador de este lugar.

Bonaparte abrió sus ojos marrones con expresión de sorpresa:

—¿Dónde me esperarás, Elías?

—Afuera, señor.

—¿Vos también, Auguste? —dijo mirando al gigante.

—También, mi general.

No dijeron nada más. Ni una palabra. Al perderse las dos antorchas de sus compañeros por el pasillo horizontal que desembocaba en la gran galería que habían escalado, la luz de la cámara real se suavizó amenazadoramente.

Al cabo de un rato, su antorcha se extinguió dejando un delgadísimo hilo de humo flotando en el ambiente. Y una terrible oscuridad, de una densidad difícilmente imaginable, le envolvió.

Durante unos instantes, Napoleón Bonaparte tuvo la absoluta certeza de que había llegado su hora.

XXX

La roca de Maadi, al sur de las pirámides, impidió a los hombres de Balasán adivinar qué estaba sucediendo al otro lado de la pirámide de Keops. A Titipai, en cambio, aquello no parecía preocuparle lo más mínimo. Sabía que el maestro Balasán y su extraño invitado estarían en todo momento al corriente de lo que allí ocurriera. De hecho, como fiel guardián, él había sido el responsable de suministrarles las últimas dosis de la pomada mágica que permite al ser interior salir del ser aparente.

A esa hora, las nueve de la noche, con el cuerpo estrellado de Nut[43] cubriendo majestuoso la meseta de Giza, los respectivos *Kas* de los maestros debían estar volando ya hacia la cúspide de la Gran Pirámide. Pronto se reunirían con Napoleón Bonaparte y le mostrarían el camino al *Amenti,* al más allá.

Era un momento hermoso. Desde hacía más de diecisiete siglos nadie había recibido aquella instrucción celestial directamente de sus manos. Ningún humano había merecido el honor de recibir la ayuda de los *Depositarios de la Verdad* para alcanzar la vida eterna durante la existencia terrenal. Y todo se estaba desarrollando en paz.

Tagar, sin embargo, estaba inquieto.

---

[43] Diosa del Cielo en la mitología egipcia. Se la representa como una mujer gigante encorvada sobre la Tierra, que cada noche devora al Sol para volver a parirlo al día siguiente. Su cuerpo siempre se representó moteado de estrellas.

—Dime, Titipai, ¿qué haremos con el copto cuando termine nuestro trabajo?

El joven discípulo de Balasán se ajustó el turbante azul sobre su cabeza rapada. Montaba guardia frente a la tienda en la que reposaban los cuerpos de Cirilo de Bolonia y de su admirado maestro. Nadie podía interrumpir aquel descanso sagrado.

—¿Por qué te preocupa una cosa así, Tagar?

—El papa Marcos ha puesto en marcha un gran dispositivo de búsqueda. Quieren saber qué pasó con el copto. Esta mañana en El Cairo he sabido que nos inculpan de su muerte, y que pretenden capturarnos a toda costa.

Titipai sonrió.

—Bueno: en cierta manera tienen razón. Después de lo que Cirilo de Bolonia ha aprendido, tanto traduciendo el evangelio del evangelista como escuchando al maestro Balasán estos últimos días, su parte copta ha muerto.

—¿Qué quieres decir?

—Que nadie que contemple la Verdad vive más en su mundo de mentira. Es su conciencia íntima la que, en adelante, toma las riendas de su existencia. La sensación es casi la de volver a nacer.

—¿Es la religión copta una mentira?

—No. Es sólo una parte de la Verdad, pero tan incompleta que a veces resulta peligrosa.

—¿Y el islam? ¿Y el cristianismo?

—Lo mismo.

—¿Y le va a suceder lo mismo al sultán Bunabart, al jefe de las tropas de Occidente?

—En parte, sí.

Los ojazos negros de Tagar brillaron como estrellas bajo el cielo raso de Giza.

—¿En parte? ¿Qué quieres decir?

—Que Napoleón, a diferencia del padre Cirilo, está ya muerto. Y bien muerto.

XXXI

Cámara del Rey

...Y DECIDIDO, EL joven general buscó a tientas el tacto liso y gélido del granito.

Tras localizar los perfiles del tanque exactamente donde lo recordaba, se encaramó a uno de sus extremos, tumbándose a todo lo largo que era en su interior. No podía perder nada. Estaba dispuesto a aguardar a que los acontecimientos se sucedieran sin su intervención y resolver aquella embarazosa situación por la más pasiva de las vías.

—¿Qué quiso decir Elías con que vaciara aquí mi alma para dejármela pesar? —se preguntó mientras apoyaba su espalda contra el fondo del tanque.

Fue entonces cuando Napoleón Bonaparte, el líder de las tropas de ocupación de Egipto, hizo un descubrimiento terrible: aquel ataúd tenía exactamente sus medidas...

Tuvo que pensárselo dos veces. No era lógico que él, con poco más de metro y medio de altura, llenara un tanque que alcanzaba el metro noventa y nueve de largo. La paradoja le entretuvo unos minutos: estiró sus piernas para asegurarse de que no podían llegar más abajo de donde estaban, y alargó el cuello rozando con su coronilla el granito del lado norte del tanque. Lo curioso es que de ancho tampoco estaba sobrado. Sus brazos, dispuestos a lo largo del tronco, no podían moverse más allá de la escasa holgura que le brindaba su casaca. Era como si allá dentro su cuerpo se hubiera hinchado hasta llenar por completo el sarcófago. Pero ¿era eso posible?

Napoleón dudó. A oscuras, incapaz de ver absolutamente nada, a decenas de metros por debajo de la superficie de la pirámide, no podía hacerse a la idea de si algo en él estaba cambiando o no. Se sentía extrañamente grande y liviano, como si sus extremidades se hubieran disuelto en aquella negrura y su estómago hubiera dejado de retorcerse como en la noche anterior.

Entonces, sin avisar, algo le dejó sin aliento.

Fue justo al relajarse. Al dejarse embriagar por aquella inesperada sensación de bienestar. Primero le sacudió un estallido de luz dentro de su cerebro. Tuvo la impresión de que le había alcanzado un rayo, partiéndole por la mitad. Sus pupilas se dilataron instantáneamente y los dedos de las manos se le crisparon por culpa de aquella tremenda descarga.

Al principio no comprendió lo que había pasado. La luz le había aturdido, dejándole casi inconsciente y con un fuerte dolor de cabeza. Pero cuando logró mover sus extremidades e intentó acercarse las manos al cráneo, una segunda descarga le desarmó.

Al igual que la anterior, ésta también explotó dentro del cerebro, tensándole hasta el último de sus músculos. El corso, asustado, con la extraña sensación de haberse quemado por dentro, ahogó un grito de dolor que le obligó a abrir los ojos de par en par.

—¿Qué demonios...? —el corso no terminó la frase.

Al principio receló.

Dudó que aquello fuera real, y pensó que su mente, la falta de oxígeno quizá, o el exceso de polvo inhalado allá dentro, le estaban jugando una mala pasada. Había visto ya muchos espejismos en su estancia en Egipto, y habían sido tan reales que casi pudo tocarlos. Sin embargo, recapacitó. Aquello era diferente. Más vívido. Más tangible.

El corso veía lo que veía. Y había que rendirse a la evidencia.

En efecto: al abrir los ojos, la oscuridad que dominaba el recinto había sido sustituida por una intensa luz verdosa. Fue como si hubiera estado ciego toda su vida y viera ahora por vez primera. Desde su posición dentro del sarcófago podía admirar algunas de las enormes y pulimentadas losas planas que techaban la Cámara Real de la Gran Pirámide. La sensación era de gozo. Distinguía sus juntas —unas más separadas que otras, probablemente por la acción de olvidados terremotos—, sus minúsculas grietas y hasta el brillo de sus impurezas. Sin embargo, no acertaba a adivinar de dónde procedía tanta luz. Su intensidad era la misma, mirara donde mirara. Como si fuera la propia piedra la que la emitiera.

Sin esfuerzo, el corso se incorporó dentro del sarcófago. Aquella repentina agilidad le sorprendió. Echó un vistazo a su alrededor, y comprobó que toda la sala estaba bañada por aquella intensa luminosidad verde. Incluso su piel y sus ropas parecían de ese color.

El frío también había desaparecido.

Tanto como su sensación de claustrofobia.

Hasta el hambre que había sentido minutos antes se había esfumado, dando paso a una plenitud que no conocía.

De pronto recordó las últimas palabras de Nadia: ¿y si había cruzado «la puerta» que ella dijo que se abriría en su interior? ¿Y si aquella pirámide que ahora veía no era del todo real, sino el reflejo de algo capaz de emerger de su propia alma?

—Tu intuición es acertada, sultán de Occidente.

El corso dio un respingo. Una voz suave, amable, de varón, le sorprendió dirigiéndose a él por la espalda.

Dos siluetas verdes, muy brillantes, con una textura chispeante, habían entrado sabe Dios cómo en el interior de aquella cámara.

—No te asustes, nosotros somos los encargados de guiarte en este nuevo plano de tu existencia.

Napoleón, atónito, trató de adivinar dónde había escuchado antes aquel peculiar timbre de voz. Dónde se había sentido envuelto por parecidas palabras, dulces y esclarecedoras, y en qué lugar se habían dirigido a él por primera vez como sultán de Occidente. La silueta aclaró su duda al instante:

—Soy Balasán, querido Bunabart. O aún mejor, soy el verdadero Balasán. El *Ka* interno de un hombre de ciento diez años, y el último maestro de una dinastía de *Depositarios de la Verdad.*

—¡Balasán! ¡Al fin!

—Sí, al fin —asintió—. Ha llegado el momento que tanto estabas esperando. ¿Trajiste tu *wadjet?*

El corso se llevó la mano al cuello, palpando su amuleto. Éste estaba caliente, y lo notó especialmente blando.

—Dámelo —ordenó el *Ka.*

Tras desatarlo de su cordel, Napoleón lo tendió al segundo *Ka,* que se aproximó a dos pasos de donde estaba. Le impresionó su aspecto vagamente humano, tanto como lo difuminado de sus rasgos. Como si aquella fosforescencia verde fuera una suerte de saco invisible lleno de niebla.

Cuando el *Ka* de Balasán recibió finalmente el amuleto en sus manos, algo crepitó en el ambiente.

—¿Sabías, Bunabart, que los faraones al morir debían superar distintas pruebas antes de llegar a su destino final?

—No.

—Una de ellas era la del *wadjet.* Que no es sino la llave que abre la puerta del *Amenti,* del Reino del Más Allá.

El *Ka* hizo una extraña reverencia, dirigiéndose al techo del recinto, y después depositó su acuosa mirada en el corso:

—Esta pirámide es un modelo a escala de ese Más Allá. Fue Toth quien, por orden de Osiris, entregó a los reyes de Egipto los planos de esta «máquina de la inmortalidad» para que la construyeran en piedra y les sirviera como preparación para el viaje que tú acabas de iniciar.

—¿Viaje?

—Así es, Bunabart. El viaje hacia la eternidad.

Balasán no se entretuvo en demasiados preámbulos. Como hicieran los dioses con los difuntos en el *Libro de los Muertos* egipcio, el mismo que cada faraón o visir ordenaba depositar en su tumba después de morir, el *Ka* formuló a Napoleón una pregunta que debería ser respondida con sinceridad:

—¿Sabes cómo Set dio muerte a su hermano Osiris?

Napoleón, atónito, sacudió otra vez horizontalmente su cabeza. Balasán sonrió:

—Set le invitó a una fiesta junto a otros setenta y dos huéspedes, y les conminó uno por uno a que se introdujeran en un suntuoso sarcófago. Aquel cuyo cuerpo coincidiera con las medidas del cofre, sería el propietario de ese tesoro.

—¿Y qué ocurrió?

—Uno a uno, todos desfilaron delante de aquel arcón, pero ninguno se sintió cómodo allá dentro. Finalmente, Osiris se tumbó en su interior y notó en el acto que la caja tenía exactamente sus medidas. Set, aprovechando ese momento, cerró el sarcófago, lo lanzó al Nilo y ahogó en él a Osiris. Fue el momento más dramático de nuestro pasado. Por suerte, Isis lo localizó y le devolvió la vida por primera vez.

El corso comenzaba a entender lo que aquel *Ka* quería decirle.

—Tú te has tumbado en ese mismo cofre, Bunabart —prosiguió—. Has descubierto que se adaptaba a ti, y también, como hizo Osiris, has muerto dentro de él.

Aquella última frase le paralizó.

—Sí, Napoleón Bonaparte. Has muerto —dijo el otro *Ka,* que hasta entonces había permanecido en silencio—. Has dejado de existir al igual que Osiris. Ahora no eres más que la esencia energética del ser que un día fuiste. ¿Por qué si no habrías de ver en la oscuridad? ¿Por qué si no habrías de tener esa sensación de revisión? ¿No has revivido en estas últimas horas los momentos más importantes de tu búsqueda de la vida eterna?

—Eso, en efecto, sólo sucede con los muertos...

—¿Muerto? —balbuceó el corso, sacudiendo su cabeza—. ¿Ya estoy muerto?

—No debería preocuparte tanto tu estado, Napoleón. A fin de cuentas, el Creador dio a los hombres un alma inmortal, que es tu verdadera esencia. Lo único que ha muerto es tu cuerpo.

El corso tembló.

—La muerte —dijo el segundo *Ka*— no significa más que desprenderse de un cuerpo gastado. El Creador te lo dio para que apreciaras la materia que también Él creó, pero te destinó a empresas más altas. Tu destino, como el de todos los mortales, es el de convertirte en Dios mismo. Te integrarás en una conciencia tan grande como el Universo, llena de infinita sabiduría y amor.

—Pero ¡tan pronto! —protestó—. ¿Por qué he de morir tan pronto? ¿Por qué he de perder mi identidad?

—No has de morir, Napoleón. Has muerto ya. En cuanto al tiempo, éste no existe. Es un espejismo. El pasado no está. El futuro tampoco. Y el presente, sencillamente, no dura. No puedes detenerlo. ¿Por qué entonces habrías de aferrarte a él? ¿Por qué te preocupas por si es o no pronto, si el tiempo, en el estado de eternidad, es una entelequia?

Las palabras de aquellos *Kas,* de aquellas energías que le hablaban así, que habían surgido de la nada, le desarmaron. Se sentía exactamente como cuando estuvo a punto de perder la conciencia en los brazos de Nadia: débil, a merced de una fuerza imparable y demoledora.

—Oh sí, Nadia —sonrió el espectro de Balasán, como si fuera capaz de leer en su mente—. También ella ha ayudado a cerrar tu ciclo osiriano.

—¿Mi ciclo osiriano?

—Así es. Al modo de Isis, también ella te hizo morir ayer y te rescató de la muerte. Y, como la diosa, también Nadia quedó fecundada por tu semilla.

—¿Fecundada?

Napoleón dio un respingo. No recordaba nada de aquello. El *Ka* se compadeció.

—Sí. Si no decidieras volver al mundo de los vivos, tu esencia permanecería en la Tierra gracias al vientre de Nadia-Isis. Ese fruto sería como el halcón Horus, el hijo de Isis y Osiris, y su destino sería cumplir la profecía que el mago Dyedi hizo a Keops:

que sólo aquel nacido de las entrañas de una Isis podrá acceder al cofre de Toth, escondido en esta pirámide, y desvelar al mundo el secreto de la vida eterna.

—¿«Si no decidiera»? —el corso se escamó—: ¿Qué quiere decir eso? ¿Acaso tengo otra opción?

—El muerto que ha sido pesado por Maat y ha sido hallado puro, que ha tenido una búsqueda sincera de la vida eterna, puede dirigirse donde quiera: o bien regresar a la tierra de los vivos, o bien viajar a las doce regiones del mundo inferior, o incluso dirigirse hacia las estrellas y convertirse en una de ellas, resplandeciendo para siempre. Es lo que dice nuestro *Libro de los Muertos*.

Napoleón, que se sentía cada vez más ligero y a gusto consigo mismo, comenzaba a comprender que también él era un *Ka*. Que su cuerpo se había quedado atrás, dejando que su esencia primordial emergiera de su interior y tomara la decisión, a no dudarlo, más importante de su existencia.

—Entonces, ¿soy yo quien debe elegir mi camino? —preguntó.

—En efecto.

¿Y cuándo debo elegir?

—Ahora —respondió el segundo espectro.

—En ese caso... —el cuerpo energético del corso se sacudió, emitiendo pequeñas chispas verdes a su alrededor. Trataba de ganar tiempo—. En ese caso, creo que regresaré al mundo de los vivos.

Los dos *Kas* miraron asombrados a Napoleón.

—¿Decides, pues, resucitar a la carne tal como lo hicieron Osiris o Jesús antes que tú?

—Sí.

—¿Optas por retornar a la carne y volver a padecer sus carencias y miserias?

—Sí. Ése es mi deseo. Debo volver.

—Tu voluntad será cumplida, sultán de Occidente —dijo el

Ka incrédulo—. Sin embargo, habrás de saber que cuando llegue tu nueva hora, otro nuevo juicio te esperará en este lado. Otra pirámide albergará ese supremo momento y, si lo superas, volverás a poder elegir tu destino.

—Lo asumo. Quiero volver.

—Pero recuerda: siempre, siempre, serás inmortal. La Gran Verdad es que todos lo somos. Y lo único que ahora te diferencia del resto es que tú ya lo sabes. Los demás, aún no.

Post Scriptum

El 13 de agosto de 1799, a las seis y media de la mañana en punto, Napoleón Bonaparte salió por sus propios medios del vientre de la Gran Pirámide de Giza. Kléber fue el primero en advertirlo y en comprobar el lamentable aspecto que presentaba el general de los ejércitos franceses de Oriente. El gigante se acercó a él para socorrerle y le hizo una pregunta que, durante los años siguientes, muchos otros le formularían en privado:

—Mi general, ¿qué os ha sucedido?

El corso respondió entonces lo mismo que respondería hasta su exilio y muerte en la isla de Santa Elena:

—Aunque os lo contara, no lo creeríais.

Sólo diez días después de aquello, Bonaparte abandonaba en secreto Egipto. Lo hizo custodiado por una flotilla de dos barcos, tan débiles como fáciles de apresar: las fragatas *Muiron* y *Carrère*. Pero, una vez más, el corso tuvo suerte. No sólo el Mediterráneo no acabó con él, sino que los ingleses nunca se apercibieron de su insólita fuga.

Napoleón llegó a Ajaccio, su ciudad natal, el 28 de septiembre de aquel año de 1799, y once días después desembarcaba finalmente en Fréjus, en suelo continental francés, a apenas un centenar de kilómetros de Niza y de la pirámide de Falicon.

En realidad, el corso era ya otro hombre. Un soldado bien distinto del que había abandonado Francia más de un año antes.

Y es que, desde aquel 13 de agosto, Bonaparte no volvería a tener miedo jamás, convirtiéndose en uno de los estrategas más temerarios y con mejor *baraka* de la historia.

A fin de cuentas, ¿qué podría temer? Él ya sabía que la muerte —cuando le llegara— no sería su final...

En la *Casa de José,*
Las Matas, enero de 2002.